KB217961

선의 어록

선의 어록

禪

김호귀 지음

민족사

머리말

　지자(知者)는 마음으로 언설을 이해하고 수용하지만, 부지자(不知者)는 언설의 그림자를 통해 마음을 이해하고 거기에 국집한다. 따라서 언설을 통하여 마음을 이해하려는 자는 그 언설을 초월할 수가 없어 얽매이지만, 마음으로 언설을 이해하고 수용하는 자는 그 언설을 초월할 뿐만 아니라 그 마음까지도 초월한다. 만약 언설을 초월하지 못한다면 언설을 이해했다고 할 수가 없고 마음을 초월하지 못하면 마음을 이해했다고 할 수가 없다. 그러므로 언설을 초월하는 경지에 이르러야 바야흐로 마음의 초월을 터득했다 할 수가 있고, 마음을 초월하는 경지에 이르러야 바야흐로 깨침에 들어갔다고 말할 수 있다.

　이처럼 언설과 마음의 상관성은 선(禪)의 입장에서 늘상 부딪치는 문제이다. 여기에서 선을 마음에 대비한다면 언설은 경전에 대비할 수가 있다. 그러한 마음과 경전의 관계성이 가장 조화로운 모습으로 나타난 것이 불법의 선과 교법이다. 따라서 선과 교법은 이이불이(二而不二)이고 일이불일(一而不一)이다. 이에 일반적으로 선의 종지를 나타내는 말로서 불립문자(不立文字) 교외별전(敎外別傳) 직지인심(直指人心) 견성성불(見性成佛)이라는 연구는 선과 언설 곧 선과 문자의 관계를 나타낸 말로 선의 본질이 깨침에 있음을 드러내고 있다. 이 말은 달리 불리문자(不離文字) 교내상전(敎內相傳)을 의미하기도 한다. 이러한 마음과 언설의 상관성을 가장 잘 보여주는 것이 소위 선어록(禪語錄)이다.

　선어록이란 선과 관련된 일체의 문헌을 가리키는 말로, 그 문자가 선을 표현하는 수단으로서 선을 안내하는 주체이면서 동시에 선을 통해 길이 전승돼 온 객체이기도 하다. 가령 『능가경(楞伽經)』에서는 깨침을 얻은 이후로 오늘 그리고 반열반에 이르기까지 한 마디도 설하지 않았음을 말했고, 또한 『원각경(圓覺經)』과 『수능엄경(首楞嚴經)』에서 달을 가리키는 손가락에 비유하여 말했던 것은 곧 진실한 깨침은 언설로 설해지지 않는다는 의미였다. 또한 설령 설해진다 해도 그것을 이해할 만한 안목이 없어서는 안 된다. 그래서 『대반야경(大般若經)』에서는 제일의제(第一義諦)에는 언설이 없고 오직 세속제(世俗諦)에 의한 언설만이 있다고 하였다. 이 말은 선이란 어디까지나 이렇게 체험의 실상이고 체험의 가르침이며 그 전승이기 때문에 선자의 심경은 본래 상식을 떠나 있다는 의미이다.

　이와 같은 입장에서는 어떤 문자와 언설로 표현해도 그것이 모두 깨침을 전하는 문자이자 진리를 표현한 문자가 된다. 따라서 이미 일체의 사사물물이 다 그와 같은 소식을 전해주고 있기 때문에 그것을 자각하여 자기 것으로 만들어가는 것이다. 이러한 의미에서 흔히 말하는 임제의현의 할(喝)과 덕산선감의 방(棒)도 할과 방으로서의 가치를 지니고 있다. 이 경우에 조사의 권위는 부처와 동일하게 간주되었다. 바로 그 때문에 조사의 언행 그대로가 어록으로 남을 수 있었던 것이다. 이것이 곧 조사들의 언설과 행위를 기록한 선어록이었다.

그러므로 선은 그대로 언설이고, 또한 궁극적으로 언설이지 않으면 안 된다. 그러나 언설 그대로가 선은 아니다. 언설은 선의 그림자이고 수단에 불과하다. 언설을 통한 선은 철학이고 관념이며, 유희에 빠질 수 있다. 따라서 언설만을 통해서 선을 터득하려 한다면 결코 소기의 목적에 도달하지 못한다. 또한 그러면서도 선은 반드시 언설을 필요로 한다. 선이 진정한 선이 되기 위해서는 언설을 통한 이해와 언설을 통한 전승이 가능해야 한다. 언설을 통해서 선은 진정한 선으로 거듭날 수 있다. 그러므로 언설 그대로가 선은 아니지만 선은 그대로 언설일 수 있다. 나아가서 반드시 언설이지 않으면 안 된다.
이것이 곧 언설이 선을 만나야 하는 필연성이다. 선과 언설은 만나야 한다. 각각 존재해서는 선이 진정한 선이 될 수 없다. 또한 언설은 선을 만나야만 새로운 생명을 갖는다. 생명이 있는 언설은 그대로 선이다. 더 이상 선과 별개의 것이 아니다. 언설을 지닌 선은 살아 있다. 선은 언설을 통해서 부처가 되고 중생이 되며, 꽃이 되고 물이 되고, 시간이 되고 공간이 되며, 삶이 되고 죽음도 된다. 왜냐하면 선은 이것저것을 따지지 않기 때문이다. 땅에서 넘어졌다고 해서 그것이 싫어 땅을 멀리하면 끝내 넘어진 땅에서 일어날 수 없다. 반드시 넘어진 땅을 의지해야 일어날 수 있다. 마찬가지로 언설을 지니고 있으면서도 더 이상 언설에 얽매이지 않는다. 언설을 딛고 일어선다. 언설을 딛고 일어설 때만 비로소 언설을 초월할 수 있다.

선을 수반하는 언설과 언설을 통한 선이야말로 곧 선이고 선학이다. 그래서 선학은 선의 학문이고 학문의 선이며 선적인 학문이고 학문적인 선이다. 선과 언설의 일치란 터득과 표현행위의 만남이다. 터득했으면 어떤 식으로든 표현이 되어야 한다. 표현되기 위해서는 터득이 있어야 한다. 그리고 그 터득은 언설을 바탕으로 할 때 가능하다. 언설을 구사할 수 없는 터득이라면 그것은 벙어리가 꾸는 꿈과 같다. 또한 터득이 없는 언설이라면 허무맹랑한 망상일 뿐이다. 그리하여 선이 몸이라면 터득은 그 속에 깃들어 있으면서 온갖 행위를 하게 하는 힘이고 언설은 몸에서 저절로 밖으로 우러나오는 자유로운 행위의 표현이다. 이리하여 선적인 내용을 담고 있는 언설이 바로 선어(禪語)가 된다. 그리고 언설처럼 내용을 담고 표현을 이끌어내되 그 내용과 형식에 얽매이지 않는 선이 곧 격외선(格外禪)이다. 선어록은 바로 이러한 격외도리의 선법을 격내(格內)의 언설로 끌어내려서 사람들이 일상에서 다양하게 활용할 수 있도록 문자의 형태로 보여주고 안내하며 이끌어 주는 가장 일반적인 수단이었다.

여기에 수록된 것은 그와 같은 언설 가운데서 한자로 표현된 선록(禪錄) 중 선법과 특별히 관련이 깊은 16종의 경전, 30종의 중국의 선문헌, 그리고 26종의 한국의 선문헌을 선별한 것으로 텍스트의 기초적인 서지 사항과 간략한 내용을 언급함으로써 선법을 표현하고 있는 선문헌의 대개를 조망할 수 있도록 하였다. 따라서 그 전체적인 내용을 파악하기 위해서는 개별적인 텍스트를 선택하여 다시 접근해야 할 필요가 있다.

2014년 7월

차례

제2편 중국의 선어록

제3편 한국의 선어록

한국의 선어록

제1편

선(禪)의 경전

선의 경전

선경(禪經)과 선사상

　　＿ 선경(禪經)은 선수행 및 선사상을 담고 있는 일체의 경전군을 말한다. 보다 구체적으로는 선의 역사, 선사상, 선수행 내지 선문화에 대한 기록으로서 선관경전(禪觀經典)이라고 부르기도 한다. 선관경전이란 계·정·혜의 무루삼학 가운데 특히 정학과 혜학을 수습하고 그 경지를 추구한 경전으로서 선정·지관·삼매 등의 사상을 그 내용으로 한다. 이런 점에서 선관경전은 단순히 선경만을 가리키는 경우도 있지만 달리 선경류, 관경류, 삼매경류를 총칭한 말이다.

　　선경(禪經)은 주로 아비달마의 수도론을 기저로 형성되어 있는데, 그 수행론의 범주는 범부위와 성인위에 두루 걸쳐 있다. 특히 범부위의 수도 내용인 삼현(三賢; 五停心位, 別相念住位, 總相念住位)과 사선근(四善根; 유가 수행의 오위(五位) 가운데 제이 가행위(加行位)에서 닦는 난법(煖法)·정법(頂法)·인법(忍法)·세제일법(世第一法)]의 설법이 중시된다. 따라서 관상(觀想)의 대상과 수행법의 수순과 단계에 대한 자세한 내용이 설해져 있다.

관경(觀經)은 주로 대승의 불보살과 그 국토에 대한 관상을 경전의 종지로 삼은 것이 많다. 가령 여섯 관경을 대표로 하는 경전군으로서 경우에 따라서는 이것을 관념경이라 부르기도 한다. 그러나 이 경우 관(觀)에 해당하는 범어의 용어가 무엇인지는 아직 분명히 밝혀져 있지 않다. 그러나 관의 개념은 『관불삼매해경』에 보이는 단좌정수(端坐正受)·심상명리(心想明利)·계념일처(繫念一處)·심불산란(心不散亂)·정관(正觀) 및 『관무량수경』에 있는 정좌서향(正坐西向)·일심계념(一心繫念)·영심견주(令心堅住)·심불산란(心不散亂) 등 관심의 방법에 대한 항목의 합의로부터 도출돼 있다. 곧 관상의 대상에 대한 집중을 의미하는 계념일처는 바로 사마타(奢摩他)이며, 이를 바탕으로 하여 성립한 관상은 위빠사나에 대응하는 것으로 위의 두 경전이 목적으로 하는 관불삼매는 지(止)·관(觀) 쌍운(雙運)을 본질로 하고 있다. 따라서 관경에서 관의 개념은 지·관에서의 관과 그 쌍운으로서의 삼매를 의미 내용으로 하고 있다.

삼매경전(三昧經典)은 『좌선삼매경』을 제외하고는 일반적으로 대승공관을 기저로 한 개개의 경전이 보살행의 원리가 되는 갖가지 삼매의 경지를 설명한 것이다. 그 수행법의 내용과 형식이 반드시 자세하지는 않다. 가령 삼매의 경지에 있어서 타력불의 견불을 목적으로 하는 『반주삼매경』에 있어서도 삼매의 방법에 특별한 배려는 나타나 있지 않다.

그런데 이러한 선관경전 가운데 삼매경전류의 대부분이 인도에서 성립되었다고 간주되는 데 비하여, 선경과 관경은 거의 모두 한역밖에 전하고 있지 않다. 특히 그중에서도 관경은 중국, 중앙아시아, 서북인도 등에서 성립했다는 설이 지배적이다.

　기타 대승경전군 가운데는 선경과 밀접한 경전이 대단히 많다. 초기 대승경전 가운데『대반야경』을 비롯한 반야경전의 계통에서는 제법개공(諸法皆空)을 설한다. 제법개공이란 모든 존재가 고정적인 실체를 갖는다는 관념과 이를 고집하는 태도를 타파하는 것으로 반야의 불가득공을 설하는 무집착 및 무분별의 가르침은 이후에 선문과 깊은 관계를 지니게 되었다.

　『유마경』은 소승의 자리(自利)의 독선을 타파하고 이타를 기본으로 하는 불법의 생활화를 강조한다. 또한 묵묵히 문자언어라는 것도 없다고 하여 직심(直心)이 곧 도량임을 말하고, 불이법문(不二法門)의 실천을 보여주고 있는 점 등은 중국의 초기선종의 형성에 지대한 영향을 끼쳤다.

　『화엄경』은 불타의 자내증(自內證)에 기초하여 광대한 묘유의 세계관을 전개하여 일즉다(一卽多), 다즉일(多卽一), 주반구족(主伴具足), 중중무진(重重無盡)의 연기 관계를 보여준다. 이로써 버들은 푸르고 꽃은 붉다는 일상의 절대현실에 철저하고, 어느 것 하나 진리로부터 벗어나 있지 않는 전일한 불법 생활을 역설한다. 또한 청정한 일심을 드높이고 전일한 생활을 강조하여 보리심과 그 실천으로 승화시킨 점은 이후 조사선법의 사상적인 뒷받침이 되었다.

　중기 대승경전 가운데서 법신은 영원하여 변역되지 않으며 일체의 중생에게 성불의 선천적 근거로서 불성이 있다는 것을 보이는『열반경』은 단선근(斷善根)의 일천제까지도 성불할 수 있다고 역설하는 경전이다. 그 실유불성의 가르침은 선문의 즉심시불 내지 견성성불의 사상적 근거가 되었다. 여래장을 설하고 있는『승만경』,『여래장경』,『무상의경』,『부증불감경』에 있어서도 마찬가지이다.

후기 대승경전 가운데『능가경』은 대승의 제교설을 여러 가지로 모아서 잡록한 것이지만 아뢰야식과 여래장을 조화시키려고 시도한 경전이다. 불심과 여래장을 설하여 네 가지의 선을 말한다. 특히 여래의 불설일자(不說一字) 혹은 불설즉불설(不說卽佛說)의 이치 등 여래선을 설명하고, 불립문자를 강조하며, 사돈사점(四頓四漸)을 설명하는 점은 선과 밀접한 관련을 지니고 있다는 근거이다. 중국 초기선종사에서 달마가 혜가에게『능가경』을 주면서 심요로 삼을 것을 부탁하였다는 점에서 주목된다.

대승불교의 경전은 주로 삼매를 중심으로 이루어지는 선정에 대한 내용이 많다. 곧『반야경』계통의 공삼매,『법화경』의 무량의처삼매,『화엄경』의 해인삼매,『열반경』의 부동삼매,『금강삼매경』의 금강삼매 등의 내용이 있다. 이들을 중심으로 하는 대승의 선관으로는 관불삼매, 일행삼매, 제법실상관 등이 대단히 성행하였다.

|【 1 】|

선법요해(禪法要解)

:

 『선법요해』는 구마라집이 번역한 것으로 2권으로 구성돼 있는데, 불도 수행의 요점은 사선과 팔정의 삼매를 통해 자기 마음을 면밀하게 관찰하는 것에 있음을 설한 삼매경이다. 선수행의 시작과 관련해서 우선 방편수행의 성격을 지닌 수행의 예비 조건에 대해 말한다. 즉 수행을 하려면 먼저 계를 청정하게 지녀야 한다고 말한다.

 이에 부정관법(不淨觀法)에 대해 설하여 음욕심을 다스리고, 스승에 대한 절대적인 신뢰를 가지며, 욕망을 다스려서 견고하게 정진하면 상근기의 경우 적어도 7일이면 선정에 들어갈 수 있다고 한다. 이것은 선정에 들어가기 위한 갖가지 조건을 구비하는 것으로 일상의 번거로운 생활에서 벗어나야 한다. 그러나 중간 근기의 경우 3·7일이면 선정을 얻을 수 있고, 아둔한 근기의 경우라도 오랫동안 정진하면 끝내 선정을 터득할 수 있다. 곧 선정을 통해야만 비로소 올바른 결과를 터득할 수 있다. 올바른 수행으로 나아가기 위해서는 정도를 걸어가야 하므로 정도를 벗어나는 갖가지 행위에 대해 설명한다.

 아울러 십선도(十善道)를 실천하여 몸이 경쾌하고 번뇌가 그치는 일심의 상태를 터득한다. 이로써 기쁨을 느끼고 오욕(五欲)을 멀리하여 갖가지 선법(善法)을 구비하고, 선정을 방해하는 온갖 법으로부터 초월한다. 선법을 초래하는 구체적인 방법으로서 욕계는 무상(無常)·고

(苦)·공(空)·무아(無我)임을 알고, 선법을 가로막는 탐욕·성냄·혼침·산란심·의심의 다섯 가지 번뇌로부터 자유로워져야 한다. 이리하여 초선정(初禪定)의 경지에 들어갈 수가 있으므로 이생희락(離生喜樂)이라 한다.

그래서 초선정에서는 심신이 가뿐하고 몸에서 광명이 느껴지는 경안(輕安)을 느끼고, 마음을 뒤흔드는 팔풍(八風)으로부터 벗어난다. 이로써 그 즐거움이 몸의 안팎으로 두루하여 마치 물이 마른 땅을 적시는 것과 같다. 이로부터 본격적인 깨침의 수행으로서 부정자심관법(不淨慈心觀法)을 닦아 관찰력을 증진한다. 이것으로 제이선으로 나아가는 길을 추구한다.

이로부터 다시 초선에 남아 있는 거친 번뇌와 미세한 번뇌[覺·觀]를 알아차리고 그로부터 벗어나는 무루도(無漏道)의 경지를 추구한다. 이 각·관을 제거하고 바야흐로 제이선으로 나아간다. 제이선에서는 각·관이 사라진 선정으로부터 희·락을 발생시키는 정생희락(定生喜樂)의 경지를 터득한다. 여기에서 각·관 및 무기(無記)의 상태를 극복하고 내심이 청정해지는 경험을 맛본다. 마치 고요한 물 위에 하늘의 달과 별이 뚜렷하게 비치는 것과 같다.

그러나 마음의 깊은 곳에는 아직도 애(愛)·교만(憍慢)·사견(邪見)·의심(疑心)이 미세하게 남아 있기 때문에 제삼선을 추구한다. 제이선에서 터득한 희·락 가운데 희(喜)는 자칫 그것에 대한 집착을 불러올 수가 있으므로 희의 상태를 초월하고 제삼선에 들어간다. 이것은 나아가서 희를 초월하고 락(樂)만 남아 있는 경지로서 세간의 경우 이것을 능가하는 즐거움이 없는 이희묘락(離喜妙樂)의 경지를 터득한다. 이로부터 일심으로 지혜를 추구하게 되는데 구체적으로는 제삼선 가운데도 허물이 있음을 자각한다. 곧 마음이 점차 미세하게 사라지는 것과 마음이 크게 움직이는 것과 마음이 미혹되어 답답하게 되는 경우를 확실하게 알고 느끼며 관찰하게 된다. 이리하여 미세해지는 마음은 다시 불러일으키고, 움직이는 마음은 다시 거둬들이며, 답답한 마음은 부처님의 미묘한 법으로 쾌활하게 만들어 간다. 이로써 일심으로 즐거움만 남아 있는 경지야말로 제삼선의 특징이다. 그러나 즐거움을 알아서 일심으로 그것을 유지하려는 까닭에 번뇌가 발생한다.

따라서 그러한 즐거움에 대한 번뇌마저 초월하려는 선정을 추구하는데 그것이 곧 제사선이다. 제사선은 모든 고와 락을 초월하는 불고불락(不苦不樂)의 경지에서 열반의 즐거움을 누리는데 이는 곧 아라한과 벽지불의 경지이다. 이로써 즐거움과 괴로움에 대한 분별마저 사라지는 사념청정(捨念淸淨)이 성취된다. 이 경우 청정이란 곧 완성을 의미한다. 그래서 제사선을 진선(眞禪)이라 한다. 제사선에서 사무량심을 실천하고, 사념처를 닦으며, 사성제를 터득하고, 사무색정에 들어가며, 육신통을 성취하게 된다.

사무색정에 들어서는 우선 일체의 색상을 초월하고 대상을 소멸하며 이상(異相)에 마음을 빼앗기지 않는 허공처에 들어가는데 이것이 공무변처정(空無邊處定)이다. 자신의 몸도 내색과 외색이 허공처럼 걸림이 없는 것을 관찰한다. 이로부터 나아가 공의 반연을 초월하고, 공도 역시 식(識)으로부터 비롯된다는 것을 알아 끝없는 식처(識處)에 나아가는데 그것이 식무변처정(識無邊處定)이다. 그러나 그 식도 인연에 속하는 것으로 자재하지 못하는 까닭에 그 인연도 역시 허깨비와 같은 것을 관찰하고서 제법은 공하여 집착할 것이 없는 줄 아는 무소유처정(無所有處定)에 나아간다. 공무변처정에서는 허공을 인연으로 삼지만 무소유처정에서는 심상(心想)을 인연으로 삼는다. 무소유처에서는 다시 유견·무견·비유견비무견을 초월하여 적멸의 제일처인 비상비비상처정(非想非非想處定)으로 나아간다. 여기에서 사정제와 팔정도와 무루삼학의 차제와 그 관계를 파악하고 경험한다. 이로부터 신통 변화를 드러내 온갖 중생 부류의 소리를 내어 설법을 한다. 이에 보살이 의지하는 경전은 일체가 요의경 아닌 것이 없다. 그래서 지(智)에 의지하고 식(識)에 의지하지 않으며, 법(法)에 의지하고 인(人)에 의지하지 않는다.

이처럼 『선법요해』에서는 지극히 차제적인 수행의 계차를 설명한다. 수행에 들어가기 이전부터 그 여건을 조성하고, 각자가 일상의 탐욕과 성냄과 어리석음을 벗어나는 것으로써 궁극적으로 번뇌가 공한 줄을 확인하고, 거기에 집착하지 않고 분별하지 않으며 다양한 수행의 계차를 익히고 터득하며, 그것을 바탕으로 점차 신통과 지혜를 활용하여 법을 설하게 이르는 차제이다. 이것은 철저하게 차제적이고 향상적이며 이타적인 선수행을 지향한다. 이런 점에서 『선법요해』는 인도의 선정에서 그 동안 다져진 갖가지 수행과 증득의 체계이기도 하다.

【 2 】
수행도지경(修行道地經)
⋮

『수행도지경』의 범어 뜻은 요가행지로서 요가 수행에 근거한 선정의 수행이 내용임을 엿볼 수 있다. 서진의 축법호가 번역한 경전으로 7권 30품으로 구성되어 있는데 선관의 순서를 그 내용으로 한다. 제7권에 해당하는 제28품부터 제30품까지의 세 품은 후에 보입된 것으로 보인다. 앞의 27품의 내용은 소위 소승의 선관으로 구성돼 있지만 뒤의 세 품은 성문승과 연각승을 설정하고 그 위에 다시 보살승을 내세운 대승의 보살 선관으로 구성돼 있다. 따라서 『수행도지경』은 본래 소승 계통의 선경으로서 수행과 증득의 경지를 차제적인 방식으로 서술하고 있던 것이었으나, 이후에 『법화경』에 근거해 연각을 초월한 보살 수행을 설정한 것은 소승의 선관에다 대승의 선관으로 업그레이드시켜 수행을 이타행으로 승화시킨 것이라고 간주된다.

서설에 해당하는 부분은 중생의 미혹한 삶이 삼독으로 물들어 있는 상태로서 그것이 제2권의 「분별행상품」에서는 음란을 탐하고, 성내며, 어리석고, 음란하고 성내며, 음란하고 어리석고, 어리석고 성내며, 음란하고 성내며 어리석고, 입은 청정하지만 마음은 음란하며, 말은 부드럽지만 마음이 까칠하고, 입은 즐겁지만 마음은 어리석으며, 말은 아름답지만 마음에 삼독을 품고, 말이 추하고 마음도 성내며, 입이 악하고 마음이 까칠하고, 말이 추하고 마음이 어리석으며,

입이 추하고 마음에 삼독을 품고, 입이 어리석고 마음이 음란하며, 입이 어리석고 마음에 성을 내고, 마음과 입이 모두 어리석으며, 입이 어리석고 마음에 삼독을 품는 등 열 아홉 종류로 분별되어 있다.

다음으로는 이와 같은 입장에서 벗어나 수행의 삶에 입문하는 과정으로서 자아의 망집을 버리고 욕망에서 벗어나는 모습이 설정되어 있다. 그 구체적인 모습은 출가의 근본정신과 관련돼 있는 까닭에 후대에 종종 인용되었다. 나아가서 범부가 지니고 있는 네 가지 전도에 대하여 무상(無常)·고(苦)·무아(無我)·부정(不淨)을 각각 상(常)·락(樂)·아(我)·정(淨)으로 잘못 이해하는 것은 선정에 들지 못하고 공에 들지 못한 것임을 말한다. 이로써 본격적인 수행의 출발점으로서 소위 다섯 가지 방편 수행이 제시돼 있다. 즉 탐욕이 많은 사람은 부정관(不淨觀), 불만이 많은 사람은 자심관(慈心觀), 어리석은 사람은 인연관(因緣觀), 분별심이 많은 사람은 수식관(數息觀), 아만이 높은 사람은 백골관(白骨觀)을 수행할 것을 설하는데 이 점은 오정심관(五停心觀)과 매우 유사하다.

이와 같은 방편 수행을 통해 본격적인 수행으로 나아간다. 우선 마음이 한 곳에 집중되는 적(寂)과 법의 본성을 살피는 관(觀)을 설한다. 적과 관은 곧 지(止)와 관(觀)으로서 개별적인 수행이라기보다 함께 닦아야 할 성질의 것으로 설해져 있다. 곧 적을 성취하는 수행으로서 부정관 및 수식관이 매우 유용한 방법이라는 사실, 그리고 그 효용성에 대하여 설한다. 그리고 부정관을 통해 초선, 제이선, 제삼선, 제사선에 이르고 제사선의 경지에서 누진통(漏盡通)을 제외한 오신통(五神通)을 성취한다. 결국 적과 관으로는 깨침에 통하지 못하는 것으로 설정되어 있다.

여기까지는 외도의 선관으로 설정돼 있고 이후부터는 이와는 근본적으로 다르게 불제자의 선관이 설해져 있다. 이에 적과 관의 경지에 집착하지 않고 몸이 부정하다고 관찰하고, 감각이 고통이라고 관찰하며, 마음이 무상하다고 관찰하고, 제법이 무아라고 관찰하는 사념처관의 수행으로 나아가고, 사정근(四正勤), 사여의족(四如意足), 오근(五根), 오력(五力), 칠각분(七覺分), 팔정도(八正道) 등 궁극적으로 삼십칠도품(三十七道品)을 실천할 것을 설한다. 따라서 신념처·수념처·심념처·법념처 등 사념처의 수행을 통하여 적과 관의 수행에서 제거하지 못한 미세한 번뇌를 초월하여 수다원의 향·과, 사다함의 향·과, 아나함의 향·과, 아라한의 향·도 등 사향사과(四向四果)를 성취하고 무생을 터득하여 결국에는 열반을 성취한다고 설한다. 이에 대해 다음과 같은 비유를 들어 내용을 마친다. 곧 쇠를 빨갛게 달구어 망치로 두드려서 불순물을 제거한 다음 쇠가 식으면 뜨거웠던 불기운이 사라지듯이 수행자의 경우에도 마찬가지로 무여열반의 경지에 이르러 멸도를 터득하면 점차 괴로움으로부터 해탈하게 되므로 이것을 『수행도지경』이라 말한다.

이처럼 제1권부터 제6권까지는 소승선관의 특징인 차제적인 수행 방식으로 설명돼 있다. 그러나 제7권에 속하는 제28「제자삼품수행품」을 비롯하여 제29「연각품」및 제30「보살품」에서는 다시『법화경』에서 말한 화택의 삼거(三車)에 비유하여 삼승법을 초월한 보살의 경지를 설정해 정관(正觀)에 자재하지 못하는 연각을 성취한 이후에 다시 발원을 통해 아뇩다라삼먁삼보리를 추구하고 일체 중생을 제도하려는 육도무극(六度無極)과 사무량심을 실천할 것 등 보살도를 설한다. 이러한 보살도의 설정은 수행의 차제라기보다는 이타행의 실천을 겨냥한다는 점에서 깨침의 실천을 지향한다. 이 점에서『수행도지경』은 자리적인 수행의 이미지가 강한 소승선관으로부터 선법이 발전함에 따라 이타행을 중시하는 대승선관으로 나아가는 과정을 설한 선경으로서 주목된다.

|【 3 】|
안반수의경(安般守意經)
∶

선경류에 속하는 경전군으로서 불도 수행의 기본이 되는 선정의 실천 방법이 잘 설해져 있는 것으로『안반수의경』을 비롯해서 주로 아비달마의 여러 부파에 속한 것들이 많다. 그 가운데는 간혹 대승적인 것도 들어 있는데 특히『음지입경(陰持入經)』은 후대의 법수(法數)와 같은 형식을 포함하고 있어 일정한 수도 체계를 잘 나타내고 있다. 이러한 선경에는 시대가 흘러가면서 번역한 사람들의 개인적인 수행이 가미되기도 하였는데, 이것이 중국에서는 천태종의 지관법문과 중국 선종의 실천 체계에 밑거름이 되어 왔다. 일례로 오정심관(五停心觀)으로 불린 안반수행은 5종의 수식(數息), 부정(不淨), 자심(慈心), 인연(因緣), 염불(念佛) 등으로 깊이 뿌리내리게 되었다. 이후 선법의 호흡에서는『안반수의경』의 수행법이 중시되었다.

안반(安般)은 안나반나(安那般那)로서 안나는 입식(入息)이고, 반나 곧 안반나(安般那)는 출식(出息)을 가리키는 말로 안나반나념(安那般那念) 또는 수식(數息)이라고도 한다. 그리고 출입식으로 선정을 일으키는 것을 안나념(安般念)이라 한다. 이것은 요컨대 호흡을 중심으로 점차 그 관찰의 범위를 확대해 나가는 것이다. 이 안나반나의 호흡법에 관해 그 수행 방법과 효능을 설한 것이 곧『안반수의경』이다.『불설대안반수의경(佛說大安般守意經)』,『안반수의경』,『대안반경』,『안반경』,『수의경』이라고도 불린다. 후한 시대 안세고(安世高)의 번역으로 안반 곧 오정심관 가운데 특히 수식관에 중점을 두고 있다. 안나 곧 출식과 반나 곧 입식을 관찰함으로써 마음의 산란함을 방지하는 방법으로 수식(數息)·상수(相隨)·지(止)·관(觀)·환(還)·정(淨) 등 여섯 가지를 상·하 2권에 걸쳐 상세하게 설하고 있다. 그런데 경설에 약간의 혼잡한 점이 보이는 것은 본 경전의 후서를 붙인 곳에 경문과 주(注)를 합해서 설명했기 때문이다. 경전의 제목에 대한 설명을 살펴보면 다음 표와 같이 12가지로 표현되어 있다.

이것을 보면 이 경전이 무엇을 의도하고 있는지 잘 알 수 있다. 곧 호흡이 들고 나는 것과, 그 호흡을 통해 마음이 머무는 곳을 잊지 않고 분명히 의식하여 여일하게 수행해 나아가게끔 하고 있다. 안반수의에서는 다시 열 가지 지혜 곧 수식(數息)·상수(相隨)·지(止)·관(觀)·환(還)·정(淨)·사제(四諦) 등을 말하고 있다. 이 가운데 중요 내용은 사제를 제외한 앞의 여섯 가지이다. 곧 그 여섯 가지를 통해서 마음

	안(安)	반(般)	수(守)	의(意)
1	신(身)	식(息)	도(道) 금(禁:不犯戒)·호(護:遍護一切無所犯)	도(道)·식(息)
2	생(生)	멸(滅)	도(道)	인연(因緣)
3	수(數)	상수(相隨)	지(止)	
4	염도(念道)	해결(解結)	죄에 빠지지 않도록 한다[不墮罪]	
5	피죄(避罪)	불입죄(不入罪)	도(道)	
6	정(定)	막사동요(莫使動搖)	의(意)를 산란하지 않도록 한다[莫亂意]	
7	의(意)를 다스려 무위를 터득토록 한다[御意至得無爲]			
8	유(有)	무(無)		염유부득도(念有不得道)·염무부득도(念無不得道)·불념유(不念有)·불염무(不念無)
9	본인연(本因緣)	무처소(無處所)	본래 온 바가 없음을 알고 소멸해도 처소가 없음을 아는 것[知本無所從來 知滅無處所]	
10	청(淸)	정(淨)	무(無)·활(活)	위(爲)·생(生)
11	미(未)	기(起)	이미기(已未起)·이의기(已意起)·이기의(已起意)	
12	수오음(受五陰)	제오음(除五陰)	각인연(覺因緣)·무소착(無所著)	

을 제어하는데, 수식은 차의(遮意), 상수는 의(意), 지는 정의(淨意), 관은 이의(離意), 환은 일의(一意), 정은 수의(守意)를 각각 말한다. 이것을 다시 내용상으로 분류해 보면 수식은 사념처이고, 상수는 사정근이며, 지는 사여의족이고, 관은 오근과 오력이며, 환은 칠각지이고, 정은 팔정도로서 37조도품경이 설하고 있는 것과 상응한다.

안나반나염삼매란 입식 내지 출식의 염과 함께 상응하는 것을 말한다. 이 선정에 들기 위해서는 한적한 숲 속 또는 나무 아래나 빈 집 등에서 결가부좌하여 몸의 자세를 곧게 하고 사념을 전면(前面)에 둔다. 그리하여 정념으로 다음과 같이 출식하고 입식을 한다. 여기에서 언급하고 있는 16가지 안반념은 출식과 입식을 분별하고 확충한 것이지만 처음부터 그렇게 정형화된 것은 아니었다. 왜냐하면 『대념처경(大念處經)』과 『염처경』 등의 경문보다 비교적 간단하기 때문이다. 특히 『대안반수의경』과 『수행도지경(修行道地經)』에서는 위의 16가지를 16특승(特勝), 16승(勝), 16승행(勝行), 16특승행(特勝行), 16안나반나행(安那般那行)이라고도 한다. 출입식을 염하는 16가지의 관법 곧 수식관을 확대한 것으로서 부정관법이 소극적인 데 비해 특별히 뛰어난 점이 있기 때문에 특승이라 부르고 있다.

　가령 부정관은 다만 탐욕을 파하는 데에 지나지 않지만 파환승(破患勝)은 탐욕만이 아니라 일체의 번뇌를 파한다는 것이다. 요컨대 모든 번뇌는 악각(惡覺)에 기초하여 발생하는 것이기 때문에 이제 출식과 입식을 염하여 그 악각을 소멸해야 한다. 단결승(斷結勝)·관광승(寬廣勝)·미세승(微細勝)·견고승(堅固勝)·조정승(調停勝)·소생승(所生勝)·소이승(所異勝) 등이 모두 부정관법에 있어서 그 뛰어난 점을 강조하고 있다. 특히 그 여섯째인 조정승은 이 수행법의 기원이라 할 수 있다.

【 4 】
좌선삼매경(坐禪三昧經)

⋮

『좌선삼매경』은 403년에 구마라집이 번역한 경전으로 가장 정비

되고 체계화된 삼매경전에 속한다. 이것은 『좌선삼매경』이 단일한 범문의 경전을 번역한 것이 아니라 인도 및 중앙아시아 등의 여러 선정론을 집대성하여 하나의 경전으로 역출한 것이라는 특수한 성립 배경이 있기 때문이다. 『좌선삼매경』에서 초기선정에서 기본적으로 다루어지는 선정관법을 다섯 종류로 정리하여 그 중요성을 언급하고 있는 점을 보아도 이를 알 수 있다. 이 점으로 보아 『좌선삼매경』은 어느 한 사람에 의해 한 주제로 써진 것이 아니라 여러 사람의 손을 거쳐 비교적 다양한 주제에 따라 각기 대치해야 할 것을 중심으로 서술되어 있음을 알 수가 있다. 특히 그 내용들은 이후 선종의 성립기에 있어서 사조도신을 비롯해 오조홍인 등 소위 동산법문(東山法門)에서 적극적으로 수용되고 있다.

『좌선삼매경』은 상·하 두 권으로 구성돼 있다. 상권은 좌선을 수행해야 하는 이유와 그 근본으로서 지계 및 오정심관으로 구성되어 있다. 따라서 부정관법을 비롯하여 5종법문이 중심 주제로 서술돼 있다. 그 5종법문은 수행자가 각각 대치해야 할 다섯 가지의 번뇌에 대한 것이다. 탐욕의 번뇌는 부정관(不淨觀)으로 다스리고, 진에(瞋恚)는 자심관(慈心觀)으로 다스리며, 우치(愚癡)는 인연관(因緣觀)으로 다스리고, 사각(思覺)은 염식관(念息觀)으로 다스리며, 등분(等分)은 염불관(念佛觀)으로 다스린다.

첫째, 탐욕의 마음〔貪欲心〕이 많은 사람은 부정관을 닦으라고 한다. 이 부정관은 인도불교에서는 대승과 소승을 막론하고 일반적으로 행해지는 관법이다. 본 경전에서는 2종의 부정관을 말하고 있다. 하나는 신체를 구성하는 36물이 부정하다고 하나하나씩 관하는 것이다. 둘째는 죽은 자의 육체가 부패되어 백골로 변해 가는 9단계를 순차적으로 관찰하는 구상관(九想觀)이다. 음욕이 많은 사람은 7종의 애착이 있는데 이것을 멸하는 효과적인 관법으로는 특히 후자의 구상관이 사용되고 있다.

둘째, 성내는 마음을 없애는 방법은 자심관이다. 처음에는 자비로운 마음으로 친밀한 사람에게 자비롭게 대하고, 다음으로는 친밀과 증오가 생기지 않는 사람에게도 자비심을 행하며, 최후에는 자신을 증오하는 사람에게까지 자비롭게 대하는 것이다.

셋째, 어리석은 마음을 없애기 위해서는 인연관을 행한다. 이것은 12연기를 관찰하는 것이지만 무명으로부터 노사에 이르는 12단계 가운데 처음에는 무명과 행 또는 생과 노사 등의 관계를 개별적으로 관찰하고, 다음에는 행에서 유까지의 9단계를 관찰하며, 최후에는 12단계를 통틀어 관찰한다.

넷째, 분별심 곧 사려 분별을 없애기 위해서는 아나반나삼매(阿那般那三昧)를 닦는다. 이것은 염식관(念息觀)이라고 번역하는데 호흡을 들이키고 내뱉는 행위 등을 통해 면밀하게 관찰함으로써 분별 작용하는 번뇌를 다스린다. 처음에는 일심으로 입식과 출식을 1부터 10까지 헤아리고, 다음은 숨이 나가고 들어옴을 따라 그 숨과 생각을 한 곳에 집중하여 멈추며, 최후에는 아나반나삼매의 6종법문인 수(數; 숨을 들이쉬고 내쉬는 것을 하나로 삼아 열까지 헤아리는 방식)·상수(相隨; 호흡을 놓치지 않고 호흡이 들고 나는 모습을 따라가며 관찰하는 방식. 호흡의 길고 짧음에 관계없이 그대로의 모습을 관찰한다)·지(止; 수(數)와 수(隨)가 완성되면 호흡을 코

끝에 머물러 두어 들고 나는 숨을 관찰한다)·관(觀; 숨이 들고 남에 따라 오음이 생성되고 소멸하는 모습을 관찰하여 증장시키는 방식)·전관(轉觀; 관(觀)의 단계에서 한걸음 나아간다는 뜻으로 환(還)이라고도 하는데, 곧 지(止)와 관(觀)을 성취하여 들숨과 날숨과 오음이 무상(無常)함을 터득하는 방식)·청정(淸淨; 청정은 완성된다는 뜻이다. 곧 몸·감각·마음·법·들숨·날숨·기타 수행의 완성을 말함)을 닦는다.

다섯째, 등분행(等分行; 단견·상견·영원불멸한 자아가 있다는 생각에 사로잡혀 있는 것)에 빠져 있는 사람에 대해서는 염불관을 권장한다. 그 방법으로 부처님의 32상과 80종호를 여실하게 관찰하여 한 부처님뿐만 아니라 두 부처님, 세 부처님, 나아가서 시방제불의 상호를 일심으로 관찰하게 한다.

그리고 하권에서는 부정관·자심관·인연관·염식관·염불관 등 앞의 5종법문에서 나아가 색계의 선정에 해당하는 사선(四禪)과 무색계의 선정에 해당하는 사무색정(四無色定)을 닦을 것과, 위빠사나 수행의 근간이 되는 사념처 수행 및 이승과 보살승의 선정에 대해서도 언급하고 있다. 특히 주목해야 할 것은 최후 보살도에 있어서의 선정의 실천 내용을 보면 여기에서도 앞의 상권에서와 같은 5종법문을 수행하지만 중생 구제와 제법의 공(空; 무집착의 실현)과 무상(無相; 평등심의 실현)을 설하고 있다는 점이다.

이처럼 『좌선삼매경』에는 대치해야 할 대상에 따라 각각의 법문 내용이 설해져 있어 서로가 병립적인 관계의 구조로서 각각 다른 법문을 전제로 하는 중층적인 구조는 아니다. 또한 선경이 대승과 소승을 구분하지 않고 실천의 수단이 되는 데 비하여 삼매경류는 거의 대승적인 성격에 가깝다. 곧 삼매경전류에서는 어떻게 실천해야 하는가 하는 방법과 형식보다는 어떻게 관찰해야 하는가 하는 선정의 내관(內觀)에 따라 교리가 전개되고 있다.

【 5 】
선비요법경(禪秘要法經)
⋮

『선비요법경』은 구마라집에 의해 3권으로 번역되었으며 선의 수행법에 대해 설명한다. 관법 및 조심(調心)과 조식(調息) 등 선관에 대한 방법을 부정관법(不淨觀法)을 중심으로 자세하고 구체적으로 제시한 경전이다. 전체는 서분·정종분의 30관법(觀法)·유통분으로 구성되어 있다. 설법의 대상은 1250명의 상수대중(常隨大衆)과 500명의 성문대덕(聲聞大德) 등이다.

대비구 1250명과 500명의 성문대덕들은 설법을 듣고 깨침을 터득했지만 마하가치라난타는 총명하고 지혜가 있음에도 불구하고 마음에 의문이 있고 사념처 수행을 닦지 않은 까닭에 금생에도 깨침을 터득하지 못하였다. 이에 부처님은 가치라난타와 그 자리에 있던 마하라비구 및 미래의 비구들을 위해 게으름을 없애는 방법에 대해 마음에 집중할 것을 설명한다.

제1 계념법(繫念法)은 조용한 곳에서 가부좌를 하고 발가락 끝에 마음을 갖다 두고 그것을 점차 온 몸으로 확장하여 산란한 마음을 다스리는 방법이다.

제2 백골관상법(白骨觀想法)은 마음을 이마에 갖다 두고 집중한다. 그리고 점차 머리 전체로 확장하여 대상을 바꾸어 관찰하는 역관법(易觀法)으로 진행하여 차례로 40명의 백골을 관찰한다.

제3 참회자책관(懺悔自責觀)은 마음을 왼발의 엄지발가락에 집중하고 점차 다리 및 온 몸으로 확장하여 자신의 몸이 모두 더러운 물질로 가득 차 있다고 가정하는 부정관(不淨觀)으로 관찰한다.

제4 팽창농혈관(膨脹膿血觀)은 왼쪽 엄지발가락에 마음을 두고 점차 확장하여 온 몸이 썩어 부풀어 오르는 모습을 10회에 걸쳐 관찰한다. 그리고 그 악취가 삼천대천세계까지 미치지만 끝내 공적하다는 것을 관찰한다.

제5 박피부정관(薄皮不淨觀)은 왼쪽 엄지발가락에다 마음을 두고 그 엷은 피부의 안과 밖의 온갖 더러움을 관찰하여 점차 온 몸까지 확장한다. 이로써 아귀 및 육대(六大)를 관찰하여 그 실상을 파악한다.

제6 후피충취관(厚皮蟲聚觀)은 왼쪽 엄지발가락에다 마음을 두고 피부 속의 작은 벌레들이 몸속의 오장을 모두 갉아먹고서 온 몸의 아홉 구멍으로 흘러나오는 모습을 관찰한다. 그리고 몸은 육대의 물질로 이루어져 있어 실체가 없다는 무아(無我)를 사유한다.

제7 극적어니탁수세피잡상관(極赤淤泥濁水洗皮雜想觀)은 오른쪽 엄지발가락에다 마음을 두고 그것을 머리끝까지 확장하여 일체의 피부와 살과 몸의 기관들이 썩어 흙속으로 사라지는 것을 관찰한다. 그

밖에 남아 있는 뼈라 할지라도 붉은 색 내지 흐릿한 물과 같은데, 그와 같은 것들이 삼천대천세계에 두루 미친다는 것을 10회에 걸쳐서 관찰한다.

제8 신사상관법(新死想觀法)은 왼쪽 엄지발가락에다 마음을 두고 그것을 머리끝까지 확장하여 금방 죽은 사람으로 간주하여 5회에 걸쳐 관찰하는데 그 시체가 삼천대천세계에 가득한 줄을 안다.

제9 구신상관법(具身想觀法)은 왼쪽 엄지발가락에다 마음을 두고 그것을 머리끝까지 확장하여 모든 뼈를 관찰한다. 모든 뼈마디가 하얗고 완전하다는 것을 10회에 걸쳐 관찰하고 점차 확장하여 삼천대천세계에 가득한 줄을 안다.

제10 절절해관법(節節解觀法)은 오른쪽 엄지발가락의 두 마디에다 마음을 두고 그것을 머리끝까지 확장하여 전부 363개의 골절로 구성되어 있음을 관찰한다.

제11 백골유광관법(白骨流光觀法)은 오른쪽 엄지발가락의 마디가 백광으로 가득 차 있음을 관찰한다. 낮과 밤에는 각각 일광과 월광으로 간주하고 363개의 뼈마디를 모두 관찰하여 32상과 80종호가 모두 백광을 비추는 것을 관찰한다.

제12 사대관법(四大觀法)은 자기의 몸이 사대로 구성되어 있음을 관찰하고 일체의 인연도 사대로부터 일어나는 것을 관찰한다. 척추의 마디마다 백광이 흘러나와 일체의 몸을 비추고 그것이 확장되어 삼천대천세계에 가득히 찬다.

제13부터 제15관법까지는 사대를 자세하게 분류한 것이다.

제16 보상관법(補想觀法)은 자신의 몸이 지나치게 공하다는 생각에만 빠지는 경우에는 마치 보약으로 몸을 추스르는 것처럼 관찰하는 것이다.

제17 신념처관법(身念處觀法)과 제18 신부정잡예상관법(身不淨雜穢想觀法)은 자신의 몸을 오색이 감싸 청정해지고 투명해짐을 관찰하여 무아에 대한 이해를 넓혀 간다.

제19 염불관법(念佛觀法)은 다시 사위국의 기수급고독원으로 설법의 장소가 변경된다. 여기부터는 선난제비구를 위해 죄업장의 참회 및 사견(邪見)과 살생의 번뇌에 대해 설법하는 내용이다.

제20 수식관법(數息觀法)은 관불삼매(觀佛三昧)를 터득하고도 성현의 과보를 얻지 못하는 자는 마음이 산란하기 때문이라고 하면서 호흡을 통하여 마음의 안정을 터득하도록 하는 관법이다.

제21 구상관법(九想觀法) 및 자심관법(慈心觀法)은 온 몸에 온기가 흐르는 것을 느끼는 난법(暖法)을 설명한다.

제22 및 제23 관법은 정관법(頂觀法; 출정과 입정 때에 항상 정수리에서 불이 나온다고 관찰하는 방법)을 14회 관찰하면 출정과 입정의 경우에 항상 신체가 안락함을 터득한다고 설명한다.

제24~제30관법까지는 지·수·화·풍·오음 등을 통하여 공(空)·무아(無我)·무상(無相)·무작(無作)에 대하여 설한다.

마지막 유통분에서는 계를 지키고, 한적한 곳에서 마음을 안정시키며, 업장을 녹이고, 부지런히 노력하라고 당부한다. 특히 미래세 말법시대에는 이 경전을 함부로 범부들에게 노출시키지 말라고 말한다.

이처럼 『선비요법경』은 주로 자신의 몸을 대상으로 하여 그것이 부정(不淨)하고 무상(無常)하며 공(空)하다는 도리를 설명한 것이다.

〖 6 〗
관무량수경(觀無量壽經)

⋮

　『관무량수경』은 서방 극락의 정토와 아미타불을 관상(觀想)하는 방법, 그 정토에 왕생하는 방법을 설한 경전으로서 『무량수경』·『아미타경』과 함께 정토삼부경의 하나로 중요시되고 있다. 이 경전의 성립에 대해서는 업처관(業處觀)에 근거한 인도 성립설을 비롯하여 중앙아시아 성립설, 중국 성립설, 단계적 성립설, 여러 경전의 내용을 복합했다는 설 등 견해가 다양하다. 본 경전은 선관(禪觀)이 중요한 내용을 형성하고 있다.

　선관 가운데서도 업처(業處)가 그 기초를 이루고 있는데 업처는 범어 'karma-sthāna'의 번역어로서 선정이 지주(止住)하는 장소, 곧 선정의 토대로서 선정을 닦을 때의 대상을 나타내는 말이다. 선정을 수습하여 성취할 때에 자기에게 맞는 관상의 대상이나 방법을 선택하여 그 선정이 각각 특수한 성격을 지니게 된다. 업처는 바로 그 관상의 대상과 방법을 말한다. 곧 일체처에 두루 쉼 없이 관찰하기 때문에 변처(遍處)라고 한다. 여기에서 쉼 없이 두루 관찰한다는 관법이 변처의 특징이다. 가령 십변처(十遍處) 가운데 청변처(靑遍處)의 경우에는 눈앞에 작은 청색이 있다고 상정하여 관찰하고 그 푸르다는 관상을 확대하여 세계 전체가 모두 청색으로 가득 차 있다고 간주한다. 변처의 또 다른 특징은 이러한 관상은 실관(實觀)이 아니라 가관(假觀)으로서, 부정관·사무량심·십변처 등의 업처가 관상의 대상을 자유롭게 증대 내지 변화시켜가는 관법이라는 점이다. 가장 보편적인 변처에는 지·수·화·풍·청·황·적·백·공·식 등 열 가지가 있다. 앞의 지·수·화·풍·청·황·적·백 여덟 가지는 청정한 해탈과 같고, 뒤의 공·식은 청정한 무색으로서 지·수·화·풍 등 사온을 대상으로 삼는다. 이러한 업처관을 근거로 한 관상법에 해당하는 『관무량수경』의 16관상법을 언급해 보면 다음과 같다.

① 일상관(日想觀)은 눈을 지니고 있는 사람은 누구나 해가 지는 모습을 볼 수가 있기 때문에 거기에 마음을 집중하여 해가 하늘에 걸려 있는, 북과 같이 둥근 모습으로 눈을 감건 뜨건간에 명료하게 될 때까지 관상한다.

② 수상관(水想觀)은 청정한 물을 보고 그 영상이 조금도 혼란스럽지 않다고 관상한다. 나아가 얼음의 투명한 모습을 생각하는 빙상을 행하고, 청옥과 같은 유리를 관상하여 그것이 성취되면 극락정토의 대지가 유리로 아름답게 장식되어 있음을 관상한다.

③ 지상관(地想觀)은 앞의 수상관을 성취함으로써 유리로 이루어진 땅에 대한 관상이 눈을 감건 뜨건간에 계속되면 분명하게 극락의 정토를 관상할 수 있게 된다.

④ 보수관(寶樹觀)은 극락정토에 있는 불가사의한 나무를 관상한다.

⑤ 보지관(寶池觀)은 극락정토의 연못 여덟 가지를 관상한다.

⑥ 보루관(寶樓觀)은 극락정토의 오백억의 건물을 관상한다.

⑦ 화좌관(華座觀)은 극락정토의 아미타불이 앉아 있는 연화대를 관상한다.

⑧ 상상관(像想觀)은 불상을 보고 아마타불의 모습을 관상한다.

⑨ 진신관(眞身觀)은 아미타불의 참된 모습을 관상하는데 이 진신관을 성취하면 제불을 볼 수 있게 된다.

⑩ 관음관(觀音觀)과 ⑪ 세지관(勢至觀)은 각각 아미타불을 따르는 관음보살과 대세지보살을 관상한다.

⑫ 보관(普觀)은 정토의 불·보살·국토를 빠짐없이 관상한다.

⑬ 잡상관(雜想觀)은 앞에서와 같은 진불과 진보살을 관상할 수 없는 사람이 장육존의 아미타불상을 보고 여러 가지 대신(大身)·소신(小身)·진불(眞佛)·화불(化佛) 등을 다 관상한다.

⑭ 상배관(上輩觀), ⑮ 중배관(中輩觀), ⑯ 하배관(下輩觀) 등 삼배관은 중생이 각각의 능력과 성질의 우열에 따라 각기 근기에 적당한 수행으로 극락정토에 태어나는 것을 관상한다.

위와 같은 관상법은 업처의 내용으로서 특히 부정관법이 그 기초를 이루고 있다. 곧 『해탈도론』에서 열 가지 일체입(一切入)·열 가지 부정관(不淨觀)·열 가지 염(念)·네 가지 무량심·사대관(四大觀)·식부정관(食不淨想)·무소유처관(無所有處)·비비상처(非非想處) 등 38행처(行處)를 설하고 있는 것과도 무관하지 않다.

이러한 극락정토의 갖가지 모습에 마음을 집중하여 무한대로 확장하는 관상, 18종의 부정관이 항상 일물을 대상으로 선택하여 이것을 차례로 변처로 삼아 관상하는 『선비요법경』의 내용과도 밀접하다. 곧 살아 있는 자신의 몸을 관찰하는 것에서부터 점차 단계를 거쳐서 열 가지 색부정관(色不淨觀)에 이르고, 수식관(數息觀)을 거치며, 사대관(四大觀)을 지나 수행자의 몸은 백옥과 같이 명징하다고 간주하며, 다시 자기의 몸이 검은 모습으로 변하는 환각을 극복하고, 점차 수많은 연꽃잎의 금강대좌에 결가부좌하고 있는 금빛의 불상을 보고서 자신의 몸이 삼천대천세계에 가득한 화불(化佛)과 하나가 된다고 간주하는데, 그와 같은 경계의 모습도 곧 가관임을 알아차린다.

이러한 체험을 반복하면 부정관은 자연스럽게 사라지면서 신체와 아상(我相)의 존재가 없음을 자각하게 되고, 신체의 고·공·무상·무아를 관찰하여 모두 공이 된다. 이렇게 사유하는 가운데 신(身)을 관찰하면서도 신(身)을 보지 않게 되고, 아(我)를 관찰하면서도 아(我)를 보지 않게 되며, 수(受)를 관찰하면서도 수(受)를 보지 않게 되고, 심(心)을 관찰하면서도 심(心)을 보지 않게 될 때 홀연히 산하대지의 일체가 무(無)임을 터득한다.

【 7 】

금강경(金剛經)

⋮

『금강경』은 부처님께서 기원정사에 1250명의 대비구와 함께 머물면서 설법한 내용으로 이루어져 있다. 여기에서 수보리가 부처님에게 질문한 내용은 어떻게 발심해야 하고, 어떻게 청정심을 유지해야 하며, 어떻게 수행해야 하고, 어떻게 번뇌심을 다스려야 하는가에 대한 것으로 요약된다. 이런 까닭에 수행과 깨침을 지향하는 선종에서는 일찍부터『금강경』을 중요시하였다.

선종의 역사 속에서 그 간접적인 발단은 보리달마에게서 비롯한다. 달마는 스승 반야다라로부터『반야경』을 통해 수행하고 깨쳤으며『반야경』의 사상에 근거하여 정법안장을 계승하였다. 이로써 달마로부터 시작되는 선종은 자연스럽게『반야경』에 근거한 수행과 깨침으로 나아갔다. 직접적인 발단은『금강경』에 담겨 있는 내용에서 비롯된다.

『금강경』에는 먼저 발심의 문제가 잘 드러나 있다. 거기에서 발심은 곧 반야에 나아가는 것을 말한다. 이것은 상구보리하고 하화중생하는 보살행을 일으키는 것이다. 둘째로 본래성불에 근거하여 발전한 조사선의 입장인 만큼 개개인의 자성을 청정심으로 간주하는 입장에서 그 청정심을 유지하려면 어떤 마음으로 발심을 성취해야 하는가의 문제를 다룬다. 이것은 일체 중생을 제도하는 것으로서 요익중생계(饒益衆生戒)로 드러나 있다. 셋째로 수행에서는 발심한 이후에 어떻게 수행으로 나아가야 하는가를 말한다. 이것은 일체 선법을 닦는 것으로서 섭선법계(攝善法戒)로 드러나 있다. 넷째로 번뇌심을 다스린다는 것에 대해 수행을 통해 아집과 법집의 번뇌장과 소지장을 어떻게 없애야 하는가를 말한다. 이것은 일체의 악을 단절하는 것으로서 섭율의계(攝律儀戒)로 드러나 있다. 그래서『금강경』에서는 그 실천으로서 보살도의 4종심을 제시한다.

첫째는 광대심(廣大心)이다. 광대심은 가없는 시방과 세계와 중생을 모두 건지려는 마음이다. 따라서 "모든 보살마하살은 마땅히 다음과 같이 마음을 다스려야 한다. 존재하는 일체 중생의 부류인 난생·태생·습생·화생·유색·무색·유상·무상·비유상비무상 등"이라 말한다. 둘째는 제일심(第一心)이다. 일체 중생을 무여열반에 들도록 하려는 마음이다. 따라서 "내가 다 무여열반에 들도록 그들을 멸도하리라"라고 말한다. 셋째는 상심(常心)이다. 중생을 끝까지 책임지려는 마음이다. 따라서 "이와 같이 무량하고 무수하며 무변한 중생을 멸도하지만 실로 멸도된 중생은 없다"고 말한다. 넷째는 부전도심(不顚倒心)이다. 올바른 지혜를 통해 선교 방편을 구사하는 것이다. 따라서 "만약 보살에게 아상·인상·중생상·수자상이 있으면 보살이 아니다."라고 말한다. 이와 같은 4종심을 실천하는데 다음과 같이 진심을 발휘하여 무주심으로 임할 것을 강조한다.

그 설법 대상은 곧 수행의 주체로서 모든 대승인과 최상승인, 또한 현재와 미래의 일체 중생이다. 이들을 상대로 하여 제일의실단(第一義悉檀)을 설해 모든 보살로 하여금 염불삼매를 증진시키고, 중도를 드러내고 양극단에 치우친 견해를 없애며, 중생의 분별과 집착을 없애려는 것이다. 그것이 곧 무주(無住)와 무상(無相)과 무념(無念)으로 설정되어 있다. 무주는 무소주(無所住)로서 집착하는 바가 없는 것이다. 만약 집착하는 바가 있으면 마음이 한 가지에 얽매여 번뇌가 되고 업이 되어 삼계에 윤회하게 된다. 따라서 무주를 근본으로 삼으라고 가르친다. 무상은 모든 차별상이 없는 것이다. 중생의 경우 일체 제법에서 분별상을 취하여 거기에서 취사분별의 망상심을 일으키는데 분별심은 보살의 근본번뇌이다. 따라서 갖가지 망상분별을 내어 삼계윤회의 근원을 일으킨다. 그렇기 때문에 일체를 공(空)하게 보는 무상을 본체로 삼으라고 가르친다. 무념은 일체 만경에서 망념을 내지 않는 것이다. 『단경』에서는 특히 무념이라는 용어를 자세하게 설명한다. 요컨대 일체 만경에서 분별상을 여의고 마음에 집착이 없는 것을 무념으로 간주한다. 이에 혜능은 무념을 종지로 삼으라고 가르치고, 황벽은 무심(無心)하라고 가르치며, 임제는 무사(無事)하라고 가르친다. 세 가지는 근본적으로 차이가 없다. 이런 까닭에 무념은 곧 정념으로서 분별이 없이 항상 자유롭게 작용한다. 따라서 『단경』에서는 이것을 진여와 동일시하였다.

이와 같이 무주·무상·무념은 결국 무(無)라는 한 글자로 귀일된다. 그러나 이것은 단순한 무가 아니다. 모든 것을 완전히 부정하는 곳에서 묘유(妙有)의 긍정이 인정되는 것이다. 따라서 진실한 무상은 유상이고, 진실한 무념은 유념이며, 진실한 무주는 유주이다. 그리하여 무상은 모든 상을 섭수하지 않음이 없고, 무념은 모든 법을 계합하지 않음이 없으며, 무주는 자신이 모든 곳에 두루하지 않음이 없다. 이로써 반야는 단순한 부정론이 아니라 모든 것을 긍정하고 진실한 자심이 무애자재하게 드러나서 무연대비심으로 일체를 인연한다. 이곳에 비로소 지혜가 있고, 자비가 있으며, 교화가 있다.

이와 같은 관점에서 『금강경』의 '무(無)'라는 한 글자는 모든 것에 가치를 부여하여 바라볼 수 있게 한다. 그래서 무는 응무소주(應無所住)의 부정이 있는 곳에 반드시 이생기심(而生其心)이라는 긍정이 있고, 제상비상(諸相非相)의 부정이 있는 곳에 도리어 즉견여래(則見如來)

의 긍정이 있다. 따라서 진실한 세계는 비세계이고, 진실한 중생은 비중생이며, 진실한 대법은 비대법이고 비비법이다.

|【 8 】|

유마경(維摩經)
∴

『유마경』은 고대 인도의 상업 도시였던 베살리의 유마가 주인공이 되어 전개된다. 유마는 실존과 가상 사이에 해당하는 인물로서 무구(無垢)라는 아내와 각각 선사(禪思), 월상(月上)이라는 아들과 딸을 거느린 거사이다. 유마는 붓다의 가르침에 달통하였고 삼계에 대한 집착에서 벗어났으며 가족을 거느리면서도 청정한 삶을 유지하고 늘 정진하는 사람이었다. 불쌍한 사람들에게 재물을 나누어주고 외도들에게는 바른 법을 일러주었으며 가르침을 펼치는 데 장소를 가리지 않았다. 특히 때로는 토론으로 감복시키고 때로는 침묵으로 묘법을 설하였다. 이처럼 유마는 붓다의 가르침을 세속에서 구현하는 자유인으로서 불가사의한 방편력으로 중생을 인도하는 대승의 이상적 인간상의 소유자였다.

『유마경』은 대승경전 가운데 비교적 초기경전에 속하는 경전이다. 출가와 재가를 구분하지 않고 일상의 현실에서 대승불교의 정신을 구현하려는 데에 초점을 두고 있다. 여기서 목표로 하는 대승의 정신은 재가와 출가의 한계를 벗어나 지혜와 자비의 본질에 대한 궁극적인 이해와 실천을 도모하는 것이었다. 따라서 후대에 교학의 종파에서만이 아니라 선종에서도 가장 필수적인 경전으로 존중되었다. 『유마경』은 반야 사상을 충실하게 계승하여 공 사상과 보살행을 강조하고 궁극적으로 모든 상대분별을 벗어나 불이법문을 실천하여 이상 사회를 건설하는 것을 주요한 내용으로 삼고 있다.

　대승불교가 출현하게 된 배경 가운데 하나는 붓다의 가르침이 지나치게 교학적이고 난해한 교리 위주의 불교로 흘러갔던 것이었다. 이는 붓다의 가르침이 특정한 사람들만의 전유물로 전락하는 결과를 초래하였다. 이렇게 붓다가 목표로 했던 가르침과 점점 멀어지게 되자 모든 사람들에게 향하는 보편적인 가르침에 대한 갈증과 요구가 베살리 같은 진취적이고 자유로운 도시에서 나타났고, 이는 당연한 것이었다. 『유마경』은 바로 이와 같은 상황에서 보살상의 전형적인 인물로서 유마를 내세웠다.

　결국 『유마경』은 불이 곧 상대적인 차별에서 벗어나 있는 평등에 대하여 사상적인 내용뿐만 아니라 그 실천을 설한 경전이다. 제1 「불국품(佛國品)」에서는 중생의 불국토가 바로 보살의 청정한 불국토임을 설하여 본래성불의 사상적인 근거를 제공한다. 제2 「방편품(方便品)」에서는 육신의 병을 통해 무상을 절감케 하여 아뇩다라삼먁삼보리심을 내어 수행할 것을 발원한다. 제5 「문수사리문질품(文殊師利問疾品)」에서는 방을 비워 놓고 일체가 공하다는 것을 드러내어 보살이 수행해야 할 지혜와 방편 등에 대해 대화를 나눈다. 제6 「부사의해탈품(不思議解脫品)」에서는 텅 비어 있는 방에 대해 무집착·무구(無垢)의 의미를 깨치도록 한다. 제7 「관중생품(觀衆生品)」에서는 중생이라는 고정관념을 버려서 제법은 본래 공하고 아와 중생이 따로 없음을 관찰할 것을 말한다. 제8 「불도품(佛道品)」에서는 참다운 불도와 그 수행에 대하여 문답의 형식으로 설한다. 그래서 불도를 실천하면서 그 불도에조차 집착하지 말아야 한다는 것을 말한다. 제9 「입불이법문품(入不二法門品)」에서는 불이법문에 들어가는 방법에 대한 답변을 무분별과 무집착의 침묵으로 대신한다. 제10 「향적불품(香積佛品)」에서는 향기를 통해 일체덕장삼매(一切德藏三昧)에 들어가는 모습을 설명한다. 제11 「보살행품(菩薩行品)」에서는 유위세계에도 집착하지 않고 무위세계에도 집착하지 않는 중도의 가르침을 설한다. 제12 「견아촉불품(見阿閦佛品)」에서는 여래를 보는 방법에 대해 묻는 세존에게 유마는 안에 있지도 않고 밖에 있지도 않으며 안과 밖에 동시에 있지도 않는다고 답변한다.

이와 같이 다양한 대승의 선법을 설명하고 있는 까닭에 『유마경』은 『달마어록』을 비롯한 초기의 선종어록에 그 어떤 경전보다도 가장 빈번히 인용되고 실천되었다. 가령 "깨침이 없는 곳으로 가는 것이 곧 불도에 통달하는 것이다"라는 말에서 깨침이 없는 곳으로 간다는 것은 명칭을 부정하지 않고 형상을 부정하지 않는 것이고, 통달한다는 것은 명칭에 즉해도 명칭이라는 분별이 없고 형상에 즉해도 형상이라는 분별이 없는 것이며, 탐욕을 부정하지 않고 애욕을 부정하지 않는 것이고, 탐욕에 즉해서도 탐욕이라는 분별이 없고 애욕에 즉해서도 애욕이라는 분별이 없는 것이다.

또한 불도에 통달한다는 것은 고뇌에 즉해서도 고뇌라는 분별이 없고 즐거움에 즉해서도 즐거움이라는 분별이 없는 것이고, 생을 부정하지 않고 사를 부정하지 않는 것이며, 생에 즉해서 생이라는 분별이 없고 생이라는 분별이 없다는 것에도 집착하지 않고, 아에 즉해서 아라는 분별이 없고 아라는 분별이 없다는 것에도 집착하지 않는 것을 말한다. 이것은 부정[非]에 즉해서도 부정이라는 분별이 없고 부정이라는 분별이 없다는 것에도 집착하지 않을 수 있다면 그것이야말로 곧 불도에 통달하는 것으로서 마음 그 자체가 무심임을 가르쳐준 것이다. 또한 "일체 중생은 본래 열반이므로 다시는 새삼스럽게 소멸되는 법이 없다"는 말은 모름지기 생사를 벗어나야 비로소 열반이 되는 것이 아니라는 말이다. 그 이유는 생사와 열반의 자성이 본래 동일하여 서로 부정할 필요가 없기 때문이다. 이것은 보살이 부동의 경지에 머문다는 것으로서 무집착의 실천을 가르쳐 준 것이다.

|【 9 】|
승만경(勝鬘經)

⋮

『승만경』은 『승만사자후경(勝鬘師子吼經)』, 『사자후방광경(師子吼方廣經)』, 『승만대방편방광경(勝鬘大方便方廣經)』, 『승만사자후일승대방편방광경(勝鬘師子吼一乘大方便方廣經)』 등으로 불린다. 『승만경』은 초기 대승경전으로부터 다져진 대승의 교리가 더욱 발전적인 방향으로 전개되는 단계에 있으며 반야 사상을 바탕으로 한 여래장 사상의 근본 경전으로 간주된다.

구나발타라가 5세기 중반에 번역한 『승만사자후일승대방편방광
경』에 의하면 그 교리에서 대승의 입장에서 본래부터 일체 중생에게
여래의 성품이 동일하게 구비되어 있다고 하는 여래장 사상에 대하여
설한다. 이에 중생의 본성은 청정하기 때문에 그 본성이 드러나면 법
신이 출현하고 성불한다는 것이다. 따라서 일체 중생이 그대로 여래
장이라는 교리가 세 가지 측면 곧 여래의 3종자성의 입장에서 전개된
다. 첫째는 여래법신이 편만하다는 것인데 이것은 여래상이 존재하
는 근거이다. 둘째는 여래진여가 무차별하다는 것인데 이것은 중생
과 여래가 본질적으로 동일하다는 뜻이다. 셋째는 여래종성이 일체
중생에게 존재한다는 것인데 이것은 여래장의 발현을 가리킨다.

따라서 이 여래장 사상은 불성과 동일한 개념으로서 선종에 수입
되어 달마에서 비롯된 조사선의 사상적 배경인 본래성불의 근거가 되
었다. 이것은 반야공관과 결합하여 무분별과 무집착을 바탕으로 일
상에서 깨침의 전개와 구현을 겨냥하였다. 그러므로 여래장은 돈오
성불의 바탕으로서 그 본질은 곧 자성(自性), 인(因), 과(果), 업(業), 상
응(相應)·결합(結合), 행(行)·현현(顯現), 분위차별(分位差別), 변일체처
(遍一切處), 불변이(不變異), 무차별(無差別)의 열 가지를 그 속성으로 한
다. 나아가 그에 대한 비유로 시든 꽃잎 속에 나타나 있는 화불(化佛),
갖가지 벌들의 꿀, 나락의 껍질 속 쌀알, 쓰레기 속에 감추어진 진금,
땅속에 파묻혀 있는 보물, 열매 속에 감추어진 씨앗, 누더기 옷에 싸
여 있는 보상(寶像), 빈천한 여인이 잉태하고 있는 왕자, 모형 속에 들
어 있는 금상(金像) 등 아홉 가지를 언급한다.

경전 전체는 15장으로 구성되어 있는데 내용은 다음과 같다.

제1 여래진실의공덕장(如來眞實義功德章)에서는 파사익 왕과 말리 부인이 아유사국으로 시집간 딸인 승만 부인에게 보리심을 내도록 편지를 보낸다. 이로써 승만 부인과 그 권속들은 부처님을 친견하여 수기를 받는다.

제2 십수장(十受章)에서는 수기를 받은 승만 부인이 열 가지 서원을 세운다. 오늘부터 깨달음에 이를 때까지 계율을 지닐 것, 어른에게 오만하지 않을 것, 중생에게 화를 내지 않을 것, 질투심을 지니지 않을 것, 인색한 마음을 지니지 않을 것, 재물을 남에게 보시할 것, 중생을 위한 사섭법을 행할 것, 불쌍한 사람들을 보살펴 줄 것, 불의를 용납하지 않을 것, 정법을 지킬 것 등이다.

제3 삼원장(三願章)은 중생을 안온케 하는 큰 지혜를 얻을 것, 중생을 위해 끝까지 가르침을 설할 것, 신명을 바쳐 정법을 수호할 것 등 세 가지 대원을 세운다.

제4 섭수장(攝受章)은 정법 섭수의 의의와 그에 대한 비유, 그리고 정법을 섭수하는 것이 곧 육바라밀임을 설명한다. 이에 승만 부인은 부처님으로부터 정법을 섭수하는 것은 곧 이익과 복덕과 과보가 수반되는 것이라는 찬탄을 받는다.

제5 일승장(一乘章)은 정법을 섭수하는 것이야말로 그대로 대승임을 설명한다. 성문·연각·출세간의 선법도 모두 대승에 의지하여 자라나고 머무르는 것임을 설명한다. 나아가서 잠재적인 네 가지 번뇌를 끊고 일승의 법으로 나아갈 것을 설명한다.

제6 무변성제장(無邊聖諦章)은 성스러운 진리는 성문이나 연각의 유한한 공덕을 초월한 것으로 여래·응공·등정각이 성취하는 것임을 설명한다.

제7 여래장장(如來藏章)은 성스러운 진리는 곧 여래장을 가리키는 것이라고 설명한다.

제8 법신장(法身章)은 유위법의 성스러운 진리 네 가지와 무위법의 성스러운 진리 네 가지를 말하며, 이 가운데 무위법의 네 가지 성스러운 진리야말로 여래·응공·등정각의 법신이 터득하는 경계임을 설명한다.

제9 공의은복진실장(空義隱覆眞實章)은 모든 번뇌를 벗어난 공여래장은 오직 여래만이 터득하는 경지임을 설명한다.

제10 일제장(一諦章)은 사성제 가운데 고성제·고집성제·고멸도성제를 벗어난 것만이 제일의제라고 설명한다.

제11 일의장(一依章)은 위에서 말한 제일의제는 곧 고멸성제임을 설명한다.

제12 전도진실장(顚倒眞實章)은 상견과 단견은 전도된 견해이고, 열반의 상·락·아·정은 청정한 견해임을 설명한다.

제13 자성청정장(自性淸淨章)은 여래장은 여래의 경계로서 본래부터 번뇌에 물들지 않는 청정한 성품임을 설명한다.

제14 진자장(眞子章)은 진정한 선남자 선여인은 대승에 들어가서 깊은 진리를 성취하고 깊은 지혜를 따르는 자라고 설명한다.

제15 승만장(勝鬘章)에서는 승만 부인 및 그 권속들이 부처님으로부터 찬탄을 받고는 집으로 돌아와 다른 사람들에게 대승법을 전도한다. 부처님은 제석천과 아난에게 위의 15장에 걸친 가르침은 모두 대승법이므로 잘 수지하고 독송할 것을 부탁한다.

【 10 】
화엄경(華嚴經)
⋮

『화엄경』에는 대승불교의 행법이 종합적으로 담겨 있다. 그 가운데 선수행의 법문으로는 「정행품(淨行品)」이 있다. 출가와 재가를 막론하고 일상에서 지켜야 할 수행 규범에 대하여 지수보살이 문수보살에게 과실이 없는 열 가지 신업·어업·의업의 터득, 기타 열 가지 구족, 열 가지 지혜, 열 가지 능력, 열 가지 선교(善巧), 칠각분, 삼종삼매, 육바라밀, 사섭법, 여래의 십력의 터득에 대해 질문한다. 이에 대해 문수보살은 불제자들 각자가 지니고 있는 본래의 마음을 그대로 선용하면(善用其心) 온갖 뛰어나고 오묘한 공덕을 얻어서 제불의 가르침에 걸림이 없고, 제불의 깨침에 머물며, 중생과 더불어 살게 되고, 제법의 실상에 통달하며, 악행을 벗어나 선행을 구족하고, 온갖 소원을 구족하며, 일체법에 자재하지 못함이 없고, 번뇌의 침범으로부터 벗어나게 된다고 말한다. 그것이 일상적인 수행의 행위로 나타난 것이 곧 141가지 발원이다.

「정행품」에는 중국의 조사선에서 출현했던 본래성불 사상에 근거한 수행의 흔적이 묻어 있다. 본래성불의 의의는 「정행품」의 구체적인 발원에 잘 드러나 있듯이 지혜와 자비에 근거한 교화행으로 승화되었다. 나아가서 「초발심공덕품(初發心功德品)」에서는 또한 정신(正信)과 정심(淨心)에 근거한 불보리의 완성으로서 초발심의 중요성을 설하며 신(信)을 깨침의 과정으로서의 수행에서 나아가 깨침이 완성으로까지 승화시키고 있다. 그 깨침은 궁극적으로 중생의 본성에 완성돼 있는 깨침이다. 그것이 곧 평상심시도(平常心是道)라든가 즉심시불(卽心是佛)이라든가 대기대용(大機大用)의 기치를 내걸고 화광동진(和光同塵)·이류중행(異類中行)·타니대수(拖泥帶水) 등의 보살행을 실천한 것이있다. 이와 같은 보살행에 비탕한 『화엄경』의 선수행은 신라의 요오순지(了悟順之)에게서 잘 구현되었다.

요오순지는 『삼편성불론(三遍成佛論)』을 통해 증리성불(證理成佛)·행만성불(行滿成佛)·시현성불(示顯成佛)의 세 가지 성불 원리를 제시하였다. 증리성불이란 선지식의 말을 듣고 회심하여 자기의 마음 바탕에는 본래 일물도 없음을 활짝 깨치는 성불이다. 만행을 차례로 닦아서 얻는 것이 아니기 때문에 증리성불이라 한다. 그러므로 경에서 초발심시변성정각(初發心時便成正覺)이라 하였다. 이것은 불도는 멀리 있는 것이 아니라 마음을 돌이키면 얻을 수 있다고 하는 바로 그것이었다.

행만성불이란 이미 진리의 근원을 끝까지 구명했으니 다시 보현의 행원을 따라 보살도를 두루 닦아 수행이 골고루 갖추어지고 지혜와 자비가 원만해지기 때문에 행만성불이라고 한다. 이처럼 행만성불을 증득하는 이치는 증리성불의 이치와 다르지 않지만 인행(因行)이 과지(果地)까지 이르기 때문에 행만성불이라 한다.

시현성불이란 앞의 증리성불과 행만성불로 자행성불(自行成佛)을 마친 경우 중생이 몸을 바꾸어 성불한다는 뜻이다. 이것은 석가모니의 경우 팔상성도를 행한 것으로서 도솔천에서 나오고, 태중에 들며, 태에 머물고, 태에서 나오며, 출가하고, 성도하며, 법륜을 굴리고, 열반에 들어가는 모습이다. 이 팔상성도의 의미는 보신과 화신에 있지 않고 무량세계에 공겁 이전부터 법륜을 굴리는 능력 곧 법신에 있다고 간주한 것이다. 그러므로 『화엄경』에서는 "여래께서 세상에 나타나지 않았으며 열반도 없건만 본원력으로 인하여 자재한 법을 나타낸다"고 말하였다.

이와 같은 순지의 『삼편성불론』은 화엄선의 이론적인 측면으로 제시되었다. 이 가운데 증리성불을 구체적인 실천의 측면으로 전개한 것이 세 등급의 보현행이다. 출전보현(出纏普賢)으로서 견성 후에 보살행을 하고, 입전보현(入纏普賢)으로서 일체 중생과 동류대비하며, 과후보현(果後普賢)으로서 출전과 입전의 대지와 대비를 향하여 역순으로 종횡하면서 모든 지위에서 중생과 함께 어울리는 세 가지 등급의 보현행을 설정하였다. 이 가운데 출전보현의 보현행을 구현하기 위하여 다시 세 가지 깨침의 실제를 설정하였다. 곧 돈증실제(頓證實際)·회점증실제(廻漸證實際)·점증실제(漸證實際)의 가르침이다.

돈증실제는 진리를 돈오하는 경우이다. 중생이 무시이래로 성품을 깨치지 못하여 인연을 따라 삼계에 윤회하다가 홀연히 선지식을 만나 성품을 깨치는데 어느 누구에게도 의지하지 않고 정각을 이루므로 돈증실제라 한다.

회점증실제는 방편 수행으로서 상구보리하고 하화중생하는 실천이다. 곧 방편의 점교로 삼승의 진리를 증득하는 것을 말한다. 어떤 중생이 끝없는 옛적부터 성품을 깨치지 못하고 삼계에 윤회하다가 삼승의 점교를 듣고는 삼승법과 삼계의 고뇌를 깨치는데 그 삼승인이 홀연히 진교(眞敎)를 듣고 돌이켜 미묘한 지혜를 성취하고 실제를 터득하므로 회점증실제라고 한다.

점증실제는 점교를 통하여 진리를 증득하는 것으로서 수행 이후에 깨치는 것이다. 곧 어떤 중생이 무시이래로 성품을 깨치지 못하고 삼계를 윤회하면서 인연을 따라 과보를 받다 홀언히 점교를 듣고서 신해가 점차 발생하여 육바라밀 수행에 의지하면서 3아승지겁이 지나도록 난인(難忍)을 능인(能忍)하고 난행(難行)을 능행(能行)하며 번뇌를 끊고 공덕을 성취하여 비로소 무루진지(無漏眞智)를 터득해 법신이 드러나는 경우이다.

이와 같이 요오순지가 제시한 화엄선의 가르침은 달리 삼신불의 관념이기도 하다. 곧 법신은 증득되는 본래법이고, 보신은 본래법을 증득하는 주체로서의 사람이며, 화신은 교화행의 주체로서의 사람이다. 더 자세한 설명은 제3편의 '순지어록'장에서 하도록 한다.

|【 11 】|

열반경(涅槃經)

⋮

열반은 불교가 지향하는 궁극의 목표이며 최고의 가치이다. 그런

만큼 열반은 인간의 완전한 이상을 의미한다. 이런 의미에서 석존의 열반은 가장 이상적인 인간상의 전형이다. 열반의 바탕에 불성이 자리하고 있다. 불성은 그와 같은 열반에 도달하고자 하는 인간이 석존의 열반을 통해서 발견해 낸 가장 보편적인 개념이자 가장 이상적인 원리였다. 석존의 정각을 통해서 드러난 것이 연기법이라면 석존의 열반이 창출해 낸 걸작은 불성의 사상이었다.

석존의 열반은 불교 교단사의 관점에서 보면 가장 큰 전환점이었다. 아울러 사상적인 측면에서 보더라도 석존의 열반은 이전까지의 열반과 이후의 열반 개념을 가장 함축적으로 제시해 주었다. 이전의 열반 개념은 현실에서 늘 부딪치는 문제점에 대해 그 원인과 과정과 해결을 통해 궁극적으로 지향해야 하는 목표로서 불도 수행에 직접 참여하는 사람들에게만 한정된 것이었다. 그러나 이후의 열반 개념은 모든 사람들뿐 아니라 일체의 유정 무정에 이르기까지 보편적이고 무차별적으로 제시되었다.

여기에서 비로소 불성이 완전하게 그 개념을 확보하여 수행으로 나아가는 길이 열렸다. 곧 불성은 열반의 바탕 내지는 열반의 속성으로까지 발전하였다. 그래서 불성은 법신이 모든 대상에게 충만하고, 진여불성은 모든 대상에게 무차별하며, 여래의 종성이 모든 대상에게 구비돼 있다는 의미로 확장되었다. 심지어는 대비천제(大悲闡提)의 개념을 창출하여 일천제에 이르기까지 궁극적으로 불성의 실현을 주장하였다. 이 점은 불성이 지금의 현실을 넘어서 먼 미래에 이르기까지 형이상학적인 범위로 확대되는 출발점이 되었다.

경전은 그 성립과 성격 면에서 보면 편찬된 경전과 창작된 경전으로 분류된다. 『대반열반경』의 경우에도 편찬된 『대반열반경』과 창작된 『대반열반경』이 있다. 그 성립에서 보면 전자는 고본 『대반열반경』이고 후자는 신본 『대반열반경』이다. 고본 『대반열반경』은 초기불전에 속하는 것으로서 일반적으로 『원시열반경』이라 불리고, 신본 『대반열반경』은 대승불교에 속하기 때문에 『대승열반경』이라 불린다.

『원시열반경』은 팔리어로 쓰였고, 『대승열반경』은 산스크리트어로 쓰여 있다. 전자는 일반 대중에 대한 설법으로서 특별한 해설이 없어도 이해할 수 있는 내용인 데 비하여, 후자는 보살들을 상대로 설법한 것으로서 철학적·형이상학적인 내용까지 가미되어 있다. 사상적인 측면에서도 큰 차이가 있다. 우선 『원시열반경』에는 제행무상 일체행고 제법무아의 입장에서 상주불멸의 실체가 없다고 설해져 있다. 그러나 『대승열반경』에서는 상·락·아·정이라는 출세간의 상주불멸하는 불성이 있다고 설하고 있다.

『대승열반경』은 최초 부분에서 불타는 대선정에 들어가 영원히 살아 계신다고 설한다. 불타의 열반은 소위 죽음과는 달라 수명이 무량하여 유구불멸하다고 설한다. 그리고 불타의 신체는 상주불괴하며 불타의 언설은 진리이다. 이 두 가지 신앙을 바탕으로 하여 불타는 언제나 중생의 곁에 있으면서 그를 보살펴 주는데, 불타가 남겨 놓은 진리의 말씀을 암기하고 염송하며 서사하면 우리네 몸에 불타의 공덕이 터득된다고 가르친다. 경전의 중간 부분에는 아사세왕(阿闍世王)의 병과 고뇌가 상세하게 묘사돼 있다. 아사세왕이 불타를 만나고 설법을 듣는 장면이 나오는데, 그는 불타의 설법에 감명을 받고 반성하면서 엘란다라는 독나무에서 전단수의 싹이 트는 것에 비유하고, 포학한 마음이 없는 자신에게 이제는 불타에게 귀의하고 싶다는 생각이 생겨났다고 말한다. 그리고 뿌리 없는 믿음이 만들어 낸 불가사의에 대하여 설하고 있다.

경전의 중간 부분에서는 또한 열반에 대해 계속 상세히 설명하면서 열반에 들어가기 위한 갖가지 수행의 방법을 설명하고 있다. 나아가서 불성에 대해서도 다양한 비유를 들어 계속 설명하는데 이것이 열반경의 핵심 사상이기도 하다. 불성을 터득하기 위해서는 팔정도를 실천해야 한다고 하고, 불성이 드러나지 않는 이유와 드러나는 이유에 대해서도 설명한다.

또한 불성의 소재에 관한 설명에서는 인중유과설·인중무과설·중연화합설에 대하여 설명한다. 경전의 끝 부분에서는 어째서 불타가 쿠시나가라에서 임종을 맞이하는가에 대하여 설명한다. 여행 도중 불타는 병에 걸리는데, 단순히 그 장소가 쿠시나가라에서 가까웠던 것이 아니라 쿠시나가라에서 임종을 맞이해야 했던 합당한 이유가 있다는 것을 말하고 있다. 나아가 불타가 일찍이 바라문과 대론했던 내용을 길게 설명한다. 특히 아트만에 관한 선니외도(先尼外道)와의 대론은 불성 사상을 이해하는 데 중요한 가르침이다.

『열반경』의 가르침은 열반과 불성에 관한 것으로 각각 분류된다. 열반의 속성으로는 법신·반야·해탈이 개별적인 것이 아니라고 설명하며, 나아가 상·락·아·정의 네 가지 덕성은 각각 상바라밀·락바라밀·아바라밀·정바라밀 등 사바라밀다로 설정되어 있는데 이는 네 가

지 고·공·무상·무아의 사전도행을 물리치는 개념이다. 그리고 불성
에 대해서는 그 의미를 출체문·인과문·견성문·유무문·삼세문·회통
문의 여섯 가지로 분별하여 설명한다. 이와 같이『열반경』이 보여주
는 선법의 요소는 대단히 풍부하여 달마로부터 혜능에 이르는 초기선
종에서『유마경』,『반야경』과 더불어 가장 널리 의용되었다.

|【 12 】|

능가경(楞伽經)

：

중국의 선법은 보리달마의 중국 도래에 기인한 것으로 알려져 왔
다. 그것은 달마 도래 이전의 숱한 선법이 실천·전승돼 왔음에도 불
구하고 오늘날까지 계승된 모든 선법은 달마 후손들에 의해 형성·전
개·전승됐기 때문이다. 그와 같은 달마의 위상을 직접적으로는 중국
에 도래한 사실로부터 찾을 수 있지만, 그 사상적인 배경은 달마가
중시했던『반야경』과『능가경』등 기타 대승경전에서 찾아볼 수 있
다. 그 가운데『능가경』은 혜가에게 정법안장을 전법하면서 부촉한
소의경전으로서 전승돼 왔다. 이후로『능가경』은 소위 능가선 내지
능가종이라는 명칭으로 불리면서 초기선종에서 가장 중심적인 역할
을 하였다.

선종의 종지로 언급되고 있는 용어 가운데 '불립문자 교외별전(不立

文字 教外別傳)'이라는 말의 사상적인 배경을 보면 곧『능가경』으로부터 계승된 것을 알 수 있는데 구체적으로는 「무상품」에서 설해진 내용이다. 여기에서 부처님께서 깨침을 터득한 밤부터 입멸하는 밤에 이르기까지 여러 가지 설법을 하셨다고 하지만, 실은 부처님이 설하신 법은 한 글자도 없었다고 말한다. 그러나 설법이 없다는 말은 삼세제불과 완전히 동일하게 설했다는 의미로서 삼세제불의 설법에 대해 한마디도 더하여 설하거나 빠뜨리고 설하지 않았음을 가리킨다.

『능가경』에서는 부처님이 수행하여 증득한 내용은 일체의 언어나 문자를 떠나 완전히 스스로의 내면에서 직관된 것이므로 범부 중생의 언어나 문자로써 표현하거나 설할 수 있는 것이 아니라고 말한다. 그것은 오로지 실천을 통해, 곧 누구나 어디서나 선(禪)적 체험을 통해 얻을 수 있다는 뜻을 함축하는 것이기도 하다.

예컨대 어떤 사람이 광야를 걷고 있을 때, 인적이 있는 바른 길을 좇아 따라 걸어가면 고성(古城)을 발견하고 그 고성에 들어갈 수 있다고 가르치고 있다. 이 비유도『능가경』에만 있는 것이 아니라 이미『잡아함경』중에서 석존 스스로 말씀하신 비유이다. 자신이 얻은 진리는 과거의 뛰어난 고인들이 걸었던 길을 뒤좇아서 발견한 고성에 비유된다고 가르치고 있다. 결국 그 고성은 자신이 태어나기 이전부터 이미 있었던 것인데, 그 발자취를 따라 걷지 않는 사람에게는 발견될 수 없다는 것이다. 석존은 그 발자취가 팔정도라고 가르치고 있다.

『능가경』에서는 이 비유를 계승하여 불도를 설하고, 그 진리의 소재를 표현하려고 하였다. 달마는 곧 거기에 일체의 언어 및 문자를 초월한 무엇인가가 있다고 말한다. 그래서 석존은 그저 고인의 행적에 어긋남 없이 나아가는 것을 오직 자신의 신심으로써 나타냈을 뿐 어떠한 언어나 문자를 빌려 나타내지는 않았다. 달마는 불설일자(不說一字)라는 것은 바로 이것을 가리킨다고 하면서 여기에 불립문자 및 교외별전의 진의가 있다고 가르쳐 주었다. 그는 석존의 내면에서 깨친 자내증지(自內證智)를 알 수 있는 것은 오직 여래청정선밖에 없다고 가르친다. 곧 깨침을 터득한 이후의 선에서만 불교의 진의를 얻을 수 있으므로 그것을 자신이 직접 실수하는 것 외에 개오의 길은 없다는 것이나.

이에 『능가경』에서는 선을 우부소행선(愚夫所行禪), 관찰의선(觀察義禪), 반연여선(攀緣如禪), 여래청정선(如來淸淨禪)의 네 종류로 설명한다. 우부소행선은 성문·연각·외도들의 경우 몸은 부정하고, 감각은 공하며, 마음은 무상하고, 제법은 무아임을 관찰하는 선법이다. 관찰의선은 인·법의 무아(無我) 및 제법의 무성(無性)을 관찰하고 점진적으로 경론 및 선론의 도리를 터득해 나아가는 선법이다. 반연여선은 반연진여선으로서 무아법의 도리를 여실하게 알아서 망념을 일으키지 않게 하는 선법이다. 여래청정선은 불지를 터득하여 자증성지(自證聖智)에서 중생을 제도하기 위해 부사의한 경계를 드러내는 선법이다.

또한 여래가 일체 중생이 번뇌를 정제하는 방식에 대해 돈(頓)·점(漸)을 각각 네 가지로 비유하여 설명한다.

네 가지 점법은 다음과 같다.

①망고가 점(漸)으로 익어가는 것이지 돈(頓)으로 익어가는 것이 아닌 것과 같다. 여래가 일체 중생의 번뇌를 정제하는 것도 또한 마찬가

지이다. 곧 점으로 청정하게 하는 것이지 돈이 아니다. ②도예공이 그릇을 만드는데 점으로 이루어지는 것이지 돈으로 이루어지는 것이 아닌 것과 같다. 여래가 일체 중생의 번뇌를 정제하는 것도 또한 마찬가지이다. 곧 점으로 청정하게 하는 것이지 돈이 아니다. ③대지가 점으로 만물을 생기시키는 것이지 돈으로 생기시키는 것이 아닌 것과 같다. 여래가 일체 중생의 번뇌를 정제하는 것도 또한 마찬가지이다. 곧 점으로 청정하게 하는 것이지 돈이 아니다. ④사람이 음악, 서화, 갖가지 기술을 배우는데 점으로 이루어지는 것이지 돈으로 이루어지는 것이 아닌 것과 같다. 여래가 일체 중생의 번뇌를 정제하는 것도 또한 마찬가지이다. 곧 점으로 청정하게 하는 것이지 돈이 아니다.

네 가지 돈법은 다음과 같다.

①명경이 돈으로 일체 무상(無相)한 색상을 드러내는 것과 같이 여래가 일체 중생의 번뇌를 정제하는 것도 또한 그와 같이 무소유의 청정경계를 드러낸다. ②해와 달이 돈으로 비추어 일체 색상을 드러내는 것과 같이 여래가 중생의 과환을 없애주는 것도 그와 같다. 곧 돈으로 위한 까닭에 부사의(不思議)한 지혜의 경계를 현시한다. ③장식(藏識)이 돈으로 분별하여 번뇌의 원인과 그 경계를 아는 것과 같다. 저 모든 법성불 혹은 법신에 의해 드러난 부처인 화신불도 또한 그와 같다. 돈으로 중생이 처하는 바의 경계를 익히게 하여 그로써 수행자로 하여금 저 색구경천에 안주하게끔 한다. ④법신불이 시현한 화신불이 광명으로 비추는 것과 같다.

【 13 】

해심밀경 (解深密經)

:

유가유식(瑜伽唯識)에서는 전오식 곧 안식·이식·비식·설식·신식, 제육 의식, 제칠 말나식, 제팔 아뢰야식 곧 집착된 자기 등을 설정하고, 이에 대한 유가수행으로서 점차오입(漸次悟入)을 내세운다. 점차로 유식에 오입한다고 하는 것은 제보살의 경우 식의 상(相)과 성(性)에 대하여 자량위(資糧位)의 계위에서는 깊이 신해하고, 가행위(加行位)에서는 점차 소취와 능취를 없애고 진견(眞見)을 발생시키며, 통달위(通達位)에서는 여실하게 통달하고, 수습위(修習位)에서는 소견(所見)의 도리에 맞게 지속적으로 수습하여 나머지 장애를 없애며, 구경위(究竟位)에서는 장애를 벗어나 원명하게 미래제가 다하도록 유정류를 제도하여 유정들을 다시 유식의 상과 성에 오입토록 하기 때문이다. 이로써 오위는 다음과 같이 설명된다.

자량위는 대승의 순해탈분(順解脫分)을 닦는 것인데 곧 지전(地前)의 주(住)·행(行)·회향(迴向)의 30심(心)에서 불도의 자량을 쌓아가는 지위이다. 여기에서 유정을 위해 해탈을 추구하므로 순해탈분이라 말한다. 자량이란 보시바라밀로부터 선정바라밀에 이르는 복덕과 반야바라밀에 이르는 지혜의 선근을 가리킨다. 따라서 자량위에서는 복덕과 지혜를 닦아 지혜를 성(性)으로 삼는 것을 지(智)라 하고, 그 밖의 경우를 복(福)이라 한다.

이 경우 물리쳐야 하는 잠재적인 번뇌 가운데 번뇌장(煩惱障)은 변계소집(遍計所執)을 실아로 집착하는 살가야견(薩迦耶見)을 무엇보다 최고로 삼는다. 곧 128근본번뇌와 그로부터 수반되는 모든 수번뇌(隨煩惱)인데, 이것은 모두 유정의 몸과 마음을 가로막아 열반을 장애하기 때문에 번뇌장이라 한다.

또한 소지장(所知障)은 변계소집을 실법으로 집착하는 살가야견을 무엇보다 최고의 것으로 삼는다. 곧 견(見)·의(疑)·무명(無明)·애(愛)·에(恚)·만(慢) 등인데, 이것은 소지(所知)의 경(境)과 무전도(無顚倒)의 성(性)을 뒤덮어 보리를 장애하기 때문에 소지장이라 한다. 이를 물리치기 위해서는 삼종의 퇴굴심을 극복하는 수행을 한다. 첫째, 무상정등보리(無上正等菩提)는 광대하고 심원하다는 말을 듣고 곧 퇴굴심이 일어날 때는 이미 대보리를 터득한 사람을 찾아가 자심(自心)을 연마하고 용맹심으로 퇴굴하지 않는다. 둘째, 보시 등의 바라밀다 수행이 대단히 어렵다는 말을 듣고 퇴굴심이 일어날 때는 자기의 마음에 보시 등의 바라밀을 닦는 즐거움을 생각하여 자심(自心)을 연마하고 용맹심으로 퇴굴하지 않는다. 셋째, 제불의 원만한 전의(轉依)는 증득하기가 지극히 어렵다는 말을 듣고 퇴굴심이 일어날 때는 타인의 추선(麤善)을 자기의 묘인(妙因)과 비교하여 자긍심을 지니고서 자심(自心)을 연마하고 용맹심으로 퇴굴하지 않는다.

가행위는 대승의 순결택분(順決擇分)을 닦는 것인데 곧 30심의 끝에서 견도(見道)에 들어 난(煖)·정(頂)·인(忍)·세제일법(世第一法)의 사선근방편을 가행하는 지위이다. 여기에서 네 가지 심(尋)·사(思) 및 네 가지 여실지(如實智)를 순결택분이라 하는데 결택분이란 깨친다는 뜻이다. 곧 진실한 결택분을 수순해 나아가서 견도에 가까워지기 때문에 가행위라고 한다. 그리고 난·정·인·세제일법은 네 가지 심·사 및 네 가지 여실지에서 각각 초위와 후위에 위치한다. 네 가지 심·사는 명(名)·의(義)·자심(自心)·차별(差別)로서 가(假)로는 있지만 실(實)로는 없다고 심·사하는 것이다. 바로 이 네 가지조차도 식(識)을 여의고 또 식도 유가 아닌 줄 아는 것을 여실지라 말한다.

이 경우 사선근방편 곧 사정(四定)에서 난위(煖位)는 명득정(明得定)에 의해 심·사를 내어 소취(所取)가 없다고 관찰하는 것이다. 정위(頂位)는 명증정(明增定)에 의해 심·사를 내어 소취가 없다고 관찰하는 것이다. 인위(忍位)는 인순정(印順定)에 의해 여실지를 내어 소취를 없애는 경지에서는 결정적으로 인지(印持)하고, 또 능취를 없애는 경지에서는 인(忍)하여 인(印)과 순(順)을 총칭하므로 인(忍)이라 말한다. 이 경우 앞의 것을 인(印)하여 뒤의 것을 순(順)하기 때문에 인순(印順)이라 말한다. 세제일법(世第一法)은 무간정(無間定)에 의해 여실지를 내어 능취와 소취가 공하다고 터득하는 것이다. 인위에서는 능취의 공만을 터득했지만 여기 세제일법에서는 이공을 모두 터득하여 반드시 찰나에 견도에 들어가기 때문에 무간이라 말한다.

통달위는 제보살의 주처인 견도로서 십지의 각 지마다 입(入)과 주(住)와 출(出)의 3심이 있는데 그 가운데 초지의 입심에서 이공무아의 도리를 통달하는 지위 곧 견도이다. 통달위는 이론적으로 깨침에 통달한다는 뜻으로 근본무분별지의 세 가지 뜻을 아는 경지이다.

수습위는 제보살의 주처인 수도(修道)인데 초지의 주심부터 제십지의 출심 곧 등각(等覺) 사이에서 거듭 묘관을 수습하여 나머지 장애를 끊는 지위이다. 수습위는 몸으로 깨침을 체험하는 것이다. 따라서 십지(十地)의 십승행을 터득하는데, 이 경우 십지는 모든 유위와 무위의 공덕을 섭수하여 자성으로 삼고 수행하여 뛰어난 의지처가 되고 모든 것을 생장시키기 때문에 지(地)라고 말한다. 또한 십지는 십바라밀을 성취한다.

구경위는 무상정등보리에 주하는 것으로 곧 구경에 단혹증리(斷惑證理)하는 지위로서 무학도(無學道)이다.

‖ 14 ‖
원각경(圓覺經)
⋮

『원각경』은 수행과 깨침의 법문으로 구성돼 있다. 법문의 구체적인 대상은 보살과 말세의 중생들이다. 이에 본래성불이라는 입장에서 그 삼매를 어떻게 수행하고 성취하는지 수행법과 깨침의 법문을 설한다.

제1의 문수보살(文殊菩薩)은 부처님이 과거 수행자 시절에 일으켰던 청정한 수행법은 무엇이며, 또한 보살이 일으킨 청정한 발심을 통해서 미래세의 말세중생이 어떻게 하면 사견에 빠지지 않을 것인지 묻는다. 이에 대해 원각에서 유출된 일체의 청정한 진여와 보리, 열반과 바라밀을 가지고 보살을 가르쳐서 영원히 무명을 없애고 바야흐로 불도를 성취토록 한다고 답변한다.

제2의 보현보살(普賢菩薩)은 원각의 청정한 경계를 수행하는 방법에 대해 묻는다. 여환삼매(如幻三昧)의 대상과 주체, 그리고 여환삼매의 수행 방편과 점차수습을 묻는다. 이에 대하여 원각은 그대로 부동이라서 허깨비인 줄 알고 나면 곧 그 허깨비로부터 벗어나는 것이므로 다른 방편수행이 필요 없고, 허깨비를 벗어나면 곧 그대로 원각이므로 역시 점차수행이 필요 없다고 답한다.

제3의 보안보살(普眼菩薩)은 수행하는 점차에 대하여 어떻게 사유해야 하고, 어떻게 마음을 유지해야 하며, 어떤 방편을 닦아야 하는가를 묻는다. 이에 대하여 여래의 사마타행(奢摩他行)에 의거해 금계를 잘 지키고, 대중과 함께 거주하며, 고요한 방에서 좌선하여 여법하게 수행하고, 여법하게 점차로 닦으며, 여법하게 사유하고, 여법하게 유지하며, 여법하게 방편을 닦고, 여법하게 깨치며, 여법하게 교법을 추구하면 모두 미혹되지 않고 번뇌가 없다고 답변한다.

제4의 금강장보살(金剛藏菩薩)은 모든 중생이 본래부터 부처였다면 무슨 까닭에 다시 일체의 무명이 있고, 무명이 중생에게 본래 있었다면 무슨 인연으로 여래는 다시 본래성불이라고 하는지, 여래에게도 언젠가는 번뇌가 일어나는지를 묻는다. 이에 대하여 묘원각심에는 본래 보리와 열반이 없고, 또한 성불과 불성불이 없으며, 허망한 윤회와 비윤회도 없으므로 중생이 일으킨 분별 조작의 사유를 통해서는 원각의 방편을 얻지 못한다고 답변한다.

제5의 미륵보살(彌勒菩薩)은 여래의 대적멸 바다에 노닐고자 한다면 어떻게 윤회를 대치하는지, 불보리를 닦는 데 어떤 종류의 차별이 있는지, 번뇌에서 벗어나려면 마땅히 어떤 종류의 교화 방편을 시설하여 중생을 교화해야 하는지를 묻는다. 이에 먼저 발원을 하고 올바른 지견을 가로막는 이장(理障)과 모든 생사윤회를 상속시키는 사장(事障)의 두 장애를 없애야 미묘한 원각에 들어가 보리와 대열반을 만족한다고 말한다.

제6의 청정혜보살(淸淨慧菩薩)은 일체 중생 및 모든 보살과 여래세존께서 증득한 것에는 어떤 차별이 있는가를 묻는다. 이에 대하여 일체 장애가 그대로 구경각(究竟覺)이므로 원각의 자성은 차별된 자성이 아니라 평등한 자성으로 존재하는데, 다만 중생이 미혹하고 전도되어 일체의 허깨비의 모습을 멸제하지 못하고서 허망에 대하여 수행과정에서 소멸과 미소멸을 말하면서 곧 차별을 드러낸다고 말한다.

제7의 위덕자재보살(威德自在菩薩)은 수행자에는 모두 몇 가지 종류가 있는가를 묻는다. 이에 대하여 적정의 사마타 수행자·중생 교화의 삼마발제(三摩拔提) 수행자·적멸의 선나(禪那) 수행자 세 종류가 있음을 말한다.

제8의 변음보살(辯音菩薩)은 삼종의 모든 방편을 원각법문에서는 어떻게 수습해야 하는가를 묻는다. 이에 대하여 사마타와 삼마발제와 선나의 조합으로 이루어지는 스물다섯 가지의 청정한 선정을 말한다.

제9의 정제업장보살(淨諸業障菩薩)은 원각심의 본성이 청정하다면 중생들은 왜 원각에 들어가지 못하는가를 묻는다. 이에 대하여 망상 때문에 네 가지 선병인 사상(四相)이 형성되어 전도되고, 이로 말미암아 증오와 은애의 경계가 발생하여 그에 대한 집착으로 업을 쌓아 생사에 유전하므로 청정한 원각에 들어가지 못한다고 말한다.

제10의 보각보살(普覺菩薩)은 말세의 중생이 해야 할 다섯 가지 행위에 대해, 즉 어떤 선지식을 찾고, 어떤 법에 의지하며, 어떤 수행을 하고, 어떻게 번뇌를 제거하며, 어떻게 발심해야 하는가를 묻는다. 이에 대하여 선지식은 대승심을 일으켜서 바른 지견을 갖춘 사람을 찾고, 법은 작병·임병·지병·멸병을 벗어난 묘법에 의지하며, 수행으로는 선지식을 잘 섬기고, 병통의 제거로는 제법에 대한 나와 남의 구별 그리고 증오와 애착에서 벗어나며, 발심으로는 허공계가 다하도록 내가 일체 중생이 다 궁극에는 원각에 들도록 하겠다는 서원을 세워야 한다고 말한다.

제11의 원각보살(圓覺菩薩)은 아직 깨치지 못한 자의 경우 원각의 청정한 경계를 닦는데 어떻게 안거해야 하고, 관법 가운데 무엇을 으뜸으로 삼아야 하는가를 묻는다. 이에 대하여 대중 생활을 하고, 삼종의 기한을 정하며, 방일하지 말고, 서원을 세워서 분별심을 일으킴이 없이 사마타를 닦고, 여래와 보살을 늘 기억하여 삼마발제를 닦으며, 수식관으로 선나를 닦으라고 말한다.

유통분에서는 현선수보살(賢善首菩薩)이 등장하여 경전의 제명은 무엇이고, 어떻게 받들어 수지하며, 중생이 수습하면 어떤 공덕을 얻고, 경전의 수지자를 어떻게 보호하며, 이 경전을 유포하면 어떤 경지에 이르는가를 묻는다. 이에 대하여 『원각경』은 대방광원각다라니, 수다라요의, 비밀왕삼매, 여래결정경계, 여래장자성차별, 돈교대승 등 여섯 가지 제명으로 말하고, 경전의 공능과 경전을 수지하는 사람의 공덕에 대하여 말한다.

【 15 】

능엄경(楞嚴經)

⋮

『능엄경』의 본래 명칭은『나무대불정여래밀인수증요의제보살만행수릉엄경』이다. 우리나라에는 신라 말기와 고려 초기에 걸쳐 선법이 전래되었는데, 소위 구산문(九山門)을 비롯한 많은 선풍이 점차 기반을 형성하기 시작한 것은 고려 중기였다. 이런 즈음에 일반 지식인뿐만 아니라 귀족 계층에서도 교학불교와 더불어 수양 과목으로서 선수행이 필수 교양으로 수용되어 소위 거사선이라는 일군의 선풍을 불러일으켰다. 그 가운데 이자현(李資玄, 1061~1125)은 당시 가지산문(迦智山門)의 계승자였던 학일(學一, 1052~1144) 및 탄연(坦然, 1070~1159)을 비롯한 당시의 선승들과 교유하면서 나름대로 독자적인 선풍을 다져 나갔는데 그것이 곧『능엄경』을 위주로 하는 소위 능엄선의 흥기였다.

이와 같은 분위기 속에 등장한 이자현은 일찍이 벼슬을 그만두고 청평산 문수원에 은거하면서 참선과 경전 공부로 일관하였다. 이자현은 일찍이『설봉어록(雪峯語錄)』을 통해 깨침을 경험한 이후로 운문문언(雲門文偃)의 어록 등 여러 가지 어록과 경전을 애독하였다. 경전 가운데는『능엄경』을 중시하여 그 제자들에게도 널리 권장하였다. 이자현은 『능엄경』의 지·수·화·풍·공·근·식 등 칠대오입(七大悟入)을 통한 망념의 타파를 중시하여 그것을 통해 깨칠 것을 강조하였다. 나아가 일체 존재가 여래장 아님이 없음을 설명하는 내용도 깊이 탐구하였다.

구체적인 수행의 방법으로는 25가지 원통을 제시하였다. 그 가운데서도 관음보살이 수행한 이근원통(耳根圓通)이 이자현에게는 특별한 것이었다. 이근원통은 반문문자성(反聞聞自性)으로서 소위 듣고 있는 자신의 성품을 다시 돌이켜 관하는 것으로 귀결된다. 이근원통에 대해 보면 25성인이 각기 자신이 깨친 원통방편을 설명하자 부처님은 문수에게 그 시비를 가려 보라고 말한다. 이에 문수는 차례로 25성인의 견해를 평가하면서 마지막에 해당하는 관세음의 이근원통이야말로 최상의 방편임을 친탄한다. 25원통은 6진과 6근과 6식과 7대가 원통한 것으로 다음과 같다.

육진오입(六塵悟入)은 다음과 같다.

성진오입은 교진여가 부처님의 음성을 듣고 사성제를 깨친 것이고, 색진오입은 우파니샤타 곧 진성(塵性)이라는 수행자가 부정관을 관찰하여 무학도를 성취하는 것이며, 향진오입은 향엄동자가 두루 유위법을 관찰하다가 침수향이 타는 냄새를 통해 무루지를 얻은 것이고, 미진오입은 약왕과 약상이 약초의 맛을 통해 보살지를 얻은 것이며, 촉진오입은 발타파라가 때를 씻는 물을 통해 무소유 경지를 얻은 것이고, 법진오입은 마하가섭과 자금광 비구니 등이 육진이 모두 공적한 줄을 터득하여 멸진정을 얻은 것이다.

육근오입(六根悟入)은 다음과 같다.

안근오입은 아나율다가 금강삼매를 통하여 얻은 지혜이고, 비근오입은 주리반특가가 출입식을 통해 무학위를 얻은 것이며, 설근오입은 교범바제가 혀를 통해 무학위를 얻은 것이고, 신근오입은 필릉가바차가 촉각을 통해 무학위를 얻은 것이며, 의근오입은 수보리가 공성을 통해 무학위를 얻은 것이다.

육식오입(六識悟入)은 다음과 같다.

안식오입은 사리불이 심견(心見)을 통하여 아라한을 얻은 것이고, 이식오입은 보현보살이 심문(心聞)을 통하여 지혜를 터득한 것이며, 비식오입은 손타라난타가 출입식을 통하여 수기(受記)를 받은 것이고, 설식오입은 부루나미다라니자가 대변재(大辯才)의 음성을 통하여 아라한을 얻은 것이며, 신식오입은 우파리가 청정계율을 통하여 아라한을 얻은 것이고, 의식오입은 대목건련이 신통력을 통해 아라한을 얻은 것이다.

칠대오입(七大悟入)은 다음과 같다.

화대오입은 오추슬마가 화광삼매를 통해 아라한을 얻은 것이고, 지대오입은 지지보살이 비사사불을 위해 땅을 평탄하게 한 수행으로 무생법인을 얻은 것이며, 수대오입은 월광동자가 수성관법(水性觀法)을 통하여 동진(童眞)이라는 이름을 얻은 것이고, 풍대오입은 유리광보살이 시공을 관찰하여 무생법인을 얻은 것이며, 공대오입은 허공장보살이 정광불의 처소에서 무변신을 통해 무생법인을 얻은 것이고, 식대오입은 미륵보살이 식심삼매(識心三昧)를 통하여 무생법인을 얻은 것이며, 근대오입(根大悟入)은 대세지 법왕자 곧 무량광이 육근을 통해 삼매를 터득한 것이다.

마지막으로 이근원통의 구체적인 수행에 대해 부처님은 다음과 같이 평가한다.

이 자리에 모인 대중과 아난이여, 그대들이 전도하여 듣는 바탕을 다시 돌이켜서 듣는다면 그 성품은 최상의 도를 이루게 될 것인데, 원통의 진실이 그와 같다. 이것이 바로 미진불이 열반에 들어간 하나의 길이었다. 과거의 모든 여래도 이 반문문자성(反聞聞自性)의 수행으로 여래를 성취하였고, 현재의 모든 보살도 지금 각자 원명한 수행문에 들어가며, 미래의 수행자들도 마땅히 이 수행법에 의지해야 할 것이다. 나도 이 수행법에 의지하였듯이 관세음만 그런 것이 아니다.

이처럼 『능엄경』의 경문에서는 이근원통을 가장 중요시하여 육근오입 가운데서 이근오입만 따로 설명을 하고 있다. 이로써 중생의 육근 가운데 이근방편이 가장 뛰어남을 말하여 관세음을 원통대사(圓通大士)라고 불렀다고 한다.

【 16 】
금강삼매경(金剛三昧經)

⋮

『금강삼매경』의 감통의 자취는 찬영의 『송고승전(宋高僧傳)』에 수록되어 있다.

원효(元曉)는 신라 사람이다. 처음에 의상 법사와 함께 항해하여 구법하려고 당주에 이르렀다. 날이 저물고 비를 만나서 흙으로 만들어진 감실에서 기숙하였는데 아침이 되어 감실을 살펴 보니 주변에 많은 해골이 뒹구는 옛 무덤이었다. 이에 의심이 들어 홀연히 삼계유심(三界唯心)의 종지를 깨쳤다. 그리고는 곧 환국하여 『화엄경소』를 저술하여 원돈의 교의를 크게 펼쳤다.

어느 날 신라 국왕의 왕후 머리에 종양이 생겼는데 숱한 명의 의 의술과 산천에 드린 기도와 무당의 주술에도 불구하고 전혀 효험이 없었다. 어느 무당이 말했다.

"이 병은 외국에서 묘약을 구해 와야만 치유할 수 있습니다."

이에 왕은 신하를 당으로 보냈다. 서해 한가운데 쯤 이르렀을 때에 한 노인이 파도를 뚫고 홀연히 나타났다. 그리고 배 위에 올라와서는 신하를 데리고 바다 속으로 들어갔다. 바다 속에 장 엄한 궁전이 있었다. 잠시 있으려니 금해라는 용왕이 나타나서 말했다.

"그대의 나라 왕후는 청제(靑帝)의 셋째 딸이다. 우리 용궁에 『금강삼매경』이 있는데 이각(二覺)이 원통하여 보살행을 보여주 는 내용이다. 이에 그대 나라 왕후의 병을 인연으로 이 경전을 부촉하여 지상에 널리 유포하고자 한다."

그리고는 30여 장 정도의 분량으로 그 순서가 뒤섞인 경전을 주었는데 가는 도중에 잃어버릴까 봐 신라 신하의 장딴지를 칼 로 찢어 그 속에 경을 넣고는 약을 발라 원래대로 봉해 버렸다. 그리고 말했다.

"빨리 해동으로 돌아가 대안 대사에게 부탁하여 이 경전의 순 서를 맞추고, 원효 대사에게 주석서를 짓게 하고 그것을 강설케

하면 반드시 왕후의 병은 말끔히 나을 것이다.”

　이로써 대안이 그 순서를 맞춘『금강삼매경』을 원효가 살펴보고 말했다.

　“이 경전은 시각(始覺)과 본각(本覺)의 이각(二覺)을 종지로 삼은 경전이다. 나한테 소의 두 뿔 사이에 책상을 안치하고 지필묵도 준비해 주시오.”

　원효는 소의 등에 올라타서 주석서를 짓기 시작하여 마침내 5권으로 완성하였다. 그러자 과연 왕후의 병이 나았다. 이에 왕이 날을 잡아 황룡사에서 강설하도록 하였다. 그러나 원효를 시기하는 자가 그 책을 훔쳐가 버렸다. 원효는 왕에게 이 사실을 아뢰고 다시 3권의 주석서를 지었는데 그것을『약소(略疏)』라 일컫는다.1)

　제목에서 ‘금강’은 비유로서 견(堅)·리(利)의 뜻을 취한 것이다. 견(堅)은 곧 체이고 리(利)는 곧 용이다. 또한 견은 어떤 것으로도 파괴할 수가 없다는 것이고, 리는 일체를 파괴할 수 있다는 것인데,『금강삼매경』의 가르침도 또한 그렇다. 견은 모든 장애를 타파하고, 리는 모든 의(疑)·회(懷)를 없애 준다. 또 말하자면 금강보배는 제석이 지니고 있는 금강저인데 아수라들과의 싸움에서는 금강저를 손에 든다.

　그리고 ‘삼매’는 법이다. 번역하면 정견(正見)이고 정정(正定)이다.

---

1) 왕비가 병에 걸렸을 때 용궁에서『금강삼매경』을 가지고 와서 대안(大安) 스님이 경전의 차례를 매기고, 원효 스님이 주석을 가한 인연으로 널리 유통된 이야기이다. 『송고승전(宋高僧傳)』卷2(大正藏 50, p.730上~下)

무견(無見)의 견(見)으로 정견을 삼고, 무정(無定)의 정(定)으로 정정을 삼는다. 혹 정수(正受)라고도 번역한다. 이 삼매 속에서는 모든 수(受)를 받지 않기 때문에 정수라고 한다.

또한 『열반경』에서는 "금강삼매는 곧 불성의 정인이고 반야바라밀이며 수릉엄삼매이고 사자후삼매로서 명칭은 다르지만 체는 동일하다."고 말하는데 이는 행위에 따른 명칭이다.

『대반야경』에서는 "금강보를 햇빛에 노출시키면 색이 일정하지 않은 것처럼 금강삼매도 또한 그와 같다."고 말한다. 그래서 만약 대중에 내보여도 색 또한 일정하지가 않다. 제 경전에서는 모두 금강을 말하는데 『열반경』에서 인용한 설명이 특별히 자세하다.

금강으로 비유하면 파괴하지 못할 것이 없지만 그 금강은 손상되지 않는 것과 같다. 금강삼매도 또한 그와 마찬가지로 비교되는 법은 파괴되지 않는 것이 없지만 그 삼매는 손상되지 않는다.

선남자야, 모든 보배 가운데 금강이 가장 뛰어난 것처럼 보살이 터득한 금강삼매도 또한 그와 마찬가지로 모든 삼매 가운데 최고이고 제일이다. 왜냐하면 보살마하살이 금강삼매를 닦으면 일체의 삼매가 모두 찾아와서 귀속하기 때문이다.

선남자야, 저 모든 소왕이 모두 찾아와서 전륜성왕에 귀속하는 것처럼 일체의 삼매도 또한 그와 마찬가지로 모두 찾아와서 금강삼매에 귀속한다.

선남자야, 비유하면 국가적인 원수인 어떤 사람이 다른 사람들로부터 증오의 대상이 되어 있을 경우에 정의로운 어떤 사람이 그 사람을 죽인다면 일체의 세인들이 정의로운 그 사람의 공덕을 칭찬하지 않음이 없는 것과 같다. 금강삼매의 경우도 그와 마찬가지여서 보살이 수습하면 일체 중생의 원적을 파괴하기 때문에 늘 일체삼매로부터 최고의 존경을 받는다.

선남자야, 비유하면 기운이 장성하여 당해낼 자가 없는 어떤 사람이 있었는데 또 다른 어떤 사람이 그 사람을 굴복시킨다면 세상에서 굴복시킨 그 사람은 칭찬받게 되는 줄을 아는 것처럼 금강삼매도 또한 그와 마찬가지로 힘으로 굴복하기 어려운 법을 굴복시킨다. 그런 까닭에 일체의 삼매가 모두 찾아와서 귀속한다.

선남자야, 비유하면 어떤 사람이 대해에서 목욕을 하는 경우에 그 사람은 모든 강물·샘물·연못의 물을 활용하는 것인 줄 아는 것처럼 보살마하살도 또한 그와 마찬가지로 금강삼매를 수습하면 이미 여타의 모든 삼매를 수습하는 것인 줄 알아야 한다.

선남자야, 저 향산에는 아나파답다(阿那婆踏多)[2]라는 연못이 있다. 그 연못의 물은 여덟 가지의 맛을 갖추고 있어서 그 물을 마시는 사람은 모든 병고가 없어진다. 금강삼매도 또한 그와 마찬가지로 팔정도를 갖추고 있어서 보살이 수습하면 일체 번뇌의 종양과 중병을 없애 준다.

선남자야, 저 어떤 사람이 마혜수라천에게 공양하면 그 사람은 이미 제천에게 공양하는 것인 줄 안다. 금강삼매도 또한 그와 마찬가지로 어떤 사람이 수습하면 이미 일체의 삼매를 수습

---

2) 아나파답다(阿那婆踏多)는 아뇩달지(阿耨達池)라고도 하는데 무열(無熱)이라고 번역된다. 이 연못으로부터 동·남·서·북의 네 방향으로 강물이 흘러내려 세상을 적셔 준다.

하는 것인 줄 알아야 한다.

선남자야, 만약 어떤 보살이 이와 같은 금강삼매에 안주하면 일체법을 보는 데 장애가 없는데 마치 손바닥에 있는 아마륵과를 보는 것과 같다. 그런데 보살은 비록 이와 같이 일체법을 분명하게 볼지라도 끝내 일체법을 본다는 생각을 내지 않는다.

선남자야, 비유하면 어떤 사람이 네거리에 앉아 있으면 오고 가는 모든 중생을 바라볼 수 있는 것처럼 금강삼매도 또한 그와 마찬가지로 일체법의 생·멸·출·몰을 본다.

선남자야, 어떤 사람이 높은 산에 올라가서 멀리 모든 방향을 보면 분명하게 다 볼 수가 있는 것처럼 금강삼매의 산도 또한 그와 마찬가지로 보살이 그 경지에 올라서 멀리 모든 법을 바라보면 명료하지 않음이 없다.

선남자야, 비유하면 봄에 하늘에서 단비가 내리면 그 빗방울이 미세하고 가늘어서 허공에 틈이 없는 것처럼 보이지만 눈 밝은 사람은 빗방울을 요요하게 본다. 보살도 또한 그와 마찬가지로 금강삼매의 청정한 안목을 터득하면 멀리 동방의 모든 세계를 보는데 그 가운데서 어떤 국토의 성·괴 등 일체의 모습을 다 장애가 없이 요요하게 보며, 나아가서 시방세계에 대해서도 그와 마찬가지이다.

선남자야, 저 유건타산(由乾陀山)3)에 일곱 개의 태양이 한꺼번에 나타나면 그 산에 있는 수목과 총림의 일체가 불타 버린다.

---

3) 칠금산 가운데 첫째의 산으로서 두 갈래의 길이 있으므로 쌍지(雙持)라 한다.

보살이 금강삼매를 수습하는 것도 또한 그와 마찬가지로 존재하는 일체 번뇌의 총림이 즉시에 소멸한다.

선남자야, 비유하면 금강이 비록 일체의 유물을 최파할지라도 끝내 금강 자신이 최파한다는 생각을 일으키지 않는 것처럼 금강삼매도 또한 그와 마찬가지여서 보살이 수습하고 나면 번뇌를 타파하지만 끝내 보살은 번뇌를 타파했다는 생각을 일으키지 않는다.

선남자야, 비유하면 대지가 만물을 능지하지만 끝내 대지가 능지한다는 생각을 발생시키지 않고, 불의 경우도 또한 불이 만물을 태워 버린다는 생각을 일으키지 않으며, 물의 경우도 또한 물이 만물을 적신다는 생각을 일으키지 않고, 바람의 경우도 또한 바람이 만물을 요동시킨다는 생각을 일으키지 않으며, 허공의 경우도 또한 허공이 만물을 수용한다는 생각을 일으키지 않고, 열반의 경우도 또한 열반이 다시는 열반이 중생으로 하여금 멸도하게 한다는 생각을 일으키지 않는 것처럼, 금강삼매도 또한 마찬가지로 비록 일체 번뇌를 소멸할지라도 애초에 금강삼매가 소멸한다고 말하고자 하는 마음조차 없다.

만약 보살이 이와 같은 금강삼매에 안주한다면 찰나에 부처님처럼 변신하여 그 수량이 무량하여 시방의 항사와 같은 불세계에 편만한데 보살이 비록 그와 같은 변화를 보일지라도 그 마음에는 애초부터 교만한 생각이 없다. 왜냐하면 보살은 늘 "그와 같은 변화를 일으키는 선정에 든 자는 누구인가. 오직 보살만이 그와 같은 금강삼매에 안주한다."고 생각하기 때문이다.

이에 보살마하살은 비록 그러한 금강삼매에 안주하여 찰나에 시방의 항하사와 같은 모든 불세계에 도달했다가 본래의 처소로 돌아오는 능력이 있다고 하더라도 또한 보살은 자신이 그와 같이 했다고 말하려는 생각조차 없다. 왜냐하면 금강을 인연하는 능력 때문이다. 그리고 보살마하살이 그와 같은 금강삼매에 안주하여 찰나에 시방의 항하사와 같은 중생세계의 모든 번뇌를 단제하여도 마음에는 애초부터 모든 중생의 번뇌를 단제한다는 생각이 없다. 왜냐하면 삼매를 인연하는 능력 때문이다.

보살이 이 금강삼매에 안주하여 일음으로 연설하더라도 일체 중생은 각각의 부류에 따라서 이해하고, 일색으로 드러내더라도 일체 중생은 모두가 각각 갖가지 색상으로 보며, 한 곳에 안주하여 자신의 몸은 움직이지 않으면서 중생에게는 각 방면을 보도록 하고, 계(界)나 입(入)의 어떤 일법을 연설하더라도 일체 중생은 각각 이해의 능력에 따라 그 설법을 듣는다.

비록 보살이 이와 같은 삼매에 안주하여 중생을 보더라도 마음에는 애초부터 중생이라는 상(相)이 없고, 비록 남·녀를 보더라도 남·녀의 상이 없으며, 비록 색법을 보더라도 색법이라는 상이 없고, 식(識)을 보더라도 식이라는 상이 없으며, 비록 주·야를 보더라도 주·야라는 상이 없고, 일체를 보더라도 일체라는 상이 없으며, 비록 일체 번뇌를 보더라도 또한 일체 번뇌라는 상이 없고, 비록 팔성도를 보더라도 팔성도라는 상이 없으며, 비록 보리를 보더라도 보리라는 상이 없고, 비록 열반을 보더라도 열반이라는 상이 없다.

왜냐하면 선남자야, 일체 제법은 본래 무상(無相)이기 때문이다. 보살은 이 삼매의 능력으로 일체법이 본래 무상과 같음을 본다.

무슨 까닭에 금강삼매라고 말하는가.

선남자야, 비유하면 금강이 햇빛에 노출되면 그 색상이 한 가지로 정해지지 않는 것처럼 금강삼매도 또한 그와 마찬가지로 대중 가운데 있어도 또한 한 가지로 정해지지 않는다. 이런 까닭에 금강삼매라고 말한다.

선남자야, 비유하면 금강은 일체의 세인이 평가할 수 없는 것처럼 금강삼매도 또한 그와 마찬가지로 그에 따른 공덕을 일체의 인·천이 평가할 수가 없다. 이런 까닭에 금강삼매라 말한다.

선남자야, 비유하면 가난한 사람이 금강보배를 얻으면 곧 빈궁·곤고·악귀·사독에서 멀리 벗어나는 것처럼 보살마하살도 또한 그와 마찬가지로 이 삼매를 터득하면 곧 번뇌·제고·제마·사독에서 멀리 벗어난다. 이런 까닭에 또한 금강삼매라 말한다.4)

또한 이『금강삼매경』에는 세 가지 명칭이 있다. 첫째는『섭대승경(攝大乘經)』이고, 둘째는『금강삼매경』이며, 셋째는『무량의종경』이다. 그리고 각 품의 내용은 다음과 같다.

첫째는 「서품」으로서 생신분이다. 곧 일승의 묘법을 발기하여 불과에 이르도록 하는데 이것은 처음의 인지(因位)이다.

---

4) 담무참 역, 『대반열반경(大般涅槃經)』卷 24(大正藏 12, pp.509中~510上)

둘째는 「무상법품」으로서 반야분이다. 곧 현전지의 가르침을 설하여 반야의 현전을 증득토록 하는 지위이다.

셋째는 「무생행품」으로서 법인품이다. 곧 원행지의 가르침을 설하여 무생법인을 증득토록 하는 지위이다.

넷째는 「본각·리행품」으로서 전식분이다. 곧 부동지의 가르침을 설하여 전식성지를 증득토록 하는 지위이다.

다섯째는 「입실제품」으로 변재분이다. 곧 선혜지의 가르침을 설하여 지·변무애(智·辨無礙)를 증득토록 하는 지위이다.

여섯째는 「진성공품」인데 만지분이다. 곧 법운지의 가르침을 설하여 불지(佛智)를 증득하고 수용하는 지위이다.

일곱째는 「여래장품」인데 실지분이다. 곧 등각의 가르침을 설하여 구족실지(具足實智)를 증득토록 하는 지위이다.

여덟째는 「총지품」인데 만각품이다. 곧 묘각의 가르침을 설하여 불과인 구경을 증득토록 하는 지위이다.

아홉째는 품의 끝인 유통분인데 홍화분이다.

제2편

중국의 선어록

중국의 선어록

선어록의 분류

—— 선어록(禪語錄)은 선의 어록 또는 선종의 어록이라는 뜻이다. 보다 넓은 의미로는 선전(禪典)·선적(禪籍)·선서(禪書)·선문헌(禪文獻)·선록(禪錄) 등으로 불리는 선에 대한 일반적인 전적을 가리킨다. 따라서 여기에는 선리(禪理) 및 사상류(思想類)·어록류(語錄類)·전등사서류(傳燈史書類)·청규류(淸規類)·공안집류(公案集類)·수필류(隨筆類) 및 잡류(雜類) 등이 모두 포함된다. 그러나 좁은 의미로는 선자의 어록에 한정된다. 여기에서는 선어록의 넓은 의미로서 활용하고자 한다.

선어록은 선자의 평소 설법을 제자 혹은 제삼자가 기록한 것이다. 따라서 저술과 같이 일정한 목적 내지 의도가 구체적으로 드러나 있지는 않지만 불특정의 많은 사람들과 직접 법문을 듣는 제자들을 교화하려는 의도가 다분히 깔려 있다. 적어도 법문을 하는 선자 자신의 의도와, 선자 자신의 의도가 아닐지라도 법문을 기록한 당사자가 스승의 말씀을 오랫동안 남겨서 두고두고 가르침으로 삼으려는 목적이 개입되어 있다. 또한 많은 문중이 형성되는 과정에서 각자의 문중을 홍보하거나 스승의 권위를 드러내려는 목적도 포함된다.

선어록의 출현

— 어록은 조사들의 설법과 제자들과의 문답 등을 다른 제자가 수시로 듣고 수시로 기록한 것으로서 처음부터 계획적으로 만들어진 것이 아니다. 사신이 직접 연필을 들고 지술한 것이 아니라 반드시 조사의 설법을 듣고 기록한 것으로서 그 제자들에게는 일종의 성전과도 같은 성격을 지닌다. 간혹 제자가 기록한 것에 대해 조사 자신이 직접 서문을 기록하는 경우도 있는 것을 보면 생전에 이루어진 것도 있고 사후에 이루어진 것도 있다. 따라서 어록은 자신의 의도와는 달리 그것을 기록한 제자들이 약간의 수정이나 보완을 하는 것도 충분히 인정될 수 있다.

대체적으로 그 성격을 살펴보면 법어(法語) 및 수시로 행해지는 제자들과의 문답상량(問答商量) 등을 기록하고 있기 때문에 전체 내용을 요약하는 성격이 강하여 어록의 내용을 이해하기 위해서는 어록의 당사자에 대한 생애 이해가 아울러 수반될 필요가 있다. 그러나 오늘날 전해지고 있는 어록의 대부분은 특별히 어록 당사자의 일대기를 붙이고 있는 경우가 대단히 드물다. 어록이 어록으로서 충분히 이해되기 위해서는 어록의 당사자에 대한 법맥(法脈)과 종파(宗派) 내지는 당시의 사회 여건에 대한 이해가 수반되지 않으면 안 된다.

선의 문헌을 어록이라는 이름으로 총칭한 것은 비교적 새로운 일이다. 이 말이 처음 나타난 것을 보면 『송고승전(宋高僧傳)』(988) 권20 황벽희운전(黃檗希運傳)의 말미에서 '그 어록이 세상에 행해져 있다'라고 하며, 같은 책 권11 조주종심전(趙州從諗傳)에도 같은 내용이 수록돼 있다. 또한 이보다 오랜 『조당집(祖堂集)』(952)에는 행록(行錄)·행장(行狀)·별록(別錄) 등의 용어가 나타나 있지만 어록이라고 하고 있지는 않다.

어쨌든 어록이라 불리는 것은 『송고승전』 이후의 것이지만, 그와 같은 특수한 형식과 내용을 지닌 문헌이 출현한 것은 마조도일(馬祖道一, 708~788) 이후부터였다. 본디 그와 같은 특수한 설법 양식을 지닌 상당(上堂)과 제자와의 대화를 기록한 문헌이 출현한 것은 이 계통 사람들에 의한 것인데, 종래의 불교학의 전통을 벗어나서 직접 민중 속에 파고든 것이기 때문에 그들의 주장은 어느새 종래의 불교 문헌의 영역에 그치지 않고 새로운 내용에 어울리는 표현을 필요로 했다.

마조도일 이후의 선은 경론의 문헌적 연구를 떠나 일상의 언행에 즉한 것이 되었기 때문에 그러한 기록이 다시 종래의 경론의 역할을 지닌 것으로 대체되었던 것이다. 오히려 거꾸로 종래의 경전을 붓다의 어록으로까지 간주하게 되었다. 가령 『보림전(寶林傳)』(801)의 서두에 『사십이장경(四十二章經)』의 전문(全文)이 수록돼 있는 것은 그러한 경전관의 변천을 보여준다. 불립문자라는 것은 단순한 경전의 부정이 아니라 그 주석적 연구에 대한 방법의 구별을 의미한다. 이미 달마는 자기의 입장을 '교에 의지하여 종지를 깨치는 것'이라고 말하고 있다. 그것은 붓다의 경전을 인간의 언어로써 이해하는 것을 보여주고 있는 것이다. 『속고승전(續高僧傳)』(645)에 달마의 말씀을 기록한 것은 그러한 인간 언어를 파악함으로써 그 종지의 내용을 존중하고 있는 것이다. 이에 선인(先人)의 어록을 존중하는 태도는 이론보다는 사실 그 자체를 제일로 삼는다.

선어록의 완성

― 당대 말기에는 마조도일과 석두희천(石頭希遷)의 계통에서 선풍(禪風)이 크게 전개되었다. 소위 호남의 석두종에 대해서는 진금포(眞金鋪)라 하고, 강서의 홍주종에 대해서는 잡화포(雜貨鋪)라 불렀던 것도 그 결과였다. 그들에게 선의 사상과 수행법과 교화를 전승한 주요 수단은 어록이었다. 어록은 선자의 언행록인 까닭에 문하의 수행자들에 대한 훈계 곧 시중(示衆)과 상당(上堂) 및 전기 곧 행장 등도 포함되어 있다. 그러나 어디까지나 그 중심은 다른 선자와 행한 법거량 및 제자와의 문답 등을 기록한 것이었다.

문답(問答)은 이미 당대 초기부터 중요한 위치를 점유하고 있었다. 좌선과 염불 등 집단적인 수행에서 학인은 조실을 방문하여 자신의 경지를 드러내 보이는데 그때 스승은 갖가지 질문을 통해 학인의 경지를 확인하고 점검하였다. 그 내용은 『능가사자기(楞伽師資記)』(716)에 수록돼 있는 지사문의(指事問義)와 같은 방식을 통해 주로 이루어졌다. 지사문의는 스승이 제자에게 구체적으로 사물을 가리켜 그 뜻이 무엇인지를 물으면 그에 대해 제자가 답변하는 방식이다.

그러나 마조도일에 의하여 대기대용(大機大用)이 확립됨으로써 문답의 성격은 일변하였다. 마조의 선풍에서는 일상생활 그 자체가 선 아님이 없었기 때문에 선의 경지를 작용으로 나타내는 것이 중시되어 일상의 모든 측면에서 사용하는 보통의 언어 그대로 문답이 이루어지게 되었다. 그것을 그대로 기록하거나 혹은 그러한 입장에서 편찬한 것이 선어록이었다. 따라서 선어록 자체가 선의 깨침은 구체적인 측면과 인격을 통해서 표현되지 않으면 안 된다는 사상의 표명이기도 했다. 이러한 의미를 지닌 어록의 선구로는 후막진염(候莫陳琰)의 『돈오진종금강반야수행달피안법문요결(頓悟眞宗金剛般若修行達彼岸法門要訣)』과 하택신회(荷澤神, 684~758)의 『남양화상문답잡징의(南陽和尙問答雜徵義)』를 들 수 있다.

당대에는 대단히 많은 어록이 편집되었는데 그러한 어록들에 의해 후대에 어록이 새롭게 편집된 예도 많다. 이와 같이 어록이 성행한 것은 선자들이 서로 자유롭게 교류하여 문답상량이 대단히 성행했기 때문이다. 당시에는 수행자가 깨침을 목표 삼아 각 지역의 선자들을 탐방하면서 수행을 쌓아 갔기 때문에 편참(遍參)이라는 수행의 형태가 확립돼 있었다. 마조도일 이후의 선에서는 인간의 존재가 그대로 진실한 것으로 긍정되었는데 이것을 바탕으로 확립된 선풍이 곧 조사선(祖師禪)이었다.

그러므로 이 무렵에 개오(開悟)란 스스로가 진리 그 자체를 알아차리는 것 이외에는 다른 것이 없었다. 그러나 깨침을 터득하기 위해서는 제자가 적절한 단계에 도달하지 않으면 안 되었는가 하면, 반대로 설령 그 단계에 도달하더라도 스승의 수완이 제자에게 언제나 합당한 것만은 아니었다. 여기에서 중요한 의미를 지니게 된 것이 바로 선자의 개성이다. 마조선의 공헌은 바로 인간의 삶 그 자체를 긍정함으로 써 인격이 선풍에 반영되는 길을 터놓았다는 점에 있다. 그 때문에 개개의 사람들에 따라 지도 방법에도 다양한 차이가 생겨났다. 임제 의현(臨濟義玄, ?~867)과 같이 할(喝)과 방(棒)을 퍼부어대는 경우가 있 는가 하면, 조주종심(趙州從諗, 778~897)처럼 온건하고 교묘한 언설을 통해 사람들을 제접하는 경우도 있었다. 따라서 어떤 선자의 문하에 서는 아무리 해도 깨치지 못했던 수행자가 다른 선자의 문하로 옮겨 깨침을 터득한 경우가 비일비재하였다.

대체로 현존하는 당나라 시대의 선적은 대부분이 오대(五代)·송초 (宋初) 무렵에 편집된 것이다. 이미 어록이라 불리는 것이『송고승전』 에서 처음 나타나고 있듯이 그러한 것들이 특별히 어록으로 정리된 것은 소위 기관(機關)과 게송(偈頌)의 영역을 벗어나 새롭게 그 특색이 반성되고 의식되었음을 의미한다. 말하자면 그것은 선어록이 일종의 고전화(古典化)되어 가는 과정으로서『조당집』(952)·『종경록』(981)· 『송고승전』(988)·『경덕전등록』(1004) 등의 편집이 서로 연속하여 행 해지던 무렵에 해당한다.

본래 어록의 내용을 구성하고 있는 기관(機關)과 이치(理致)는 단순 한 기록에 머무르지 않으며 종국에는 사람들에 의해 염롱(拈弄)되고 평창(評唱)되는 데에 생명이 있다. 여기에서 기관은 스승이 학인의 근 기에 따라 가르침을 제시하는 갖가지 수완 내지 방편을 말한다. 또 이치는 스승이 경론의 도리를 제시하여 제자를 교화하는 수단을 말한 다. 따라서 생생한 언어가 입에서 귀로 전달되는 가운데 점차 이것을 전하는 사람들의 의견이 가미된다. 마침 당말·오대의 동란기를 지나 전통에 대한 새로운 반성이 시작되었던 송대 초기에는 그러한 요구가 강하게 대두되었다. 당말·오대를 통해 비교적 평온했던 강남 지방에서 당대의 어록을 재편하려는 움직임이 일어난 것이다. 그 중심은 법안종(法眼宗)으로서 영명연수(永明延壽, 904~975)의 『종경록』, 도원(道原)의 『경덕전등록』도 모두 법안종파에 속한다. 이보다 앞선 『조당집』도 또한 같은 계통에서 나온 것이다. 본래 오대(五代)·십국(十國) 가운데 오월(吳越)과 남당(南唐)은 중원보다 전란의 피해가 적었기 때문에 당 말기 불교의 유산을 보존할 수 있었다. 그리고 그러한 유산 가운데 하나가 기존의 선자들에 대한 기록물이었다. 이리하여 송대 초기 어록의 성립은 법안종의 연수(延壽)·도원(道原)의 업적과 병행하여 임제종의 황룡파(黃龍派) 사람들의 활동에 의한 바가 컸다. 그것은 『보림전』에서부터 『조당집』·『경덕전등록』·『천성광등록』 등 소위 등사(燈史)의 계보와는 다른 새로운 선종 문헌의 성립을 의미한다.

﹝ 1 ﹞

이입사행론(二入四行論)

:

    오늘날 전승되어 온 중국선은 보리달마로부터 시작되었다. 이로써 달마의 전기와 사상에는 다분히 신비적이고 초인격적인 모습까지 가미되었다. 그것이 어느 정도 학문적인 성과와 함께 달마에 대한 역사적인 연구로서 등장한 것은 20세기 초에 돈황본 문헌이 발견되면서부터였다. 그만큼 돈황본 선문헌의 가치는 크다. 그 가운데 『이입사행론(達磨二入四行論)』은 달마의 말씀을 전해주는 최고(最古)의 문헌이다. 이로부터 선의 역사와 사상이 시작되었다고 해도 과언이 아니다.

    그러나 『이입사행론』의 일부분은 이전부터 알려져 왔다. 예컨대 『속고승전』의 보리달마의 전기, 『경덕전등록』의 「보리달마약변대승입도사행병제자담림서(菩提達磨略辨大乘入道四行并弟子曇林序)」, 대정신수대장경에 수록되어 있는 『소실육문(少室六門)』 가운데 「이종입(二種入)」, 범어사에서 개편된 『선문촬요(禪門撮要)』 가운데 「보리달마사행론」 등이 그것이다. 일찍이 『이입사행론』의 자료적인 가치를 인식한 사람은 스즈키 다이세츠(鈴木大拙)였는데, 그는 『소실일서(少室逸書)』(1935) 및 『교간소실일서급해설(校刊少室逸書及解說)』(1936)을 내놓았다. 여기에서는 『소실육문』 가운데 「안심법문(安心法門)」 및 『종경록(宗鏡錄)』 권99에 수록돼 있는 단편적인 장 선사(藏 禪師), 연 선사(緣 禪師), 안 선사(安 禪師) 등의 기록이 중요한 역할을 하였다. 이후 달마의 어록을 해석한 현대적인 해설서로는 야나기다 세이잔(柳田聖山)의 『달마의

어록(達摩の語錄)』(1996) 및 『다루마(ダルマ)』(1998)가 널리 보급돼 있다.

『이입사행론』의 서두에는 제자 담림(曇林)이 쓴 서문이 수록돼 있다. 여기에서 담림은 달마의 출신 지역과 신분 그리고 중국에서 겪은 상황을 간략하게 서술한다. 보리달마는 멀리 바다를 건너 중국에 도래했다. 사실 보리달마는 총령 산맥을 넘고 파미르 고원을 가로질러 위나라의 낙양에 도래하였다. 육지나 바다 가운데 어디를 통해서 왔든 그것이 달마의 사상을 좌우하지는 못한다. 다만 중국의 선종사에서 역사적인 측면을 강조하자면 육지를 넘어왔다고 말해야 할 것이고, 명분과 사상으로 무장한 외국인을 완전하게 중국화·전설화시켜야 할 경우에는 바다를 건너왔다고 말해야 할 것이다. 아무튼 보리달마가 도래한 즈음의 중국의 사회 현실을 보자면 대단히 복잡한 남북조 시대였다.

특히 달마의 선사상은 여시안심(如是安心)하고 여시발행(如是發行)하며 여시순물(如是順物)하고 여시방편(如是方便)하는 사여시(四如是)로 요약하였다. 곧 여법하게 마음을 안정시키고, 여법하게 사행(四行)을 실천하며, 여법하게 중생을 대하고, 여법하게 공부해 나아가는 것이다. 이것이야말로 대승안심의 가르침이니 이로써 사람들을 잘못되지 않게 가르치고 인도하라는 것이었다.

첫째의 여시안심(如是安心)은 안심법문(安心法門)으로 잘 알려진 가르침이다. 달마와 혜가 사이에 등장한 이 문답은 후대 선문답의 원형(原型)이 되었다. 달마선의 시초는 바로 안심문답에 의한 바가 컸음을 부정할 수 없다. 거기에는 단순하리만치 명쾌한 선의 이론이 생생하게 약동하고 있다. 그러나 후대의 선문답은 점차 복잡해지고 난해해져 간다. 심지어 의미를 알아들을 수 없는 것을 흔히 선문답이라 칭하기도 하였다. 달마의 가르침에서 이것은 이입(二入)으로 나타나 있다. 즉 대저 불도를 깨치고 실천하는 방법에는 여러 가지가 있지만 요약하면 두 종류가 있는데, 하나는 진리에 합치하여 깨치는 방법이고(理入), 둘은 깨친 불도를 일상에서 실천하는 것이다(行入).

둘째의 여시발행(如是發行)은 사행(四行)을 실천하는 것이다. 곧 매사에 분명하고 명쾌한 판난을 내려 왜곡됨이 없이 지속해 나가는 것이다. 이것은 곧 여법한 발심이기도 하다. 스스로 발심한 것을 마음과 입과 몸의 행동으로 여법하게 실천해 나아가는 것이다.

이것은 달마의 가르침 가운데 사행(四行)으로 나타나 있다. 불도를 실천하는 것은 네 가지의 실천으로서 외적인 실천은 모두 이 수행에 포함된다. 하나는 전세의 원한에 대한 실천이고, 둘은 인연에 따르는 실천이며, 셋은 아무것에도 집착하지 않는 실천이요, 넷은 법의 본성에 계합된 실천이다.

셋째의 여시순물(如是順物)은 자신이 깃들어 살고 있는 세속의 관습을 존중하고 인정에 따르는 것이다. 각 나라마다 고유한 문화와 전통이 있게 마련이다. 그것을 몸소 익히려 애쓰며 그들과 함께 스스로 그 의미를 터득하기 위해 노력해 나가는 행위를 말한다. 곧 상대방의 문화와 성격과 입장을 충분히 이해하고 더불어 살아가는 것이다. 그래서 선에는 이류중행(異類中行)이라는 말이 있다. 이는 보살이 중생을 제도하려는 것에 스스로 그들 중생의 입장에서 행위하면서 동화하고 교화하는 화광동진(和光同塵)을 말한다. 개를 제도하려면 몸소 개가 되어야 한다. 마찬가지로 악인을 제도하려면 악인의 모습으로 다가가서 그들과 함께 어울리는 지혜가 있어야 한다. 일체의 행동에 거슬림이 없이 매끄럽게 순응하는 것이 여시순물이다.

넷째의 여시방편(如是方便)은 섬세하고 온갖 마음을 기울여 정성을 다하는 공부로서 유연한 마음을 말한다. 모든 일에는 방법이 있고 전통이 있으며 사람이 있고 목표가 있다. 그것을 스스로 존중하면서 경우에 따라 필요한 것을 적절하게 구사해 효과를 이끌어 내는 것으로서 선교방편을 사용하는 것이다. 구체적으로는 깊이 스승의 말을 믿고 스승의 가르침을 수용하며 스스로 노력을 기울이고 상황을 잘 파악해 대처하는 것을 뜻한다.

이와 같은 사여시(四如是)의 가르침은 달마법문의 전체라고 해도 과언이 아니다. 달마는 스스로의 경험에서 우러나는 가르침을 그와 같은 네 가지 방법으로 몸소 제자에게 전해준 것이다. 달마는 이국의 승려로서 많은 오해와 질투를 받으면서도 그것을 대치가 아닌 포용과 순응으로 극복하였다. 한편 이 이입과 사행은 『금강삼매경(金剛三昧經)』의 제4「입실제품(入實際品)」의 내용과 대단히 유사하기 때문에 예로부터 달마와 『금강삼매경』의 관련성에 대해 다양한 학설이 등장하였다.

〔2〕

돈황 출토 선문헌

⋮

보리달마로부터 시작되는 중국 선종은 이후 8세기 초까지를 소위 초기선종 시대로 구분하기도 한다. 이 시대에는 이미 번역된 『유마경』, 『능가경』, 『열반경』, 『반야경』, 『좌선삼매경』, 『선비요법경』, 『화엄경』, 『법화경』, 『사익경(思益經)』 등 다양한 선경(禪經)을 바탕으로 하여 선법이 본격적으로 형성되던 시기이다. 특히 『능가아발타라보경(楞伽阿跋陀羅寶經)』의 전승을 중심으로 능가종(楞伽宗)의 전통이 수립되면서 번역자인 구나발타라를 시조로 하는 일군의 선풍이 등장했다. 소위 북종의 전통을 계승한 일파에서는 안주현색(安州玄賾)의 『능가인법지(楞伽人法志)』 ─ 경조두비(京兆杜朏)의 『전법보기(傳法寶紀)』(713) ─ 정각(淨覺)의 『능가사자기(楞伽師資記)』(716)의 전등계보를 내세웠다.

이와 같은 모습은 돈황(敦煌)에서 방대한 선문헌이 발견되면서 보다 확실해졌다. 20세기 초에 돈황에서 발견된 선문헌의 가치를 처음으로 그리고 본격적으로 보고한 사람은 일본의 야부키 게이키(矢吹慶輝, 1879~1939)이다. 그는 『삼계교연구(三階敎硏究)』(1927)·『명사여운(鳴沙余韻)』(1930)·『명사여운해설(鳴沙余韻解說)』(1933) 등을 통해 돈황 불전의 연구에 큰 업적을 보였다. 또한 스즈키 다이세츠 박사의 『교간소실일서(校刊少室逸書)』(1936) 등을 바탕으로 대정신수대장경 제85권에는 이와 같은 돈황 선문헌의 다수가 수록되었고, 나아가서 『강좌

돈황(講座敦煌)』의 여덟 번째 시리즈로『돈황불전과 선(敦煌佛典と禪)』(1980)이라는 연구서가 출현하였다. 그 기초 자료는 대부분 영국의 스타인 발견본 또는 프랑스의 페리오 발견본이었다.

이 가운데 부정관(不淨觀)을 중심으로 설해진『선요경(禪要經)』은 경전의 형식을 취한 8세기 초기의 선록(禪錄)이다. 기타『관심론(觀心論)』, 대통신수(大通神秀)의『파상론(破相論)』(일명『달마관심론』)은『소실육문』,『달마삼론』,『선문촬요』등에 수록되어 전한다.『보리달마선사관문(菩提達磨禪師觀門)』은 대정신수대장경 제85권에서는『남천축국보리달마선사관문(南天竺國菩提達摩禪師觀門)』으로도 알려져 있다.『징심론(澄心論)』은 스즈키 다이세츠의『소실일서(少室逸書)』에 수록되어 있다. 이 밖에 다음과 같은 수많은 자료가 발굴되었다.

『대승무생방편문(大乘無生方便門)』,『대승북종론(大乘北宗論)』,『이입사행론(二入四行論)』,『달마선사론(達摩禪師論)』, 홍인(弘忍)의『도범취성오해탈종수심요론(導凡趣聖悟解脫宗修心要論; 修心要論; 最上乘論; 一乘顯自心論)』, 우두법융(牛頭法融)의『절관론(絕觀論)』,『대승무생방편문(大乘無生方便門; 大乘五方便北宗)』,『대승북종론(大乘北宗論)』, 경조두비(京兆杜朏)의『전법보기(傳法寶紀)』(713), 정각(淨覺)의『능가사자기(楞伽師資記)』(716),『사자칠조방편문(師資七祖方便門)』,『대승개심현성돈오진종론(大僧開心顯性頓悟眞宗論; 頓悟眞宗論)』, 후막진염(候莫陳琰)의『돈오진종금강반야수행달피안법문요결(頓悟眞宗金剛般若修行達彼岸法門要決)』,『돈오대승정리결(頓悟大乘正理決)』,『남종돈교최상대승마하반야바라밀경육조혜능대사어소주대범사시법단경(南宗頓教最上大乘摩訶般若波羅蜜經六祖惠能大師於韶州大梵寺施法壇經; 六祖壇經)』(780), 독고패

(獨孤沛)가 찬술한『보리달마남종정시비론(菩提達摩南宗定是非論)』(732), 하택신회(荷澤神會)의『남양화상돈교해탈선문직료성단어(南陽和尚頓教解脫禪門直了性壇語)』(716 이후)·『돈오무생반야송(頓悟無生般若頌)』·『남양화상남종정시비오경전(南陽和尚南宗定是非五更轉)』, 『역대법보기(歷代法寶記)』(774 무렵),『양조부대사송금강반야경(梁祖傅大士頌金剛般若經)』, 기타 단편(斷片)의 자료.

위 가운데『전법보기』1권은 소위 북종의 전등시서로서 현존하는 가장 오래된 책으로 그 성립 연대는 상세하지 않지만 개원 초년(713)으로 추측된다. 그리고 작자에 대해서는 원문에『경조두비자방명찬(京兆杜朏字方明撰)』으로부터 장안의 두비임을 알 수 있다. 그 구성은 다음과 같다.

· 귀경게
· 서문
· 목록
· 동위숭산소림사석보리달마(東魏嵩山少林寺釋菩提達摩)
· 북제숭산소림사석혜가(北齊嵩山少林寺釋惠可)
· 수환공산석승찬(隋皖公山釋僧璨)
· 당쌍봉산 동산사석도신(唐雙峰山東山寺釋道信)
· 당쌍봉산동산사석홍인(唐雙峰山東山寺釋弘忍)
· 당숭산소림사석법여(唐嵩山少林寺釋法如)
· 당당양옥천사석신수(唐當陽玉泉寺釋神秀)
· 후론(後論)

· 종남산귀사대통도수화상탑문(終南山歸寺大通道秀和上塔文)

또한 그 내용은 다음과 같다.

서문을 보면 진리는 문자와 경론과는 달리 무상승(無上乘)의 심지를 전하는 사람만이 얻는다. 불 – 아난 – 말전지 – 사나바사 등 인도의 전등을 서술하고, 또한 보리달마 – 혜가 – 승찬 – 도신 – 홍인 – 법여 – 신수로 이어지는 중국의 부법상승(付法相承)을 서술한다. 세간에 유포된『달마론』에 대해 비난한다.

보리달마편에서는 숭산의 달마에게 본격적으로 사사한 사람으로서 도욱(道昱)과 혜가(慧可)의 이름을 언급한다. 혜가의 단비구법(斷臂求法)에 대하여 달마는 방편으로써 혜가의 마음을 곧바로 깨우쳐 주며 혜가에게 심요로서『능가경』을 전수한다. 벽관(壁觀)과 사행(四行)에 대하여 비판한다. 달마가 북위의 불교계로부터 기피되어 독해를 받는다. 천화한 날에 송운(宋雲)이 총령에서 서쪽으로 돌아가는 달마를 만난다.

혜가는 달마가 서쪽으로 돌아간 후에 소림사에 주석한다. 혜가의 교화 방법은 상대방의 모든 근기에 응했으며 그것을 기록한 제자가 있었다. 개오한 제자로서 향 거사(向 居士), 화공(化公), 요 거사(廖 居士) 등 다수가 있다. 승찬에게『능가경』을 전수하여 4대 이후에는 형식화될 것을 예언한다.

승찬은 북주파불 때 10여 년 동안 산에 은거한다. 개황 초년에 정선사(定 禪師)와 함께 환완공산에 은거하여 시자였던 보월(寶月)을 제도한다. 도신에게 달마로부터 받은 법을 전승하고 설법한다.

도신은 개황 연간에 환공산의 승찬에게 사사하여 깨친다. 도적들에게 포위되었을 때 자사에게 『반야경』을 염송토록 한다. 기주 쌍봉산에 주석하자 법현(法顯) 및 선복(善伏) 등이 참여한다. 문인에는 항상 좌선을 장려한다. 입멸에 즈음하여 홍인에게 전법한다. 두정륜(杜正倫)이 비문을 찬술한다.

홍인은 도신에게 사사할 때부터 작무(作務)와 좌선을 장려한다. 후에 많은 귀족들이 참문한다. 교화의 방법은 질문에 상응하여 그대로 도에 이르게 한다. 법여에게 법(法)을 전수한다.

법여는 숭산 소림사에 주석하자 동도(東都)의 고덕인 혜단(惠端)이 참문한다. 교화의 방법으로는 방편을 활용하여 직지인심 시킨다. 입적 때에 문인들로 하여금 신수에게 참문하도록 권장한다.

신수는 홍인으로부터 전법한 후에 오랫동안 개법하지 않다가 법여의 입적 이후에 비로소 개법한다. 후에 측천무후가 귀의한다. 입적하자 중종은 도문사(度門寺)를 세워 대통 선사(大通 禪師)라는 호를 내린다.

후론에서는 진리는 문자 언어만으로는 체득하지 못한다면서 『원각경』에 대하여 비판한다. 달마는 경론을 떠난 입장에서 직접적인 실천법을 설하고, 우수한 제자에게만 법을 전한다. 홍인 이후의 법문은 널리 열리고 염불정심(念佛淨心)의 방편이 활용된다. 그러나 최근의 수행자 중 우둔한 자가 많은 것은 혜가의 예언이 통한 것이다. 이 책의 편집은 일찍이 친우의 명에 따른 것이다. 신수 문하의 훌륭한 모습은 『능가경』의 소설에 합당하다.

이와 같이 『전법보기』는 소위 북종의 법맥을 정통으로 간주하는 전등사서로서 등장한 것이다. 그러나 734년 활대의 종론(宗論)을 전후로 하여 남종이 세력을 확보하면서부터 『돈황본단경』(780) - 『보림전』(801) - 『조당집』(952) - 『경덕전등록』(1004) 등으로 계승되는 남종의 정통을 주장하는 전등사서가 출현한다.

【 3 】
신심명(信心銘)

:

보리달마의 정법안장을 계승한 태조혜가(太祖慧可)의 저술은 남아있지 않고 그 이름을 가탁한 저술도 보이지 않는다. 다만 혜가의 법어로 간주되는 것으로서 『이입사행론』의 법어 제57부터 제63까지 일곱 가지 법어의 내용이 전해지고 있다. 그 내용으로는 범성(凡聖)·고하(高下) 등의 분별심을 내지 말 것과 안심(安心)·참회(懺悔)·성불(成佛)·지옥(地獄)·망상(妄想) 등에 대한 가르침을 엿볼 수 있다. 그러나 혜가의 법을 계승한 승찬에게는 유일하게 『신심명』이 전한다.

『신심명』은 중국 선종의 제3조 승찬 대사의 글이다. 승찬(僧璨, ?~606)이 당 현종으로부터 경지 선사(鏡智 禪師)라는 시호를 받은 것은 선종의 6조 가운데 처음이었다. 재상 방관(房琯)이 지은 「삼조승찬비문(三祖僧璨碑文)」은 『보림전』 권8에 수록되어 있고, 독고급(獨孤及)이 지은 「서주산곡사각적탑수고경지선사탑명병서(舒州山谷寺覺寂塔隋故鏡智禪師塔銘并序)」 비문은 『전당문』 권390에 수록돼 있다.

일찍이 승찬 대사는 대풍질(大風疾)에 걸렸었는데 혜가 대사를 찾아가 자기의 성명도 밝히지 않고 불쑥 물었다. "저는 풍질을 앓고 있습니다. 화상께서는 저의 죄를 참회시켜 주십시오.""그대의 죄를 가져오면 죄를 참회시켜 주겠다.""죄를 찾아보아도 찾을 수가 없습니다.""그러면 그대의 죄는 모두 참회되었다. 이제 그대는 삼보에 의지하여 안주해라.""지금 화상 뵈니 승보는 알겠는데 불보와 법보는 무엇입니까.""마음이 부처이고 마음이 법이나. 법과 부처가 다르지 않듯이 승보도 또한 그렇다. 그대는 알겠는가.""오늘에야 비로소 죄의 성품이 마음 안에도 밖에도 중간에도 없음을 알았습니다. 마음이 그렇듯이 불보와 법보도 둘이 아닌 줄 알았습니다." 이에 혜가는 승찬이 법기(法器)임을 알고 가상하게 여겨 출가시키고는 말했다. "그대는 내 보배이다. 그러니 이제 찬(璨)이라는 글자를 써서 승찬(僧璨)이라 하라."5)

승찬은 그해 3월 18일 복광사(福光寺)에서 구족계를 받고 1년 만에 몸의 병이 치유되었다. 입적에 즈음하여 법회를 하던 큰 나무 밑에서 합장한 채 입망(立亡)하였다. 매장을 했는데 이상(李常)이라는 사람이 신회 선사에게 물어서 산곡사(山谷寺)에 승찬 대사의 묘가 있음을 알고는 가서 화장한 후 사리 300과를 수습하였다. 풍병이 나은 후에도 머리카락이 하나도 나지 않았으므로 대머리의 맨살이라는 뜻으로 적

---

5) 『경덕전등록(景德傳燈錄)』 卷3(大正藏 51, p.220下)

두찬(赤頭璨)이라 불렸다.

『신심명』은 4언 146구 584자로 구성돼 있다. 글의 대의는 양변(兩邊)을 벗어나 중도(中道)에 입각하라는 것으로 40대(對)로 구성된 장편의 운문시이다. 제목의 신심(信心)에서 '신(信)'은 심신(深信)이고 '심(心)'은 본심(本心)이다. 따라서 신(信)과 심(心)이 대등한 관계로서 신심일여(信心一如)의 입장이다. 그러므로 '심신(深信)과 본심(本心)이 다르지 않고 심신(深信)과 본심(本心)은 둘이 아니다'라고 표현하였다. 첫 구절의 지도(至道)는 대도(大道)로서 궁극의 도를 가리킨다.

그 본문은 『전등록』 권30에 수록돼 있고, 『종경록』에 자주 인용되었다. 송대에는 염고(拈古)와 착어(著語) 등이 가해지고, 원·명·청대에는 각종 주석서가 등장하였다. 돈황사본 페리오 4638·2104, 스타인 4037·5692 등이 이에 해당한다. 『신심명』의 내용을 최초로 인용한 것은 백장회해(百丈懷海, 749~814)의 어록과 청량징관(清涼澄觀, 738~838)의 『화엄경연의초』였다. 이어서 『전심법요』과 『임제록』과 『조주록』에도 많이 인용되어 후대에 공안으로 회자되었다. 그럼에도 불구하고 일찍이 우리나라에서는 그다지 주목받지 못한 탓인지 다른 선적에 비해 그 인용 및 개판 등이 거의 보이지 않는다. 특히 첫머리에 해당하는 '지도무난(至道無難) 유혐간택(唯嫌揀擇)'의 구절은 조주간택(趙州揀擇)이라는 주제로 『굉지염고』 제96칙에 등장한다.

조주가 말했다.

"간택만 벗어난다면 지극한 도는 어렵지 않다. 말을 할라치면 그것은 곧 간택이 되어 버리고 명백(明白)이 되어 버린다. 그러나 노승은 명백에 빠져 있지 않다. 이것이야말로 신심명의 정신을 잘 지키는 것이 아니겠는가."

그러자 한 승이 물었다.

"화상께서 이미 명백에 빠져 있지 않다면 신심명의 정신을 잘 지키는 것이란 도대체 무엇입니까?"

조주가 말했다.

"나도 모르겠다."

승이 말했다.

"알지도 못하시면서 어째서 신심명의 정신을 잘 지킨다고 말씀하시는 겁니까?"

조주가 말했다.

"그만큼 물었으면 되었다. 예배가 끝났거든 물러가거라."

조주종심(趙州從諗, 778~897)은 제23칙, 제40칙, 제80칙에 등장한다. 3조가 『신심명(信心銘)』에서 했던 '간택만 벗어날 수 있다면 지극한 도는 어렵지 않다'라는 말은 분별심을 통해 깨침을 터득하고자 하는 어리석은 천하의 납자를 싸그리 짓밟아 버린 것이었다. 흔히 화두를 든답시고 화두에 온갖 공능을 부여한다. 화두가 마치 무슨 도깨비방망이인 양하며 그 속에 무궁무진한 보배와 능력, 심지어 깨침까지 들어있는 것으로 간주하기도 한다. 참으로 큰 착각이다. 화두를 대상으로 간주하는 것과 화두에서 무언가를 이끌어 내려는 기대도 또한 분별심인 줄을 까마득하게 모른 탓이다.

간택은 분별이다. 너와 나라는 분별, 깨침과 미혹이라는 분별, 나아가서 자신이 수행납자라는 생각 또한 분별을 벗어나지 못한다. 그리고 명백(明白)은 이미 그렇게 행동하는 것을 가리킨다. 자신의 눈을 믿고 귀를 믿으며 행위를 믿어 버리는 것이다. 따라서 모든 것을 자기의 깜냥으로 판단해 버린다. 이것은 곧 집착이다. 그래서 승찬은 『신심명』에서 다음과 같이 말했다.

세간의 반연도 좇지 말고 　莫逐有緣

출세간 법도 따르지 말라 　勿住空忍

중도의 원리 바로 지니면 　一種平懷

모든 분별 저절로 없다네 　泯然自盡

그렇다고 아무런 생각도 행위도 하지 말라는 것은 아니다. 일체의 생각과 행위를 하면서도 그것에 집착이 없고 미련이 없으며 두려움이 없는 것이 도이다.

설두(雪竇)의 문하에는 투자종(投子宗)이라는 납자가 서기(書記)로 있었다. 이에 설두가 '지극한 도는 어렵지 않다. 간택을 꺼릴 뿐이다'라는 어구를 참구하도록 했는데 이를 통해서 투자종은 깨침을 터득하였다.

어느 날 설두가 투자종에게 말했다.

"지극한 도는 어렵지 않다. 간택을 버리는 것이 중요하다는 말은 무슨 뜻인가?"

투자종이 말했다. "짐승은 그저 짐승에 불과할 따름입니다."

그리고는 후에 투자산에 은둔하였다. 그곳의 주지를 그만둘 때에도 지닌 물건은 오직 가사에다 짚세기, 경전 몇 권뿐이었다. 여기에서 투자종이 말한 짐승이란 짐승 이상도 이하도 아니다. 바른 안목으로 제대로 사물을 판단하고 분명하게 행동한다는 뜻이다.

한 승이 물었다. "화상의 가풍은 무엇입니까."

투자종이 말했다. "가사에다 짚세기뿐이다."

여기에는 참으로 단순명료(單純明瞭)하고 간명직절(簡明直截)한 선기가 드러나 있다. 어디에도 군디디기기 붙을 여지가 없다. 단출한 살림살이만큼 투자종의 선풍은 명백하였다.

또한 만송행수(萬松行秀)는 일찍이 사람들에게 '지극한 도는 어렵지 않다. 간택을 꺼릴 뿐이다.'라는 어구를 제시하고서 '과연 무엇이 그대들에게 간택하도록 했는가.'를 물었다. 그 질문에 한 승이 말했다. "삼조 스님이 말했습니다. 미움과 사랑을 일으키지 않으면 분명하게 확 트이게 된다. 그리고 그 아래다 유혐간택이라는 말을 들어 '혐'이라는 글자를 둔 것은 자신이 이미 증애(憎愛)를 마쳐 버렸기 때문입니다." 만송이 말했다. "그대의 눈이 밝은 것은 인정한다. 밝은 눈으로 보면 증애가 훤히 보일 텐데 그러면 어찌 해야 증애를 벗어날 수 있겠는가."

이에 승이 오랫동안 참구했지만 끝내 그 도리를 터득하지 못하고 만송에게 청익(請益)하였다. 이에 만송이 말했다. "그대가 증애를 벗어나려고 하는 그것이 곧 증애를 간택하는 것이다." 승이 말했다. "그렇다면 제가 증애를 벗어나려는 마음을 내려놓아야만 통연명백(洞然明白)할 수 있겠군요." 만송이 말했다. "그대는 벗어나려는 마음은 싫어하고 명백하게 되는 것만 좋아하는구나. 그러니 그런 마음으로는 점점 증애를 간택하는 꼴이 된다." 승은 예배도 마치기 전에 말부터 꺼냈다. "청컨대 스님께서 가르쳐 주십시오." 만송이 말했다. "제방의 납자들이 그대와 같은 경지에 도달하면 방(棒)과 할(喝)을 내려줄 것이다. 그러나 나 만송은 그렇지 않다." 승이 말했다. "스님의 그 말씀이 무슨 뜻인지 모르겠습니다." 만송이 말했다. "간택이 무엇을 방해한단 말인가. 그대는 바로 그 무엇이라는 것부터 벗어나야만 한다." 승이 감사의 예를 드리고 말했다. "원래 그 말이 곧 그 말이로군요. 또는 원래 등잔 밑이 어두웠었군요."

사실 분별심으로 보자면 지극한 깨침은 가장 어렵다. 따라서 모름지기 간택이 절대적으로 필요하다. 만약 증애가 없다면 어찌 명백의 경지를 터득할 수 있겠는가. 이것은 도리어 제법에서 간택·불간택 및 증애·부증애라는 이견(二見)을 내지 말라는 것이기도 하다. 왜냐하면 간택만 벗어난다면 지극한 도는 어렵지 않다는 말조차 또 다른 간택일 뿐이기 때문이다.

따라서 조주는 말을 하자마자 그것은 곧 간택이 되어 버리고 명백이 되어 버린다고 말했던 것이다. 이러한 까닭에 조주는 어언(語言)뿐만 아니라 간택(揀擇)을 회피하지도 않았다. 그것이 곧 '노승은 명백에 빠져 있지 않다. 이것이야말로 『신심명』의 정신을 잘 지키는 것이 아니겠는가 하는 것이었다. 이 경지에 이르고 보면 모름지기 홀로 성성하게 깨어 있어야 한다. 그렇기에 증애라든가 간택을 하지 말라고 하면 그것이 도리어 3조와 더불어 등을 돌리는 꼴이 되어 버린다.

그러나 그 승은 아직도 그 의미를 깨닫지 못하고 다시 말했다. "화상께서는 이미 명백에 빠져 있지 않다면『신심명』의 정신을 잘 지키는 것이란 도대체 무엇입니까?” 이에 조주는 승으로 하여금 그와 같은 분별을 벗어나라고 말하는 것조차 승에게는 다른 분별이 되어 버리기 때문에 아예 모든 것을 포기하도록 하려고 “나도 모르겠다.”고 말했다.

그러나 승은 갈수록 태산이다. 그는 “알지도 못하시면서 어째서『신심명』의 정신을 잘 지킨다고 말씀하시는 겁니까?”라고 물었다. 참으로 딱한 일이었다. 그러자 조주는 마지막으로 “그만큼 물었으면 되었다. 예배가 끝났거든 물러가거라.” 하고 한 방 먹인다. 여기에서 조주에게 허물이 있다면 그것은 무엇인가? 굳이 허물이 있다고 하면 자비가 넘치는 것이었다. 그리고 승이 조주와 더불어 절차탁마(切磋琢磨)한 것은 또 무엇인가? 승은 서로 본전도 찾지 못했다. 이런 경우를 두고 하는 말이 있다.

문수는 크게 무차법회를 베풀었고
유마는 불이문을 굳게 걸어 잠갔다

그 승은 절차는 잘 한다지만 아직 임기응변이 모자란다. 조주 역시 탁마는 잘 한다지만 어째서 그렇다는 것인지 말해 주지를 않았다. 그렇기에 이쯤 해서 그냥 내버려 두는 것이 좋을 것이다. 특별히 아등바등해도 그것을 제지(提持)하지 못하면서 어찌 그것을 터득하겠는가. 안방의 구들장이 까맣게 타도록 아궁이에 불을 지폈는데 방바닥은 아직도 얼어붙어 있는 택이다. 뭐가 문제인가?

【 4 】

한산시집(寒山詩集)

⋮

『한산시집』은 언제 성립되었는지, 또 한산이라는 인물이 실재했는지, 실재했다면 생몰 연대에 대해서도 정확한 기록이 없어 다양한 설만 제기돼 있다. 당나라 태종의 정관 치세에 절강성 태주의 조의태부(朝儀太夫) 사지절(使持節) 태주제군주(台州諸軍主) 자사(刺史) 상주국(上柱國) 사비어대(賜緋魚袋) 여구윤(閭丘胤)이 도교(道翹)라는 스님에게 한산의 시를 채집할 것을 명하여 그들이 마을의 민가 및 관청의 벽, 석벽 및 나무 등에 새겨 두었던 시가 채집되었다. 스스로 한산의 시 가운데 610수라고 말하고 있지만 약 311수가 채집되었다. 써진 순서도 없고 연대도 분명하지 않다. 한산의 시와 더불어 습득(拾得)이 토지당의 벽에 써 놓았던 70수와 풍간의 5수가 권말에 수록되었는데 이것이 곧 『한산시집』이다.

그것이 편집되어 8~9세기에 성립한 것으로 간주된다. 당 말기 오대 시대부터는 여기에 습득(拾得)과 풍간(豊干)의 시가 첨가되어 전하다가 송대에는 현재와 같은 『한산시집』이라는 명칭으로는 불리게 되었다. 이로써 『한산시집』은 천태산에 숨어 살았던 한산·습득·풍간(豊干)의 시라는 의미에서 『삼은집(三隱集)』이라고도 한다.

『한산시집』에는 물외에 초탈한 안빈낙도의 삶과 세속적인 분별을 벗어난 선적인 기지 및 내면의 진실이 자연물에 투영되어 두두물물이 모두 깨침의 그림자와 같다는 조사선풍의 풍모가 물씬 드러나 있다.

따라서 한산 시대로부터 304년 후 송대에 황룡의 회당조심(晦堂祖心)이 태사(太史) 황산곡(黃山谷)의 거사에게 『한산시』에 화운(和韻)을 붙일 것을 부탁드렸지만 거사는 열흘이 지나도록 일구도 짓지 못하고 "만약 내가 십 년을 더 공부한다면 도연명을 따라잡을 것이다. 그러나 다시 태어난다 해도 한산시에는 도저히 따라붙을 수가 없구나."라고 말했다. 이처럼 송대의 두자미(杜子美)라고 칭송받았던 황정견(黃庭堅)마저도 『한산시』에 혀를 내둘렀다고 전한다.

한산자(寒山子)는 천태 당흥현의 서쪽 70여 리 되는 곳의 바위굴에 숨어 살면서 스스로 한산(寒山)이라 칭하며 홀로 유유자적한 삶을 살았다고 전한다. 한산이 살았던 그곳에서 일찍이 천태종의 개조인 지의(智顗)가 진(陳)의 선제(宣帝) 시대에 강학을 했으며, 지의가 입멸한 이후에 수나라 문제(文帝)는 그곳에 천태사를 건립하였고, 양제(煬帝)는 국청사(國淸寺)라는 칙명을 내려 천태 국청사라 하여 중국 제일의 도량이 되었던 인연이 있었다.

전해 오는 이야기에 의하면 여구윤(閭丘胤)이 태주로 부임하여 가는 길에 두통이 나서 치료를 받는데 마침 풍간 선사가 그것을 보고 말했다. "이 지역은 안개가 많고 습기가 많아서 건강에 좋지 않습니다. 그러니 몸조심하시기 바랍니다. 병은 환(幻)으로부터 발생하는 것입니다. 그 병을 제거하는 데에는 청정수밖에 없습니다." 그리고는 청정수를 뿌리자 두통이 깨끗이 사라졌다. 그때 여구윤이 "이 지역에 스승으로 모실 만한 분이 계십니까?"라고 묻자 풍간이 말했다. "국청사에 가면 한산이라는 문수보살의 화신이 있고, 또 습득이라는 보현보살의 육신이 계시는데 모두 형모는 초췌하지만 보통 분들이 아닙니다.”

여구윤이 부임한 지 삼일 째 되는 날에 국청사에 이르러 사찰의 보덕(寶德) 및 도교(道翹)라는 스님의 안내를 받아 풍간 선사를 찾았다. 그러나 풍간 선사는 이미 자취를 감춘 뒤였는데 방안에는 단지 호랑이 발자국만 남아 있었다. 그래서 풍간이 주석하였을 때의 상황에 대해 물으니 대중들은 풍간 선사야말로 늘 쌀을 짊어지고서 대중에게 공양하였고, 밤에는 노래를 부르면서 살았다고 했다. 그래서 부엌엘 가보니 아궁이 앞에 이상하게 생긴 두 사람 곧 한산과 습득이 불을 쬐면서 담소를 나누고 있었다. 여구윤은 그들을 보고 바로 예배를 드렸다. 그러자 두 사람은 “무엇을 하는 겁니까?”라고 묻고는 상황이 파악되었다는 듯이 서로 손뼉을 치면서 대소하고 말했다. “풍간이 미타불이었는데 그를 몰라보고 도리어 우리한테 예배를 하다니 이게 무슨 일인가.” 그러고는 절에서 뛰쳐나가 버렸다. 스님들이 모두 놀라서 “존귀하신 고관께서 어찌 저런 거지들한테 예배를 드리는 겁니까?”라고 의아스럽게 생각하였다. 이에 여구윤이 명령하며 말했다. “저 두 분들한테 방을 마련해 드리고 사찰로 불러들여서 머물게 해 주시기 바랍니다.” 그러고는 관아로 돌아가서 즉시 새로 만든 법의 두 벌과 향과 약품을 보내어 공양하였다. 그러나 두 사람은 다시는 국청사에 돌아오지 않았다. 이에 명령을 받은 관리가 한산의 바위굴을 찾아서 법의 두 벌과 향과 약품을 공양하자 한산은 큰 소리로 “들어오지 말라, 더 이상 들어오지 말라.”고 말했다. 그리고 나서 더욱 깊은 곳으로 몸을 숨기고는 “그대들에게 부탁드립니다. 부디 열심히 정진하여 수행하시기 바랍니다.”라는 말을 남기자 바위굴이 저절로 닫혀 버렸다. 습득 또한 이후의 소식과 전기가 없이 다만 몇 수의 시만 남겼다고 한다.

한산은 일찍이 국청사에 자주 드나들었다. 절에는 습득(拾得)이라는 스님이 공양주로 있었는데 잔반과 채소 졸가리 등을 대나무 통에 담아 두었다가 한산에게 주었다고 한다. 한산은 대나무 통을 짊어지고 긴 회랑을 천천히 소요하면서 유쾌한 듯이 혼잣말을 하기도 하고 크게 웃기도 하다가 어디론가 떠났다고 한다. 이에 다른 스님들이 뒤를 밟기도 하고 붙들어 보기노 하며 때려 주기도 하였지만 한산은 개의치 않고 껄껄껄 웃으면서 도망갔다고 한다. 한산과 습득은 마치 오래된 도반처럼 의기투합한 모습을 보였다고 하는데 그들의 일거수일투족과 남겨 놓은 일언일구 등에서는 진실로 진리에 계합하는 풍모가 엿보인다. 그들은 털모자를 뒤집어쓰고 헤진 옷을 걸치고 나막신을 신었다. 따라서 은자로서 안빈낙도하면서 번거로운 세속을 벗어나 불도를 깨치고 중생 구제를 위해 화광동진(和光同塵)하는 화현보살로 간주되기도 하였다. 그래서 한산은 문수보살의 화현, 습득은 보현보살의 화현이라고 불리기도 하였다. 또한 국청사에는 풍간이라는 선사가 있었는데 세속을 초탈한 고덕이었다. 이들 세 사람을 예로부터 둔세은자의 성현으로 추앙해 왔다.

『태평광기』 권55, 『송고승전』 권19, 『전등록』 권27 등에 수록돼 있는 한산의 전기는 초기의 것에 해당하고, 1189년에 지남(志南)이 정리한 「천태산국청사삼은집기」 및 여구윤이 찬술한 『한산시집』의 서(序)는 그 후기의 모습에 해당한다. 『당서문예지』에서는 이미 7권본이 있었다고 하는데 오늘날 볼 수 있는 텍스트는 송대 이후의 것으로

6종이 있다. 『한산시』는 또한 청대의 『어선어록』 권3 및 『사고전서』
에도 수록되었다. 『사부총간』 초인(初印)의 저본이 되었던 것으로
1296년에 우리나라에서 개판된 것을 비롯하여 중국 및 일본 등에서
도 몇 차례 개판되었다.

|【 5 】|
입도안심요방편법문
(入道安心要方便法門)

:

보리달마의 선법을 계승한 제2조 혜가를 비롯해 제3조 승찬의 시
대까지 선종은 몇몇 제자만이 따르는 유행 생활의 성격이 강하였다.
그러나 제4조 도신의 시대부터는 오백여 대중이 본격적으로 정착 생
활을 시작하여 명실상부하게 선종이라는 교단이 형성되었다. 이것이
이후 제5조 홍인의 선법과 더불어 출현한 소위 동산법문(東山法門)이
었다. 이로써 정착 생활에 따른 갖가지 대중 생활에 대한 직무와 규
범이 등장하였다. 아울러 사찰의 자급자족 생활에 근거한 작무의 의
무화가 도입되었다. 이로써 작무는 일종의 수행으로 간주됐다.

제4조 도신에 대한 기록을 살펴볼 수 있는 자료로는 『속고승전』 권
26 및 돈황출토본 『능가사자기(楞伽師資記)』가 있다. 『능가사자기』
(716)는 돈황본 자료인 페리오 3294·3537·3437·3703·4272 등에
해당하는데 태행산 정각(淨覺)이 찬술한 것이다. 4권 『능가경』을 전수

한 계통의 전등사서로서 그 번역자인 구나발타라를 중국 선종의 초조로 내세운다. 이로써 초기 중국 선종사의 연구에 중요한 자료를 제공하였다.

선종사에서 수(隋)와 당(唐) 초기에 기주 쌍봉산 및 그곳의 동선사를 중심으로 형성됐던 선종의 제4조 도신과 제5조 홍인의 선풍을 동산법문(東山法門)이라 한다. 본래 동산법문의 수행자들은 중앙의 귀족이나 정치 세력은 멀리하고 산속에서 좌선을 중심으로 실천 운동에 힘쓴 수행 집단이었다. 동산법문은 보다 엄밀하게 말하면 제5조 홍인의 선법을 가리킨다. 기주 쌍봉산은 그 이름처럼 두 개의 봉우리로 이루어져 있는데, 동산법문은 도신이 입멸한 후 제자인 홍인(弘忍)이 동산 곧 황매산으로 자리를 옮겨 선법을 널리 전파했기 때문에 생겨난 이름이다. 후에 홍인에게 배운 신수(神秀)가 측천무후(624~705)의 부름을 받고 입궐했을 때, "그대가 전하는 법은 누구의 종지인가?"라는 물음을 받고 "기주의 동산법문을 전수 받았으며, 『문수설반야경』의 일행삼매(一行三昧)에 의거하고 있습니다."라고 대답한 것에서 동산법문이라는 이름이 천하에 알려졌다. 그러나 홍인의 동산법문은 스승인 도신에 의해 그 기초가 이루어진 것이므로 도신을 포함시켜 동산법문이라고 부른다 해도 무방하다.

동산법문의 토대를 구축한 대의도신(大醫道信, 580~651)은 속성이 사마(司馬) 씨로서 호북성 기주 광제현에서 출생하였다. 수 개황 12년(592) 13세 때 승찬을 만나 주로 안휘성 서주에서 수행에 힘썼다. 도신에게도 혜가나 승찬과 같은 해탈법문이 전해진다.

도신이 물었다. "해탈의 법문이란 무엇입니까?" 승찬이 답했다. "누가 그대를 속박이라도 했는가?" 도신은 "저를 결박한 자는 아무도 없습니다."라고 답했다. "그렇다면 굳이 해탈을 구하는 이유가 뭔가?"[6]

도신은 이로써 깨치고 13년 동안 승찬 스님을 시봉하였다. 『역대법보기(歷代法寶記)』에 의하면 60년 동안 주야로 좌선수행에 힘썼기 때문에 상좌불와(常坐不臥)하고 협부지석(脇不至席)했다고 한다. 도신의 법력을 보여주는 일화를 보면 수나라 대업 13년(617)에 길주에서 도신의 일행이 도둑에게 포위당한 적이 있었다. 그리하여 70일 동안 식량과 식수가 떨어져 성 안의 사람들이 아사 직전이었다. 도신은 성 안의 사람들에게 『반야경』을 독송하도록 했다. 이 때 도둑의 무리가 대사가 있는 누각을 바라보니 신병(神兵)이 서 있어 물러났다는 이야기가 있다. 이것은 달마로부터 강조된 『능가경』 대신 『반야경』의 사상이 선종사에 중요하게 등장하게 된 것을 암시해 주고 있다. 이후 홍인과 혜능으로 이어지는 선종사는 반야 계통의 경전이 중시되는 경향을 보여주고 있다.

도신의 동산종(東山宗)은 새로운 중국의 선종을 형성한 제1기였다. 물론 이는 충실한 법의 실행자인 대만홍인(大滿弘忍, 601~674)이 그 뒤를 이었기 때문에 가능한 것이었다. 도신의 가르침을 받은 사람 중에 우두법융(牛頭法融, 594~657)은 달마가 『능가경』을 소의경전으로 삼았

---

6) 『경덕전등록(景德傳燈錄)』 卷3(大正藏 51, p.221下)

던 것에 비해 주로 『금강경』 강의에 뛰어났는데, 당시 우두법융의 법을 배우고자 모여든 사람이 천 명이나 되었다. 이로써 홍인과 법융으로부터 각각 동산종 및 우두종이 출현하였다. 또한 도신의 제자로 신라의 법랑(法朗)이 배출되어 9세기 중반 해동에 최초로 선법을 전래하였다. 이후 신행(信行) – 준범(遵範) – 혜은(慧隱) – 지선(智詵)으로 계승되어 소위 구산문 가운데 희양산문(曦陽山門)이 형성되었다.

도신과 그를 이은 홍인이 60여 년에 걸쳐 양자강 일대에 신자들을 모으고 대중의 희망에 부합해 가는 동안에 그 면모는 일신되었다. 사원의 집단생활이 자급자족으로 영위되었으므로 승려들의 직무도 분담되었고, 정해진 일에 불평불만이 없도록 하기 위해 일 자체를 선의 수행으로 간주하는 등 인도와는 다른 중국적인 사고에 입각한 선의 해석이나 방법이 구체화되어 좌선·일상생활 곧 직무의 이행·집단생활의 규율이 자연스럽게 형성되었다. 도신은 여산 대림사에서 10년간 주석하고, 양자강을 건너 기주 쌍봉산에 들어가 30여 년을 주석하면서 상당한 규모의 교단을 형성하였다. 이것은 선종사에 있어서 이전의 독거 형태를 벗어나 선종이 명실공히 선종이라는 대규모 교단으로 진행되는 초기의 모습을 보여주고 있다. 『속고승전』은 법현(法顯, 577~653), 현상(玄爽, 579~658), 선복(善伏, ?~660) 등이 도신에게 배웠다는 사실을 전하고 있다. 선종의 역사서인 정각(淨覺, 683~750)의 『능가사자기』는 도신을 능가종의 제5조로 간주하면서 『능가경』을 전수한 사람이라고 기술하고 있다. 이것은 소위 능가종 계통에서 말하는 것으로 『능가경』의 번역자인 구나발타라(求那跋陀羅)를 달마의 앞에 두었을 때 제4조 도신은 제5조가 된다.

도신에게는『보살계법(菩薩戒法)』1권과『입도안심요방편법문』2권 등의 저술이 있었다고 한다. 이를 살펴보면 도신의 선법은 한마디로 좌선을 통한 일행삼매의 실천이었다.『능가사자기』에 수록돼 있는『입도안심요방편법문』에 의하면 도신의 법요는『능가경』의 제불심(諸佛心)을 제일로 간주하는 것에 의거하며『문수설반야경』의 일행삼매에 의거한다는 기록이 있다.『문수설반야경』의 일행삼매는 크게 두 가지로 요약된다. 첫째는 깊은 반야바라밀을 듣고 물으면서 수학하여 그것으로 일행삼매에 들어가 불퇴전(不退轉)·불괴(不壞)의 경지가 되어 부사의(不思議)·무애(無碍)·무상(無相)의 선법을 터득하는 것이다. 둘째 조용한 곳에서 산란한 망념을 버리고 좌선을 하여 상(相)을 취하지 않고 마음속에 일불(一佛)을 염하여 오로지 부처님의 명호를 칭송하고 부처님이 계신 곳을 향하여 정신단좌(正身端坐)하여 부처님을 상념할 때 그 곳에서 삼세제불을 친견할 수 있다는 것이다. 여기에서 말하는 일행삼매는 일상삼매(一相三昧)이기도 한데 좌선과 염불이 실천의 중심을 이루고 있다.『문수설반야경』에서 다음과 같이 말한다.

　　문수사리가 물었다. "세존이시여, 일행삼매란 무엇입니까?"
　　부처님께서 말씀하셨다. "법계는 일상(一相)이다. 이 법계에 마음을 붙들어 매는 것을 일행삼매라 한다. 만약 선남자 선여인이 일행삼매에 들고자 한다면 마땅히 먼저 반야바라밀을 듣고 그에 따라서 수행하면 일행삼매에 들 수가 있다. 그리하여 법계에 마음을 두고 있으면 물러남이 없고〔不退轉〕부서짐이 없으며〔不

壞〕 부사의하여 걸림이 없고〔無碍〕 분별상도 없게 된다.〔無相〕 만약 선남자 선여인이 일행삼매에 들고자 하거든 마땅히 조용하고 한적한 곳에 자리하여 모든 어지러운 생각을 버려 모습에 얽매이지 말고, 마음을 한 부처님에게 두어 오로지 부처님의 명자(名字)를 부르며, 부처님 계신 곳을 따라 단정한 몸으로 바로 향하여 그 일불을 끊임없이 염하면 과거·현재·미래의 부처님이 현현한다.”

이로써 보면 도신의 염불은 반야 사상에 근거한 염불즉시염심(念佛即是念心)으로서 식무형(識無形)·불무형(佛無形)·불무상모(佛無相貌)를 아는 것이 안심법문이라는 것이다. 이와 같은 일행삼매론과 더불어 그의 선법의 특색을 보여주는 오문설(五門說)이 있다. 도신은 『관무량수경』의 즉심즉불이라는 구절을 인용하여 다음과 같이 말한다.

부처라는 것은 마음이다. 마음 이외에 다른 부처는 있을 수 없다. 이것을 간단하게 말하면 다음의 오문이 된다. 첫째는 마음의 본체가 본래 청정이며 부처와 동체라는 것을 아는 것이다. 둘째는 마음의 작용이 법보를 발생하고 모든 작용이 본래부터 정적하기 때문에 일체의 번뇌가 모두 이와 같은 것임을 아는 것이다. 셋째는 마음은 상각부정(常覺不停)하지만 그 자각하는 마음은 언제나 눈앞에 있고 자각되는 법은 개별적인 모습이 없는 것이다. 넷째는 항상 신체가 공적하여 안팎이 한결같으므로 몸과 법계가 막힘이 없이 상용(相容)됨을 관찰하는 것이다. 다섯째

는 한 가지를 굳게 지켜 흔들림이 없어(守一不移) 움직임과 고요
함 모두 안정을 얻으면 누구든지 분명히 견불성(見佛性)하여 신
속하게 정문(定門)에 들어간다.7)

도신의 오문의 가르침은 후에 북종선 및 남종선으로 발전하는 중
요한 계기가 된다. 특히 오문의 구상과 같은 것은 신수의 『대승오방
편』에 이르면 다섯 종류의 대승경전에 의해 뒷받침되어 일종의 유심
철학의 체계를 형성한다. 여기서 주의해야 할 점은 다섯 번째의 수일
불이설(守一不移說)이다. 그것이 곧바로 '견불성을 해명한다(明見佛
性)'는 깨침의 전제로 되어 있는 점은 오문의 구성이 지니는 두드러진
특색이다. 따라서 도신의 선사상의 핵심은 수일불이(守一不移) 동정상
주(動靜常住) 능령학자(能令學者) 명견불성(明見佛性)으로 요약된다.

도신은 이와 같은 일행삼매를 채용하여 간단한 실천법을 좌선의
실습에 응용해 독자적인 동산법문의 수행 체계를 형성하였다. 도신
이 주장한 일행삼매의 구체적인 내용은 그의 『입도안심요방편법문』
에 잘 나타난다. 『입도안심요방편법문』은 특히 그 제목에 나타나 있
는 것처럼 초심자에게 처음 좌선하는 방법을 자세하게 가르치는 내용
으로 구성돼 있다. 여기에서 도신은 『대승기신론』의 내용을 일행삼
매의 좌선에 응용하여 각자의 망념의 원인을 살펴 그 근원적인 일심
을 파악할 것을 주장하고 있다. 곧 일행삼매는 단순히 정신 집중에
그치는 것이 아니라 근원적인 마음을 깨닫는 것으로서 좌선법을 제시

---

7) 『능가사자기(楞伽師資記)』(大正藏 85, p.1288中)

하고 있다. 이것은 곧 자성 청정의 진여 일심에 대한 자각을 일행삼매의 실천 원리로 삼은 것이다. 이 일행삼매의 좌선은 수일불이의 주장으로 나타나 전개돼 간다.

『입도안심요방편법문』의 처음 부분에서 "나의 법요는 『능가경』의 제불심을 으뜸으로 간주한다."라고 한 것은 도신의 선법이 『능가경』 권1의 게송에서 말한 "대승의 모든 방편문은 제불심을 으뜸으로 간주한다."는 것에 기초한다는 것을 보여준다. 또한 "『문수설반야경』의 일행삼매에 의한다"는 것은 제불이 마음을 근본으로 하고 있다는 것을 기초로 해서 일행삼매에 들어간 사람은 항하의 모래 수와 같이 무수한 부처와 유일한 이법의 세계가 일여함을 알 수 있다 하여 그 방법을 보여준 것이다.

도신은 제불의 마음을 근본으로 하여 일행삼매의 경지에 있는 수행자를 예시하면서 "대저 신심방촌(身心方寸) 거족하족(擧足下足)이 항상 도량에 머문다."고 서술하고 있다. 이것은 자기의 평소 생활을 되돌아보고 말한 것이다. 후에 육조혜능은 『단경』에서 일행삼매에 대해 "일행삼매는 일체처의 행·주·좌·와에서 항상 일직심(一直心)을 실천하는 것이다."라고 말한다. 도신은 일거수일투족이 도를 실천하는 경지에 이르는 수행을 보여주면서 『보현관경』을 인용하고 단좌하여 실상을 염하며 부처를 염하고 심심상속(心心相續)하여 마음을 청정하게 하면 그것이 곧 부처를 염하는 것이고 마음을 염하는 것이라고 한다.

또한 고요함과 시끄러움에 얽매이지 않는 사람을 선사(禪師)라고 하여 지관(止觀)의 주의를 부여하고 있다. 지관이라는 말은 도신이 천태의 절에서 10년을 머물렀을 때 좌선을 다시 자세하게 나누어 설명하고 지도한 것이다. 또한 "임종에 이르러서는 어떻게 관심 수행해야 하는가?"라는 물음에 대해 "다만 자연에 맡겨라."라고 말한다. 서방을 향할 필요가 있는가, 없는가 하는 질문에 대해서는 "만약 자심이 불생불멸하여 청정함을 알아차리면 곧 그곳이 불국토인데 굳이 서방을 향할 필요가 있겠는가."라고 말한다. 서방을 향하라는 가르침은 방편으로서 대승의 수행자는 생사의 미혹한 세계에 들어가 사람들을 깨달음의 세계로 인도하지만 애정에 빠지지 않는다는 것이다. 따라서 생사의 미혹이 있고, 추구하는 것과 구원을 받는 사람이 있다고 생각하면 대승 수행자라고 할 수가 없다.

사람들을 구제하는 것은 공(空)을 추구하는 것과 같다. 최초 깨달음의 단계에서는 우선 모든 것이 공하다는 것을 실증하고, 그 연후에 모든 것은 단순한 공이 아님을 깨닫는 것이 분별을 초월한 지혜이다. 또한 "중생은 그대로 공이다. 따라서 중생이 멸하여 공한 것이 되는 것이 아니라 본질적인 공이라는 것을 깨치는 것이다. 대승 수행자는 공을 배우는 것을 깨침으로 삼지만 처음 수행하는 사람이 단지 공을 아는 것만으로는 진실한 공을 깨치지 못한다. 수행하여 진실한 공을 파악한 사람은 공과 공하지 않는 것을 구별하지 않고 분별적인 관념을 가지지도 않는다"고 간절하게 중생이 그대로 공임을 가르치고 있다.

또한 초학자들에 대한 좌선의 방법을 설명하고 그에 따라 믿음을 내어 수행하는 사람은 반드시 무생(無生)의 올바른 이치를 깨칠 수 있다고 말한다. 더불어 마음에 경계를 반연하여 번뇌가 일어날 때에 그 번뇌가 일어나는 도리를 관찰하면 그 번뇌는 필경 일어나지 않는다는

〔若心緣異境 覺起時卽觀起處 畢竟不起〕 방법을 제시한다. 이것은 이후에 좌선수행에서 마음을 다스리는 중요한 방법으로 전승돼 오고 있다.

이어서 초학자로서 좌선간심(坐禪看心)하려는 사람들에게 그 다음 단계로 나아가는 경지의 좌선 방법을 보여준다. 그리고 불성을 깨친 사람은 대승의 수행자, 도를 깨달은 사람, 진리를 안 사람, 달인, 본성을 알아차린 사람이라고 하여 사람이 본래 갖추고 있는 성스러운 마음에 의해 불성이 자각되는 차례를 간절하게 보여주고 있다. 또한 사신(捨身)의 법에 대하여 "사신의 법이란 신근(身根)을 가상(假想)하여 심경명지(心境明地)를 보는 것이다."라고 말하고 "경전에서는 공하여 무작(無作)·무원(無願)·무상(無相)하게 되는 것이 곧 참된 해탈이라고 말한다."고 결론을 짓는다.

|【 6 】|

절관론(絕觀論)

⋮

도신의 가르침은 우두법융(牛頭法融, 594~657)의 계통으로 분립되어 소위 우두종(牛頭宗)이 출현하였다. 우두종은 『절관론(絕觀論)』의 저자로 간주되는 우두산의 법융이 제4조 도신(580~651)의 법을 받은 이후에 법융(法融) ― 지엄(智嚴) ― 혜방(慧方) ― 법지(法持) ― 지위(智威) ― 혜충(慧忠) 및 현소(玄素) 등으로 계승되는 계보를 형성하였다. 이것은 달마 계통의 선종이 제5조의 홍인(601~674) 이후에 신수 계통의 북종과 혜능 계통의 남종으로 분립되기 이전에 해당한다.

우두종의 전승에 대한 최초의 문헌은 이화(李華)의『윤주학림사고경산대사비명(潤州鶴林寺故徑山大師碑銘)』(『전당문』 권320)이다. 이에 의하면 달마 대사의 선법이 이후 삼전(三傳)하여 도신 대사에 이르렀다. 도신의 문인으로 융(融) 대사가 있는데 차례로 혜충에 이르기까지 육전(六傳)되었다. 이와 같은 내용은 우두종의 제6조에 해당하는 학림현소(鶴林玄素, 666~752)의『비명』에 기초한 것인데, 아울러『원각경대소초』와『조당집』을 비롯해『종경록』과『경덕전등록』 등에도 달마선의 분파로서 우두종의 전등 사실이 기록돼 있다. 현소의 법을 이은 경산법흠(徑山法欽, 714~792) 시대에는 우두종도 여타의 종파와 마찬가지로 이후에 남종과 북종을 비롯해 기타 정중종과 보당종 등의 틈새에서 자파가 달마의 정통임을 주장하기도 하였다.

우두종의 선풍은 우두법융의『절관론』을 통해 엿볼 수 있다.『절관론』은 달리『입리연문론(入理緣門論)』이라고도 한다. 돈황본 자료로는 페리오 2045 · 2074 · 2732 · 2885 등 4종, 기타『돈황겁여록(敦煌劫余錄)』,『소실일서(少室逸書)』, 적취헌석정광웅구장본(積翠軒石井光雄旧藏本) 등 모두 6종이 전해진다.『절관론』의 본문에 대한 연구는 이미 우두법융 및 달마 대사 등과 관련하여 여러 편의 논문 및 저술로 작성되었다.

『절관론』은 달마의『이입사행론』의 뜻을 계승하여 찬술됐다고 보는 것이 일반적인 견해이다. 실제로『이입사행론』에 수록돼 있는 주제와 내용이『절관론』에 다수 중복되어 들어 있기 때문에 달마의 찬술이라는 학설도 완전히 배제할 수가 없다. 이 때문에 『절관론』은 『삼장법사보리달마절관론』이라고도 불린다. 하지만 그러한 점은 오히려 그만큼 달마의 가르침을 충실하게 계승했다는 긍지심과 더불어 달마의 가르침을 바탕으로 전개돼 가는 당시 선법의 상황을 보여주려는 의도이기도 했다. 그와 같은 전등 계보의 계승이 곧 『절관론』으로 출현한 것이다. 그러한 점에서 『절관론』의 내용은 당연히 반야 사상의 충실한 계승이었다. 따라서 『절관론』은 사상적으로 당시 교학의 주류를 형성하고 있었던 삼론(三論)의 영향을 강하게 받아 그에 바탕하여 달마선의 전등을 주장한 것이었다.

『절관론』에서 '절관(絶觀)'이라는 말은 삼론의 대성자인 길장(吉藏, 549~623)의 『대승현론(大乘玄論)』 가운데 보이는 말이다. 절관은 심중(深重)한 반야라는 뜻에서 절관의 반야이기도 하다. 『절관론』의 주제를 보면 그 도입부에서 "본래 대도는 대단히 미묘하여 분별심으로 알 수가 없고 언설로 표현할 수가 없다."고 전제한다. 이와 같은 선법의 교의를 설명하기 위해 가상으로 입리(入理)선생과 연문(緣門)제자의 두 사람을 내세워 대화의 형식으로 전편을 구성하였다. 가령 "마음이란 무엇입니까? 그 마음은 어떻게 안심시킬 수 있습니까?"라는 질문을 설정한다. 이에 대하여 "마음을 유(有)라는 것으로 단정 지어서는 안 된다. 그리고 마음을 편안케 하려고 의도해서는 안 된다."고 답변한다. 곧 절관의 도리는 분별과 집착과 공능과 조작 등을 초월하여 무심에 근거해야 함을 보여주고 있다. 또한 연문제자가 물었다. "부처란 무엇이고, 도는 무엇이며, 변하는 것은 무엇이고 영원한 것은 무엇입니까?" 입리선생이 답했다. "일물도 없다는 것을 깨치는 것이 곧 부처이다. 모든 것에 통달하는 것이 도이다. 세계가 생겨나는 것이 변화이다. 모두 사라져 고요한 것이 영원이다."

이처럼 『절관론』의 묘미는 성인과 범부를 분별하지 않고, 도의 근본을 허공과 같이 간주하며, 불생불멸과 생멸 등에 대항한 무분별상을 비롯하여 무차별의 절대세계인 불생불멸과 차별의 상대세계인 생멸에 대해 그 상즉(相卽)과 상관(相關) 등 다양한 주제에 관하여 비유를 곁들인 대화체로 이끌어가는 데에 있다.

『절관론』의 마지막 대목에서 연문제자가 마침내 깨침을 터득하고 입리선생에게 다음과 같이 찬탄하여 묻는다. "참으로 훌륭하십니다. 스승께서는 설함이 없이 설하셨고 저는 들음이 없이 들었습니다. 이처럼 설함과 들음이 하나가 되어 더 이상 말할 것이 없습니다. 그러면 지금까지 해 오신 문답을 스승께서는 무어라 부르면 좋겠습니까?"

이에 대하여 입리선생은 이심전심으로 파악하고 나서 연문제자에게 다음과 같이 말한다. "본래 그윽한 진리는 미묘하여 언설이 없다. 지금까지 그대가 질문한 것은 모두 무언가를 불러일으키는 마음에서 발생한 것이다. 그러나 가령 꿈에서는 참으로 번거로웠지만 깨고 나면 아무 것도 없는 것과 같이 그럼에도 불구하고 그대가 이 가르침을 세상에 퍼뜨리고자 질문을 만들고 언설을 빌린 것이다. 이제 그와 같은 흔적마저 거두어야 좋을 듯하다. 이에 절관론이라 말한다."

『절관론』은 이와 같이 반야공관의 사상을 근저로 하고 있다. 그러나 그것은 단지 논리의 세계에 머무르는 것이 아니며 절관(絶觀)이라는 말로 상징되는 것처럼 생생히 움직이는 인간의 대화를 통해 어디

까지나 그 사상이 실제 생활의 안심 위에 체현된다는 점에서 선서로
서 그 면목이 드러난다.

|【 7 】|
수심요론(修心要論)
:

홍인은 『금강반야경』을 수지하면서 심성의 본원에 철저함을 본지
로 삼아 수심(守心), 즉 수본진심(守本眞心)의 참학을 강조했다. 그리고
이것을 현창하기 위해서 『수심요론(修心要論; 最上乘論; 一乘顯自心論)』
을 저술하였다. 후에 혜능은 『수심요론』을 '홍인 대사가 범부를 깨침
으로 인도하기 위해 수심(修心)의 도를 보여준 요론'이라 정의하고,
'그 근본 사상은 본래 청정한 일심을 자각하고 일깨우는 수심(守心)에
있다'고 평가하였다.

대만홍인(大滿弘忍, 601~674)의 전기를 수록하고 있는 정각(淨覺)의
『능가사자기』는 그의 스승 현색(玄賾)의 『능가인법지(楞伽人法志)』의
기록을 인용하였다. 그러나 『능가인법지』는 현존하지 않는다. 기타
『신회어록』, 『역대법보기』, 『조당집』, 『송고승전』, 『경덕전등록』,
『천성광등록』, 『속전등록』, 『불조통기』, 『불조역대통재』, 『연등회
요』, 『오등회원』 등에 전기가 전하지만 대동소이하다. 홍인의 속성
은 주(周) 씨이며 기주 황매현 출신으로 대업 3년(607) 7세 때 당시 여
산에 머무르고 있던 도신을 참문하고 30년 동안 곁에서 모셨다. 『역

대법보기』에 의하면 현경 5년(660) 칙사로부터 황매현 빙무산에 경사(京師)로 와 달라는 부름을 받았지만 그에 응하지 않았다. 칙사가 다시 청했으나 그것마저 고사하였기 때문에 칙사는 경사에 돌아가 홍인에게 의약품을 보냈다. 홍인의 회하는 대단히 많았기 때문에 선종이 후세에 대성황을 이루는 기초가 여기에서 구축되었다. 『능가사자기』에 의하면 홍인은 함향 5년(674) 74세로 입적하였다.

홍인의 선은 자성청정심에 계증하는 것을 중요한 안목으로 삼아 정심(定心)에 근거한 즉심즉불(即心即佛)의 도리를 현양시킨 점을 볼 수가 있다. 그 저술로 간주되는 『수심요론』〔본래의 제명은 『기주인화상도범취성오해탈종수심요론(蘄州忍和上導凡趣聖悟解脫宗修心要論)』, 또는 『도범취성오해탈종수심요론(導凡趣聖悟解脫宗修心要論)』이다〕에는 수심(守心)의 가르침이 잘 나타나 있다. 『기주인화상도범취성오해탈종수심요론』의 제목을 해석하면 '기주의 홍인 화상이 범부를 이끌어 성인의 길로 나아가게 하고 해탈의 종지를 깨치도록 말씀해 주신, 마음을 닦는 중요한 가르침'이다. 그 텍스트로는 『돈황겁여록』〔『일승현자심론(一乘顯自心論)』으로 수록〕 제13 및 『소실일서』 수록본, 스타인본 2669·3558·4064, 페리오본 3434·3559·3777, 용곡대학본(龍谷大學本) 등이 알려져 있다. 또한 대정신수대장경 제48권에는 『최상승론(最上乘論)』이라는 제명으로 수록돼 있다. 모두 14종의 주제로 나뉘어 있으며 수심(修心)의 도리에 대한 문답의 형식으로 구성되었는데, 그 내용은 다음과 같다.

먼저 수도의 본체는 몸과 마음이 본래부터 청정하여 생멸이 없기 때문에 분별과 집착할 것이 없는 줄을 터득하는 것이다. 이로써 자성이 원만한 청정심이야말로 자기의 본사(本師)이기 때문에 시방의 제불을 찾는 것보다 중요하다. 그리고 자심(自心)이 본래 청정하여 불생불멸한 줄을 터득하는 방법은 진여 불성이 본래 청정하다는 것을 자각하는 것이다. 마음이 자기의 본사(本師)이기 때문에 진심(眞心)을 유지하는 것이 가장 중요한 수행이다. 그런데도 범부와 부처의 차별이 있는 것은 진성을 알지 못하는 까닭이다. 중생과 부처가 지니는 마음자세는 본래심을 자각하느냐 여부에 따른다. 때문에 본래진심(本來眞心)을 지키는 것이야말로 열반의 근본이고 깨침의 근본 가르침이며 십이부경의 으뜸이고 삼세제불의 시조이다. 따라서 본래의 진심을 지키는 것이야말로 일체의 차별상을 초월하여 조작이 없고 적멸한 무위의 경지인 열반을 터득하는 길이다.

이 수일심(守一心)은 곧 본래진심을 지키는 것으로서 일체경의 근거이고 삼세제불의 개조(開祖)이다. 수일심의 첫걸음은 자기의 본래심을 자각하는 것이다. 그 방법은 『관무량수경』에 의거하여 자세를 바르게 하고 단정히 앉아서 눈을 감고 입을 다물며 마음은 전방을 수평으로 향하여 16관상법을 통해 본래의 진심을 잃지 않고 늘 깨어 있는 것이다. 이로써 본심의 근원이 드러나고 일체의 심의(心義)에 모든 서원이 만족되며 일체행이 원만하여 생사의 고통을 초월한다. 그러므로 부지런히 정진해야 한다. 이에 무기심(無記心)에 빠지지 말고, 도달한 경지에 자만하지 말며, 팔풍(八風)에 흔들리지 말고, 아소심(我所心)을 소멸시켜야 한다. 신심을 갖추고 조급해 하지 말며, 몸을 바르게 하고 호흡을 조절하며 마음을 집중하면서 심식(心識)을 관찰해야 한다. 이와 같은 가르침은 출가자의 본분을 수지하되 일체의 행위에 좌선을 근본으로 하여 궁극적으로 일불승을 드러내야 한다는 것을 말한다.

이와 같이 『수심요론』에 보이는 수심(守心)의 사상은 도신에게서 전승된 것으로 일심의 본체가 불성임을 알아 그 불성이 동과 정의 양변에 흔들리지 않는 평등일미임을 관찰하는 것으로 승화되었다. 이 일심의 진여 곧 불성을 지키는 것이 홍인의 선사상의 바탕을 이루고 있다. 이로써 홍인은 『금강반야경』을 수지하면서 심성의 본원에 철저함을 본지로 삼아 일심을 잘 유지시키는 수심(守心) 곧 수본진심(守本眞心)의 참학을 강조하였는데, 이것을 드러내기 위한 가르침이 『수심요론』이었다. 이후에 홍인의 제자 혜능은 『수심요론』을 '홍인 대사께서 범부를 깨침으로 인도하기 위해 수심(修心)의 가르침으로 안내해 준 요론'이라고 정의하고, 그 근본 사상은 수심(守心)에 있다고 천명하였다.

|【 8 】|
육조단경(六祖壇經)
⋮

보리달마 시대에서 육조혜능 시대에 이르는 시기를 소위 초기선종시대라고 구분하기도 한다. 이 시기는 인도의 붓다로부터 발생하고 형성된 선법이 중국에 전래됨으로써 중국 선종의 토대를 구축했던 시기이다. 이 시기에는 다양한 선경(禪經)이 전래되고 번역되었으며, 그것을 바탕으로 하여 선법에 관련된 저술 및 어록 등이 출현하였다. 이와 같은 초기선종 시대의 최후로서 이후에 전개되는 중국 선종의 토착화를 구축한 인물이 육조혜능(638~713)이다.

혜능(慧能)은 이전 동산법문으로 불렸던 홍인의 십대 제자 가운데 가장 걸출한 인물 중 한 사람으로서 선법을 일상의 생활 속에 끌어들였으며, 수행과 깨짐으로 대변되는 선정과 지혜의 일체(一體)를 내세우고, 정토·삼학·사홍서원·삼귀의·삼신 등에 대해 자성법문으로 전개하여 소위 중국적인 선법의 토대를 완성하였다. 이와 같은 혜능의 선법은『육조단경』에 잘 나타나 있다. 혜능에게는 이 밖에『금강경』에 대한 일종의 주석서 성격을 지니고 있는『육조구결(六祖口訣)』도 전해진다. 초기선종 시대에 중시되었던『반야경』·『유마경』·『열반경』·『법화경』·『화엄경』 등에서도『단경』의 사상적인 바탕은『반야경』·『열반경』·『유마경』 등이었다.

『육조단경』은『단경』,『법보단경』,『육조대사법보단경』,『남종돈교최상대승마하반야바라밀경육조혜능대사어소주대범사시법단경』,『남종돈교최상대승단경법일권』,『남종돈교최상대승마하반야바라밀경』 등 다양한 명칭으로 불린다. 이『단경』은 중국 선종의 제6조 혜능의 어록의 성격을 지니고 있다. 그와 더불어 전등사서(傳燈史書)의 성격도 지니고 있다. 보리달마를 초조로 하여 제2조 태조혜가 - 제3조 감지승찬 - 제4조 대의도신 - 제5조 대만홍인 - 제6조 대감혜능으로 계승되는 중국 선종의 계보는『단경』을 거쳐 지거(智炬)의『보림전(寶林傳)』에 의해 확정되었으며 이후『조당집』 및 『경덕전등록』으로 계승되었다.

이로써『단경』은 소위 중국적인 선법의 확립에 중요한 역할을 하였다. 그것이 곧 선종에서 중시했던 정법안장의 계승이라는 점에서 전등설의 확립과 수증관의 입장에 대한 결정적인 전환점이 되었기 때문이다. 이는『보림전』의 형성 직전에 이미『단경』을 통해 전등설로는 과거의 7불을 비롯하여 인도의 28조와 중국의 6조에 이르는 33조사의 계보가 형성되었고, 돈오견성의 선법이 강조돼 있었기 때문이다.

또한『단경』이 내용적인 측면에서 선·정, 정·혜, 좌·선, 참·회, 삼신, 삼학, 사홍서원, 정토 등을 자성법문으로 귀일시켰던 점은 이후 활발하게 전개된 조사선의 사상적인 바탕을 제공하였다. 특히 좌선에 대한 입장은 기존의 인도에서 활용되었던 수행적인 측면을 넘어서 깨침 및 그 실천으로까지 의미가 확장되었다.

『단경』은 또한 역사적인 측면에서『달마어록』과 더불어 초기선종의 선어록으로서 귀중한 가치를 지니고 있다. 그것은 초기의 것이라는 의미를 지닐 뿐만 아니라 조사선법의 형성에 초석이 되었는데『단경』은 이후『신회어록』을 비롯한 본격적인 어록의 출발이 되었다.

이와 같은 의의를 지니고 있는『단경』은 그에 걸맞게 숱한 개판을 통해 어떤 선전보다도 많은 판본을 출현시켰다. 이러한 수많은『단경』의 판본 가운데 가장 널리 유통되고 있는 것은 종보본『단경』이다.

그런데 종보가 발문에서 "내[宗寶]가 처음 출가하여 이『단경』을 읽고 느끼는 바가 있었는데 다른 세 가지 본을 보니 각기 달랐다. 서로 간에 어긋나는 곳도 있고 판본도 첨삭돼 있었다. 이로써 그 판본을 얻어 교정을 하였다. 잘못된 곳은 바로잡고 생략된 곳은 자세하게 보완했으며 다시 입실한 제자들의 청익기연(請益機緣) 부분을 증보하였다. 이로써 바라는 것은 참학자들이 조계의 종지를 남김없이 터득하는 것뿐이다"라고 말한 것처럼 기존의 『단경』 판본에다 종보 자신이 나름대로 손을 가한 것은 분명하다.

그러나 혜능의 법어가 어디까지이고 후손에 의해 보입된 부분이 어디까지인가 하는 것은 지금으로서는 정확하게 알 수가 없다. 그것은 『단경』의 역사만큼이나 여러 차례에 걸쳐 많은 부분에 첨삭이 가해졌기 때문이다.

심지어 종보본 『단경』의 경우에도 후대에 전승되면서 다시 유포본과 명판대장경본으로 유통되었고, 명판대장경본도 다시 남장본과 북장본으로 유통되었다. 곧 같은 종보본이면서도 명판대장경에 입장되어 있는 것에는 명교설숭이 찬술한 『육조대사법보단경찬(六祖大師法寶壇經贊)』이 첨가되어 있고, 부록으로는 유종원(柳宗元)이 찬술한 『사시대감선사비(賜諡大監禪師碑)』 및 유우석(劉禹錫)이 찬술한 『대감선사비병불의명(大監禪師碑并佛衣銘)』 등이 첨가돼 있다.

그런데 이 명판대장경본의 남장은 밀함(密函)에 속해 있고, 북장은 부함(扶函)에 속해 있다. 남장은 명 태조(1368~1398)가 남경에서 조인토록 한 것이고, 북장은 명 성조(1402~1424)가 북경에서 조인을 기획하여 영종(1435~1449) 시대에 완성한 것이다.

각 품의 대의는 다음과 같다.

제1 「행유품」은 혜능이 의봉 2년(677) 2월 8일, 나이 40세 때 조계산 보림사에 들어가면서부터 시작된다. 그곳에서 소주의 자사 위거(韋據)의 청을 받고 성중의 대범사(大梵寺) 강당에 나아가 설법한다. 여기에서 혜능은 자신이 홍인의 문하에서 수행을 하고 법을 얻어 제6대의 조사가 됐던 유래를 설명한다.

제2「반야품」에는 『금강경』의 사상에서 연유한 가르침이 주로 설해져 있다. 곧 마하반야바라밀이라는 범어에 대한 설명과 『금강반야경』의 공덕과 모든 사람의 자성에 본래 구족돼 있는 반야의 속성 등에 대하여 설명한다. 이로써 그 자성을 깨치면 중생즉불(衆生卽佛)이라고 한다.

제3「의문품」은 자사 위거(韋據)의 질문에 대해 답변한 형식으로 이루어져 있다. 양나라 무제가 처음 달마와 만나서 주고받은 것으로 달마가 말한 무공덕의 의미에 대하여 묻는다. 또한 아미타여래를 염송하면 서방 정토에 태어나는 것인지를 질문한다. 혜능은 공덕의 뜻과 유심정토(唯心淨土) 자성미타(自性彌陀)의 가르침을 설명한다.

제4「정혜품」에는 정혜일체(定慧一體)를 특징으로 하는 혜능 사상의 골자가 잘 드러나 있다. 곧 정혜일체란 정은 혜의 체이고 혜는 정의 작용으로서 체·용은 불리일체라는 것이다. 또한 천태의 사종삼매 가운데 상좌삼매(常坐三昧)로 제시되었던 일행삼매(一行三昧)란 일체처(一切處)·일체시(一切時)·일체사(一切事)에서 직심(直心)을 실천하는 것이라고 해석한다. 나아가서 무념(無念)이 종(宗)이고 무상(無相)이 체(體)이며 무주(無住)가 본(本)임을 말한다.

제5「좌선품」에서는 좌선이 단순히 선수행의 자세인 것만이 아니라 선수행 나아가서 깨침의 의미를 지닌다고 해석하여 좌선의 의미를 새롭게 부여한다. 곧 일체 선악의 경계에서 분별념이 일어나지 않는 것을 좌(坐)라 하고, 안으로는 자성의 본래 청정한 도리를 깨쳐서 조금도 혼란스럽지 않은 것을 선(禪)이라 말한다. 선·정 및 정·혜에 대해서도 마찬가지의 방식으로 설명한다.

제6「참회품」은 오분법신향·무상참회·사홍서원·무상삼귀의계·일체삼신자성불의 순서대로 설명을 한다. 마지막으로 법·응·보의 삼신불도 자성법문으로 풀이하여 청정법신불·천백억화신불·원만보신불의 순서로 설명한다.

제7「기연품」은 제자들을 접화하는 인연을 중심으로 이루어져 있다. 순서대로 언급하면, 무진장비구니·법해·법달·지통·지상·지도·행사·회양·현각·지황·어떤 승·방변·어떤 승 등 13명의 승에 대한 문답상량을 언급한다.

제8「돈점품」에서는 남돈·북점의 종지 차이를 주제로 하여 지성·지철·신회 등의 문답을 진행한다.

제9「선조품」은 중종 황제가 신룡 원년(705) 1월 15일 조칙을 내려 궁중에 초청했지만 혜능이 질병을 핑계로 고사하자 내시인 설간(薛簡)이 다시 육조에게 법을 묻는 내용이다.

제10「부촉품」은 혜능의 만년에 대한 기록이다. 이것은 혜능의 천화·장례·비문의 건립 등 후인이 첨가한 내용으로 이루어져 있다.

|【 9 】|

증도가(證道歌)

⋮

영가현각(永嘉玄覺, 675~713)의 휘는 현각(玄覺)이고, 자는 도명(道明)이며, 성은 대(戴) 씨로서 절강성 온주부 영가현 출신이다. 어릴 때 출가하여 삼장(三藏)을 섭렵하고 널리 외전에도 통달하였다. 일찍이 온주의 개원사(開元寺)에 있으면서 홀어머니를 모시고 지내며 효순하기로 소문이 났으나, 누님까지 함께 지내니 두 사람을 보살피고 있다 하여 온 사중(寺中)과 동구(洞口)에서 비방을 하였다. 본래 천태의 교학에 밝았던 천태종 인물로서 천궁혜위(天宮慧威)로부터 천태학을 배우고, 동문이었던 천태종 제8조 좌계현랑(左溪玄朗)과 더불어 항상 좌선을 수행하였으나 특별히 스승을 정하지는 않았다. 그러나 각범혜홍의 『임간록(林間錄)』에 의하면 영가는 『유마경』을 통해 불심의 종지를 깨쳤다고 한다.

영가는 대승의 경론을 공부하였는데, 특히 『유마경』 등을 통해서 불심종(佛心宗)을 깨쳤고, 이후에 다시 개원사의 현책(玄策)이라는 선사를 만나 탁마하였지만 그때까지 인가를 받지 못하였다. 이에 현책과 함께 31세 때 혜능을 찾아갔다. 조계산의 육조대사는 상당법문을 하고 있었다. 영가는 예배도 하지 않고 선상을 세 번 돌고 나서 육환장(六環杖)을 짚고 앞에 우뚝 서 있자니 육조대사께서 물었다. "대저 사문이라면 삼천위의(三千威儀) 팔만세행(八萬細行)을 갖추어야 하는데 대덕은 어디서 왔기에 도도하게 아만을 부리는가." 그러자 영가는

"생사의 문제가 가장 중요하다. 그런데 세월은 훅 지나 버린다."라고 응수하였다. 이에 육조가 말했다. "어찌하여 무생은 체득했으면서 신속하지 않는 도리는 요달하지 못했는가." 영가가 말했다. "본체는 무생으로 본래 신속이 없음을 요달하였습니다." 육조가 "그래, 그렇다." 하고 인가하시니, 1,000여 명의 대중이 모두 깜짝 놀랐다. 그제서야 영가는 육환장을 걸어 놓고 위의를 갖추어 육조에게 정중히 예배하였다.

예배를 드리고 나시 바로 하직 인사를 드리자 육조가 물었다. "왜 그리 빨리 돌아가려고 하느냐?" 영가가 대답했다. "본래 움직임조차 없는데 어찌 빠름인들 있겠습니까." 육조가 말했다. "움직임이 없는 줄을 누가 아는가." 영가는 "화상께서 스스로 분별을 내십니다."라고 답했다. 육조는 "그대가 진정 무생의 도리를 알았구나."라고 했다. 그러자 영가가 말했다. "무생인데 어찌 다른 뜻이 있겠습니까." 육조가 말했다. "다른 뜻이 없다면 누가 분별하느냐?" 영가가 말했다. "분별하는 것도 뜻은 못됩니다." 육조는 영가에게 "그래, 장하다. 손에 방패와 창을 들었구나. 하룻밤만 쉬어 가거라"라고 했다.

그리하여 조계산에서 하룻밤 자고 갔다 하여 일숙각(一宿覺)이라 불렸다. 이튿날 하직 인사를 드리자 육조가 몸소 대중을 거느리고 영가를 전송하였다. 영가가 열 걸음 쯤 걸어가다가 석장을 세 번 내려치고 말했다. "조계를 한 차례 만난 뒤로는 생사와 상관없음을 분명히 알았노라."

선사가 고향으로 돌아오자 그의 소문은 먼저 퍼져서 모두들 그를 불가사의한 사람이라 하였다. 713년 10월 17일에 입적하니 세수 39

세였고, 시호는 무상 대사(無相 大師)이며 탑호는 정광(淨光)이다.

『증도가』의 형식을 보면 총 267구 1858자로서 무릇 7언조의 장편 시에 속하는데 전형적인 당나라 시대의 고시(古詩)이다. 고시의 특성 상 전체가 7자구가 아니라 51구의 6자구가 뒤섞여 있다. 이 6자구에 는 바로 7자구가 3회씩 수반되어 '6·7·7·7'자구의 형태인데 49조 (組)로서 구성되어 있다.

『증도가(證道歌; 佛性歌; 道性歌)』는 종파 내지 불법을 초월한 인간의 본래 모습을 절학무위한도인(絕學無爲閑道人)으로 설정하여 대립과 분 별을 초월한 절대세계에 살아가는 사람을 드러냈다. 집착과 분별을 초 월한 무생(無生)과 무념(無念)의 사상을 바탕으로 돈오 사상을 전개한 것이다. 영가현각의 존재와 『증도가』에 대한 언급이 돈황본『단경』에 는 보이지 않는 점을 감안하면 8세기 말에 출현한 것으로 보인다.

『증도가』는 이후에 수많은 어록 및 가송(歌頌) 등에 인용되었다. 돈 황사본에는 『선문비요결 초각대사일숙각(禪門秘要決 招覺大師一宿覺)』 이라는 제목으로 페리오본 2104에 수록되어 있고, 기타 스타인본 2165·4037·6000 등에도 『증도가』가 수록되어 있다. 송대부터 청대 에 걸쳐 다수의 주석서가 출현하였고, 『조정사원(祖庭事苑)』 권7에 그 어석(語釋)이 수록돼 있다. 청나라 위림도패(爲霖道霈)가 1687년에 편 집한 『선해십진(禪海十珍)』에도 수록되어 초학자들을 위한 지침서로 선별되기도 하였다. 『증도가』는 특히 우리나라에서 여러 차례 개판되 었을 뿐만 아니라, 조선시대에는 한글 언해본으로 출현하기도 했다.

첫머리에서 "그대는 보았는가(君不見)"라고 설정한 것이야말로 증도의 도리를 송두리째 드러내 준다. 이 말에는 나와 상대라는 분별이 초월돼 있다. 부처라고 해서 증도(證道)가 완성돼 있고 중생이라 해서 증도(證道)가 미완성인 것이 아니다. 따라서 영가는 이미 법이연(法爾然)하게 드러나 있고 작용하고 있으며 구비돼 있는 수행과 깨침을 고스란히 보여주면서 『증도가』를 시작한다. 『증도가』의 제목을 굳이 해석하자면 '깨침의 노래' 혹은 글, '도를 깨치는 노래', '깨쳐 있는 노를 노래함' 등으로 해석된다. 그러나 그저 깨침일 뿐이다. 도를 목적으로 하여 수행을 통해 그것을 깨친다거나 깨쳐진 도라는 의미가 아니다. 본래부터 증(證)이고 도(道)이며 그렇게 드러난 가(歌)이다. 따라서 굳이 도를 닦는다든가 구한다든가 터득한다든가 하는 분별의 행위와 조작의 집착을 벗어나 있다. 영가는 이것을 곧 다음과 같이 말한다.

수행이 완성된 무위법의 한가한 도인은
망상을 끊지도 참됨을 구하지도 않는다
무명의 본래 성품이 그대로 참불성이고
허깨비 텅빈 몸뚱아리 그대로 법신이다
법신을 깨치고 보면 본래부터 집착없고
애초의 근원자리 성품이 곧 천진불이다
사대오음의 뜬구름 부질없이 오고 가며
탐진치 물거품처럼 하릴없이 뜨고 진다
진리실상 증득하고 보면 주객관이 없고

찰나에 곧 아비지옥의 업보도 사라진다

만약 깨쳤다는 거짓말로 중생을 속이면

진사겁 지나도록 발설지옥 과보 받는다8)

영가에게는 『증도가』 이외에 『선종영가집(禪宗永嘉集)』이라는 저술이 있다. 『영가선집』 혹은 『영가집』이라고도 하는데 여기서는 좌선을 시작하는 근본정신을 설하고, 수선(修禪)하는 순서 및 차제 등에 대해 10문으로 설하고 있다. 첫째는 수도하는 데에는 먼저 뜻을 세우고 스승을 섬겨야 한다는 모도지의(慕道志儀)이다. 둘째는 수도하는 데 있어 교만심과 사치심을 경계해야 한다는 계교사의(戒憍奢意)이다. 셋째는 삼업을 살펴서 청정하게 유지하는 정수삼업(淨修三業)이다. 넷째는 사마타(奢摩他)를 설명하고, 다섯째는 비파사나송(毘婆舍那頌)에 대해 설명한다. 넷째와 다섯째에는 지관(止觀)에 대한 강요서라는 성격이 잘 나타나 있다. 여섯째는 선정과 지혜를 균등하게 닦으라는 우필차송(優畢叉頌)에 대해 설명한다. 일곱째는 삼승법의 차제를 설하는 삼승차제(三乘漸次)이다. 여덟째는 현실과 진리는 둘이 아니라는 사리불이(事理不二)를 설명한다. 아홉째는 즉사이진(卽事而眞)의 도리를 벗에게 권하는 글인 권우인서(勸友人書)이다. 열째는 일체 중생을 제도하겠다는 명발원문(明發願文)이다.

---

8) 『경덕전등록(景德傳燈錄)』 卷30(大正藏 51, p.460上)

【 10 】

신회어록(神會語錄)

:

하택신회(荷澤神會)의 속성은 고(高) 씨이고, 양양 출신이다. 어려서 돈명(惇明) 스님에게서 오경(五經)을 받고 노장(老莊)의 사상을 배웠으며, 『후한서』를 읽고 불교를 알아서 마침내 호원(顥元)에게 출가하였다. 조계로 가서 혜능에게 4년 동안 참문한 후에 수도에 나아갔다가 709년 무렵 다시 조계로 돌아와 혜능이 시적할 때까지 모시다 밀인(密印)을 받았다. 개원 8년(720) 53세로 남양 용흥사에 칙주하였고, 후에 낙양 하택사에 주석하면서 서천동토(西天東土)의 조사를 정하고 육조의 진당을 만들어 남종의 정통 확립에 힘썼다. 마침내 개원 22년(734) 정월 15일 활대 대운사에서 무차대회를 열고 남북 양종의 정통과 방계를 정하고 북종을 배격하였다. 그 때 신회는 북종에 대해 북종은 그 법계가 방계라는 사승시방(師承是傍)이며 그 법문이 점법이라는 법문시점(法門是漸)이라고 주장하였다. 이로써 신회는 혜능의 선법을 중국의 선종사에서 정통으로 확립하는 데 큰 공헌을 하였다.

이후 천보 14년(755) 겨울 안록산의 반란이 일어나 낙양이 점령되자 당나라 황실은 재정적으로 대단히 궁핍하였다. 이때 신회는 그 이듬해 낙양에 돌아와서 불타 버린 사원에다 하나의 절을 짓고 계단(戒壇)을 설치하여 향수전(香水錢)을 받아 군비에 보충케 해 황제의 신임을 받았다. 신회가 시적한 것은 상원 원년(760) 93세 때였는데, 칙명으로 진종 대사(眞宗 大師)라는 시호를 받았다. 그의 저술에는 『현종기』가 있고, 또한 어록으로는 『신회어록』이 있다. 『육조단경』에는 신회가 혜능에게 참문한 내용이 있다.

이름이 신회라는 한 동자는 양양의 고 씨 출신이다. 13세 때 옥천사로부터 와서 참례하자 조사가 말했다. "그대는 멀리서 오느라 수고가 많았다. 그런데 근본은 터득하고 왔는가? 만약 근본을 터득했다면 곧 도리〔主〕를 알았을 것이다. 자, 한번 설명해 보라." 신회가 말했다. "무주로써 근본을 삼는데 그것을 보는 것이 곧 도리〔主〕입니다." 조사가 말했다. "어린 사미 주제에 어찌 그렇게 손쉽게 지껄이는가?" 이에 신회가 물었다. "화상께서 좌선해 보니 그것이 보입디까, 보이지 않습디까?" 조사가 주장자로 세 차례 때려 주고서 말했다. "내가 그대를 때렸는데 아픈가, 아프지 않는가?" 신회가 대답하였다. "아프기도 하고 아프지 않기도 합니다."

조사가 말했다. "나한테도 그것이 보이기도 하고 보이지 않기도 한다." 신회가 물었다. "보이기도 하고 보이지 않기도 한다는 것은 무슨 뜻입니까?" 조사가 말했다. "내 소견으로는 늘 자심(自心)의 허물은 보이지만 타인의 시(是)·비(非)·호(好)·오(惡)는 보이지 않는다. 이것이 곧 보이기도 하고 보이지 않기도 하는 것이다. 그대가 말한 아프기도 하고 아프지 않기도 하다는 것은 무엇인가? 만약 그대가 아프지 않다면 목석과 같다는 것이고, 만약 아프다면 범부와 마찬가지로 곧 성냄과 원한을 일으킬 것이다. 그대가 아까 전에 말했던 보이기도 하고 보이지 않기도 하다는 것은 곧 이변(二邊)의 경우이고, 아프기도 하고 아프지 않기도 하다는 것은 생멸의 경우다. 그대는 자성조차도 또한 보지 못하면서 감히 사람을 희롱하는구나." 신회가 예배하고 사죄를 드렸다. 조사가 다시 말했다. "그대가 만약 마음이 미혹하다면 아직 보지 못했을 터이니 선지식에게 물어서 길을 찾거라. 그러나 그대가 만약 이미 마음을 깨쳤다면 곧 스스로 견성해서 법에 의해 수행하거라. 그대가 스스로 미혹하여 자심(自心)을 보지 못했으면서 도리어 보이느니 보이지 않느니 하고 나한테 묻는구나. 그러나 내가 이미 보아서 스스로 알고 있다 한들 어찌 그대의 미혹을 대신해 주겠는가. 반대로 그대가 만약 스스로 보았다고 한들 그 또한 나의 미혹을 대신할 수 없다. 그런데도 어찌 그대 스스로 알려고도 않고 그대 스스로 보려고도 않으면서 이에 나한테는 보이느니 보이지 않느니 하고 묻는단 말인가?" 신회가 다시 예배하고, 백여 번의 절을 드리면서 잘못에 사죄를 청하였다. 이에 부지런히 시봉하면서 그 곁을 떠나지 않았다.

어느 날 조사가 대중에게 말했다. "우리 모두가 지니고 있는 일물(一物)은 두(頭)도 없고 미(尾)도 없으며 명(名)도 없고 자(字)도 없으며 배(背)도 없고 면(面)도 없다. 그대들은 그것이 무엇인지 알겠는가?" 신회가 나서서 말했다. "그것은 제불의 본원(本源)이고, 또한 저 신회의 불성이기도 합니다." 조사가 말했다. "아까 전에 내가 그대한테 명(名)도 없고 자(字)도 없다고 말했는데도 불구하고 그대는 곧 본원(本源)이니 불성이니 하고 들먹이는구나. 그대는 이후로 작은 암자나 지어 놓고 단지 지해종도(知

解宗徒)의 노릇은 하겠구나." 조사가 입적한 후에 신회는 낙경(洛京) 곧 낙양에 입성하여 조계의 돈교(頓敎)를 널리 펼쳤다. 신회가 저술한『현종기』는 세상에 크게 유행하였다.

신회의 어록으로는 1930년에 호적(胡適)이 출간한『호적교돈황당사본신회화상유집(胡適校敦煌唐寫本神會和尙遺集)』1권이 있다. 호적은 런던 및 파리의 돈황본을 조사하여 페리오본과 새롭게 발견한 신회화상 관련 자료 3종을 교정하고 아울러 종래에 알려져 있던 자료를 합쳐서 1권으로 만들었다. 호적이 수집한 자료는 대부분이 잔권(殘卷)이거나 수미(首尾)가 탈락된 것이었지만 호적은 거기에 발문을 붙였다. 여기에 수록된 자료는 다음과 같다.

(1) 페리오 3047(神會語錄第一殘卷本)은 50개의 문답으로 구성되어 있다. 개원(713~741) 초기에 신회가 칙주에 의해 남양 개원사에 주석하면서부터 732년에 활대에서 북종을 비판하기까지 출가자 및 재가자들과 교류하면서 주고받은 문답을 기록한 것이다. 여기에는 왕조공(王趙公), 소진(蘇晋), 장연공(張燕公), 왕유(王維) 등의 이름이 보인다.

(2) 페리오 3047 후반부(神會語錄第二殘卷本).

(3) 독고패(獨孤沛)가 찬술한『보리달마남종정시비론병서(菩提達摩南宗定是非論并序)』는 신회가 730~732년에 걸쳐 북종의 숭원 법사와 대결한 종론의 기록이다.

(4) 스타인 468에 해당하는『돈오무생반야송(頓悟無生般若頌)』잔권(殘卷)은『전등록』권30에 수록된『하택대사현종기(荷澤大師顯宗

記)』의 후반부에 해당하는 단편이다.

(5) 부록으로 수록된『하택신회대사어(荷澤神會大師語)』는『전등록』 권28의『낙경하택신회대사시중(洛京荷澤神會大師示衆)』에 해당한다. 기타『남양화상남종정시비오경전(南陽和尙南宗定是非五更轉)』은『남종오경전(南宗五更轉)』이라고도 하는데 페리오 2045에 해당한다. 이것은『보리달마남종정시비론』의 요지를 가곡의 형태로 정리한 것이다.

또한『소실일서(少室逸書)』에 수록된『남양화상돈교해탈선문직료성단어(南陽和尙頓敎解脫禪門直了性壇語)』1권은 신회가 718년 이후에 남양의 용흥사 수계법회에서 설법한 것을 기록한 것이다.『단어(壇語)』는『육조단경』의 경우처럼 계단(戒壇)에서 설법한 것을 가리키는데, 신회의『돈오무생반야송』〔달리『현종기』라고도 한다〕에 나오는 "무념(無念)을 종(宗)으로 삼고 무작(無作)을 본(本)으로 삼으며 진공(眞空)을 체(體)로 삼고 묘용(妙用)을 용(用)으로 삼는다. 대저 진여(眞如)는 무념(無念)으로서 상념(想念)으로는 알 수 있는 바가 아니고, 실상(實相)은 무생(無生)인데 어찌 색심(色心)으로 볼 수 있겠는가?"라는 구절처럼 적지(寂知)를 체(體)로 삼고 무념(無念)을 종(宗)으로 삼았다. 이것은 혜능선법을 충실하게 계승한 것이기도 하다.

한편 제목에서 알 수 있듯이『보리달마남종정시비론병서(菩提達摩南宗定是非論幷序)』는 남종의 종지가 정통임을 드러내려고 의도적으로 지은 것이다. 이것은 신회가 평생의 숙원으로 삼았던 남종의 정통성 확립에 있어 법맥상으로 혜능을 내세웠다면 교의상으로 남종이 정통임을 주장한 내용이기도 하다.

이 가운데 교의상 신회가 주장한 입장은 네 가지이다. 첫째는 북종의 선법을 응심입정(凝心入定)이라 하여 마음을 의도적·조작적으로 내세워 선정에 들어간다고 한 것이었다. 둘째는 좌선을 중시하는 북종의 입장에 대한 차이이다. 셋째는 돈점의 문제에 대한 것이다. 신회는 북종의 입장을 점수라 하고 남종의 입장을 돈오라 하였다. 돈오의 입장에 대해서는 경전을 인용하여 '중생견성성불도(衆生見性成佛道)', '용녀정각(龍女正覺)', '영중생입불지견(令衆生入佛知見)'의 세 가지를 그 증거로 제시하고 있다. 넷째는 선법으로서의 원간근간(遠看近看)이다. 신회는 북종의 원간근간도 응심(凝心) 내지 주심(住心)으로 간주하고 있다. 그리하여 입정과 출정의 입장까지도 좌선의 형식에 얽매여 있다고 비판하고 있다. 기타 적지(寂知)는 공적영지(空寂靈知)로서 선종사에서 지(知)의 개념을 크게 확장하여 이후에 규봉종밀(圭峯宗密, 780~841)과 우리나라의 보조지눌(普照知訥, 1158~1210)의 선사상에도 큰 영향을 주었다. 이와 같은 신회의 어록을 통해서 중국 초기선종에서 하택의 위상이 확고하게 드러났다.

【 11 】
역대법보기(歷代法寶記)

⋮

『역대법보기』는 돈황본 자료로는 스타인 516·161·1776·1916 및 페리오 2125·3717 등이 해당된다. 초기의 선종사서 가운데 탈락한 부분이 없어 가장 완전한 형태의 전등사서라 할 수 있다. 오조홍인 이후의 초기선종사서 가운데 사천성 검남의 정중사(淨衆寺) 및 보당사(保唐寺)를 중심으로 번성했던 선종의 역사를 축으로 하여 선사상을 체계화한 책이다. 보당무주(保唐無住, 714~774)가 입멸한 이후 오래지 않아 그의 제자들에 의해 편집된 것으로 특히 신라의 김화상 무상(無相 곧 정중무상(淨衆無相), 684~762)의 선법을 자세하게 전하고 있다.

『역대법보기』는 대정신수대장경 세51권에 수록돼 있는데 두 가지 점에서 주목된다.

첫째는 전등사서로서의 성격이다. 당시 소위 북종과 남종의 정통 논쟁 와중에 남종의 종지가 정통으로 굳어져 있었다. 이런 틈을 타서 북종·남종 및 제삼의 선풍을 주장한 계파가 홍인(弘忍) – 지선(智詵) – 처적(處寂) – 무상(無相) – 무주(無住)로 전승되는 법맥이었다. 이들은 자파의 정통을 주장하기 위해 『역대법보기』(774년 무렵 성립)를 내세웠다. 특히 정법안장의 상징인 의발(衣鉢)의 전승계보에 대해 보리달마 – 혜가 – 승찬 – 도신 – 홍인 – 혜능 – 황제 – 지선 – 처적 – 무상 – 무주라고 주장함으로써 정통성을 강조하였다. 이것은 『역대법보기』가 8세기에 치열하게 전개된 선법의 정통 논쟁에 대한 대응책으로서 등장했음을 말해 준다.

둘째는 정중무상의 선법이라는 점이다. 무상의 선사상은 기본적으로 삼구법문으로 요약된다. 『역대법보기』에서 다음과 같이 말한다.

김화상은 매년 섣달과 정월에 사부대중 백천만인을 모아서 수계를 하였다. 수계를 할 때에 도량을 깨끗이 장엄하고 고좌(高座)에서 설법을 하였다. 이 때 먼저 인성염불(引聲念佛)을 하는데 염불 소리를 다 내쉬어 그 소리가 끊어질 때까지 계속한다. 그러고 나서 무억〔無憶; 일체의 집착 상(相)을 떠나는 것〕, 무념〔無念; 일체의 망념을 여의는 것〕, 막망〔莫妄; 일체의 대상을 올바르게 사유하는 것〕할 것을 말한다. 여기에서 무억은 계(戒)이고, 무념은 정(定)이며, 막망은 혜(慧)이다. 이 삼구가 곧 총지문(總持門)이다.9)

이 삼구법문에 대하여 종밀은 다음과 같이 세 번째의 '막망(莫妄)'을 '막망(莫忘)'으로 바꾸어 해석을 가한다.

삼구라는 것은 무억(無憶)·무념(無念)·막망(莫忘)이다. 생각에 대해서는 이미 지나간 경계에 대해 그것을 추억하지 않는 것이 무억(無憶)이고, 미래의 일에 대해서는 영쇠성고(榮衰盛故)에 대해 염려하지 하는 것이 무념(無念)이며, 현재의 일에 대해서는 지혜에 상응하여 혼착(昏錯)이 없는 것이 막망(莫忘)이다. 혹은 외경에 대하여 억념이 없고, 내심에 대하여 망념이 없으며, 수연에 대하여 의지함이 없는 것을 계·정·혜의 순서에 따라 배열한 것이다. 비록 종지를 연설하는 방편은 다양하지만 모든 종지는 이 삼구에 귀속된다.10)

---

9) 『역대법보기(歷代法寶記)』(大正藏 51, p.185上) "金和上每年十二月正月 與四衆百千萬人 受緣嚴設道場處 高座說法 先教引聲念佛 盡一氣念 絕聲停念訖云 無憶無念莫妄 無憶是戒 無念是定 莫妄是惠 此三句語即 是總持門"
10) 종밀(宗密), 『원각경대소초(圓覺經大疏抄)』卷3(卍續藏 14, p.278)

또한 『역대법보기』에서는 삼구를 각각 삼학에 배대하여 다음과 같이 설명한다.

> 이 삼구는 곧 총지문이다. 집착(相)에 대한 억념이 일어나지 않는 것이 계문이고, 분별에 대한 망념이 일어나지 않는 것이 정문이며, 인연법에 대한 분별념이 일어나지 않는 것이 혜문이다. 그리하여 이와 같은 갖가지 념(念)이 일어나지 않는 것이 곧 계·정·혜이나. 과거·미래·현재의 항시와 같이 제불도 바로 이 가르침에서 출현하였다. 그러니 이 밖에 따로 가르침이란 있을 수가 없다.11)

인성염불은 삼구 가운데 무념의 구체적인 실천 방법이다. 종밀은 수계법회를 시설하여 대중 교화에 힘쓴 무상의 활동에 대해 다음과 같이 말한다.

> 그의 수계설법은 미리 날짜를 정해 널리 공시하고 출가와 재가자를 소집하여 방등경의 참법을 3·7일 혹은 5·7일 동안 시행한다. 이러한 행위는 주로 밤에 시행된다. 밤에는 소란스럽지 않기 때문이다. 수계가 끝나면 곧 잡념을 물리치는 좌선을 한다. 멀리서 오거나 비구니인 재가인들은 오랫동안 시키지 않았다.

---

11) 『역대법보기(歷代法寶記)』(大正藏 51, p.185中) “此三句語是總持門 念不起是戒門 念不起是定門 念不起惠門 無念卽是戒定惠具足 過去未來現在恒沙諸佛皆從此門入 若更有別門 無有是處”

모두에게 1·7일 혹은 2·7일 동안만 시켰다. 후에는 율종에 명시된 것을 따라 했으며 모두 문첩을 주었는데 이것을 개연(開緣)이라 하였다. 이와 같은 행사는 1년 혹은 2년 혹은 3년에 한 차례씩 있었다.[12]

이와 같은 수계법회 때 한 번 호흡을 크게 내쉬면서 염불소리를 내는데 그 소리가 멈추고 고요해지면 일체의 상(相)에 대한 억념을 없애고, 분별에 대한 망념을 없애며, 일체의 것을 올바르게 사유하여 잊지 않도록 하는 삼구의 가르침을 설한 것이다. 곧 일자염불(一字念佛)을 하였다. 일자염불은 처음에 어떤 한 글자를 선택하여 목소리를 길게 뽑으면서 부처님을 염하는 실천법이다. 그 목소리를 점차 약하게 하고, 종국에는 무성(無聲)이 되어 소리가 부처님을 대신하여 생각하는 말 그대로 염불이 된다. 이리하여 소리로 시작해서 그것이 마침내 부처님을 염하는 것이 된다. 만약 이것이 한 번에 제대로 이뤄지지 않으면 반복하여 염불이 잘 될 때까지 계속한다. 이와 같이 한 번의 소리를 길게 끌어 염불의 경지에 들어가는 방식이기 때문에 인성염불이라 한다.

이처럼 무상의 선사상을 자세하게 전하고 있다는 점에서 『역대법보기』는 선종의 한국의 선법에서도 대단히 중요한 의의를 지니고 있다.

---

12) 종밀(宗密), 『원각경대소초(圓覺經大疏抄)』卷3(卍續藏 14, p.278)

【 12 】

마조어록(馬祖語錄)

⋮

『마조어록(馬祖語錄)』은 마조도일(馬祖道一, 709~788)의 어록으로
『사가어록(四家語錄)』본에는『강서마조도일선사어록(江西馬祖道一禪師
語錄)』이라는 명칭으로 전하고,『고존숙어록(古尊宿語錄)』에는『마조
대적선사(馬祖大寂禪師)』라는 명칭으로 전한다. 기타 마조의 법어는
『조당집』,『경덕전등록』,『종경록』,『천성광등록』,『정법안장』등에
도 전한다.

『마조어록』에서는 조사선의 생생한 모습을 엿볼 수 있다. 조사선
(祖師禪)의 조사(祖師)란 쉽게 말해서 소위 덕이 높은 고승 혹은 석존의
정법안장을 전승한 사람 내지는 수행과 깨침의 전형적이고 이상적인
인간상을 일컫는 선종의 말이다. 선종사의 측면에서 보면 인간에 대
한 크나큰 긍정을 몸소 체득하고 실천한 인물로서 중국의 선사상과
선문화의 바탕에서 형성된 개념이기도 하다. 따라서 조사선은 조사
를 중심으로 형성·전개된 일련의 선풍과 선수행 내지 선사상을 아우
르는 말이다. 선풍이란 인간에 내재하고 있는 존엄성과 가능성을 최
대한으로 발휘하여 바람직하고 완전한 인간상을 실현한 사상을 말한
다. 또한 여기서 수행이란 스승이 제자를 지도하는 데 있어 제자가
지니고 있는 바탕을 100퍼센트 긍정하여 제자 스스로 그것을 터득하
고 실천하게끔 만들어 가는 일체의 행위를 말한다.

조사선이란 당나라 중기에 강서 지방을 중심으로 하여 나타난, 인

간성의 자각을 이끌어내고 그것을 개개인에게서 발견하여 실천하는 선법을 말한다. 이러한 조사선은 보리달마로부터 전승된 대승의 선법이, 바야흐로 홍인과 혜능 시대에 다져진 개인의 종교적 요구가 모든 사람에게 보편적으로 전개되어 그것을 계기로 한껏 꽃을 피운 시기에 나타난 선법이다. 그래서 조사선의 형성과 그 전개는 시기적으로 보면 인간의 자각이 싹트기 시작하여 사회와 문화 전반에 걸쳐 반성이 요구되었던 중세시기에 해당하면서, 지역적으로는 선법이 가장 활발하게 전개되었던 강서의 홍주 지방과 호남 지방에 해당되고, 교단적으로는 인간의 존엄성과 본래성을 처음부터 철저하게 긍정한 소위 남종 내지 그와 유관한 종파에 해당된다.

이와 같이 조사라는 개념이 형성된 것은 불교사적으로는 중국에 불교가 전래된 이후 수백 년에 걸친 번역의 시대가 지나고, 번역된 경론을 바탕으로 하여 본격적으로 불교 사상을 연구하고 그것을 현실에서 구현하려 했던 결과이기도 하다. 따라서 조사선은 가장 일상적인 가르침이며 구체적으로 살아 움직이는 개개인의 활동을 진리의 작용으로 긍정하는 입장에서 다뤄지고 발전돼 갔다. 거기에 가장 선구자적인 역할을 했던 인물이 마조도일이다.

마조도일은 법계로는 조계혜능 – 남악회양 뒤에 이어지는 인물이다. 특히 마조도일은 강서의 홍주 지방에서 크게 교화를 펼쳤기 때문에 그 선풍을 홍주종(洪州宗) 내지 강서종(江西宗)이라고도 부른다. 여기에서 전개된 마조의 조사선풍은 이후 모든 선풍의 귀감이 되었다. 조사선 가풍의 특색은 무엇보다도 본래심에 대한 자각과 현실에서 그것을 실천하는 데에 있다. 이러한 분위기 속에서 평상의 마음이 곧 깨침이라는 평상심시도(平常心是道)의 주장이 가능했다. 여기서 평상심은 개개인이 구비하고 있는 청정무구한 본래심을 가리킨다. 이에 대해 마조는 다음과 같이 말한다.

> 깨침은 새삼스럽게 따로 추구할 필요가 없다(道不用修). 다만 본래의 성품이 번뇌에 물들지 않을 뿐이다(但莫染汚). 염오란 무엇인가? 생사심으로 조직하고 취향(趣向)하는 그것이 모두 염오이다. 만약 그 도를 알고자 하면 평소에 살아가는 방식이 곧 진리이다(平常心是道). 평소에 살아가는 방식이란 조작(造作)이 없고 시비(是非)가 없으며 취사(取捨)가 없고 단상(斷常)이 없으며 범성(凡聖)이 없다. 그래서 경전에서는 '범부행도 아니고 성현행도 아닌 그것이 곧 보살행이다.'라고 말한다. 지금 행(行)·주(住)·좌(坐)·와(臥)하고 응기접물(應機接物)하는 그것이 모두 도이다. 그래서 깨침은 곧 법계이다. 또는 항사묘용(恒沙妙用)이 모두 법계를 벗어나지 않는다.13)

이와 같이 철저한 본래적 입장에서 마조는 평상심을 강조하였다. 애당초 번뇌에 물들지 않고 가장 완전한 자연을 닮은 행위를 평상심이라 하였다. 따라서 즉심즉불(卽心卽佛)이라는 말은 평상심에 완전하게 계합되어 그대로 활동하고 있는 마음일 수밖에 없다. 그러한 평상

---

13)『경덕전등록(景德傳燈錄)』卷28(大正藏 51, p.4440上)

심은 분별 조작으로는 성취할 수 없다. 또한 그것은 신분과 지위와 빈·부·귀·천을 막론하고 누구나 태어나면서부터 완전하게 지니고 있는 고유한 성품이다. 본래심을 자각하지 못하는 것은 중생이다. 본래심을 자각하여 자신의 것으로 활용하면 그가 다름 아닌 조사이고 부처이다. 이러한 입장에서 비로소 일체의 만물이 그대로 진리이고 해탈이며 전체적인 자기가 된다.

그래서 마조는 다음과 같이 말한다.

> 일체법이 모두 불법이고 제법은 곧 해탈이다. 해탈은 곧 진여이니 제법은 진여를 벗어나지 않는다. 행(行)·주(住)·좌(坐)·와(臥)가 모두 부사의한 작용이므로 굳이 시절을 기다리지 않는다. 그래서 경전에서는 재재처처(在在處處) 사사건건(事事件件)을 모두 불이라고 말한다.[14]

마치 수면에다 글씨를 쓰는 것과 같아서 생도 없고 멸도 없으니 이것이 대적멸(大寂滅)이다. 단지 중요한 것은 무엇을 얻으려는 마음을 그치고 자신의 본분에 충실하는 것이다. 이것이 조사선의 가르침이고 조사선이 추구하는 바였다.

따라서 현재 자신에게 일어나고 있는 일상의 행위에 대해 우선 모든 반연을 그치고 집착하지 않는 것이 필요하다. 그것을 해탈이라고 한다. 그래서 해탈한 사람이란 바로 자신이다. 자신이 해탈을 하고

---

14) 『경덕전등록(景德傳燈錄)』 卷28(大正藏 51, p.4440上)

그로부터 발생하는 지혜를 수용하여 자신이 자비심을 펼쳐 나아간다. 일체를 자비심으로 대하는 까닭에 타인에 대해 자기 불만이 없다. 그래서 상대에게 화를 내지 않는다. 화를 내지 않는 자비보살이야말로 깨침이 작용한 것이다.

이 점에서 우리는 누구든지 이미 깨쳐 있다. 그 깨침을 잘 유지하는 행위가 수행이고 보살행이다. 마조는 본래의 자성을 지금 당장 이 자리에서 자신이 실현해야 한다고 말한다. 아직 번뇌에 휩싸여 있을 때는 여래장이라 하고 번뇌를 벗어났을 때는 청정법신이라 한다. 이로써 마조는 조사선을 저 높이 있는 그 어떤 것이 아니라 우리의 발밑에서 실제로 활용되는 일상선 내지 활용선으로서 끌어내렸다. 조사선이 민중선으로 현실화되는 것이 마조가 바라는 것이었다. 이런 관점에서 부처는 구하는 것이 없는 사람을 일컫는다. 그 바탕에 인간에 대한 큰 믿음이 없어서는 안 된다. 이것을 개개의 인간에게서 발견하고 일상의 행위에서 추구하며 먼 미래가 아닌 지금에 이뤄나가는 것이 조사선의 이념이고 풍모였다.

|【 13 】|

조주어록(趙州語錄)

⋮

선의 진리는 일반적으로 언어도단(言語道斷) 언전불급(言詮不及)이라 하여 그 본질에 있어서 표현을 벗어나 있기 때문에 제반의 어록에서는 일종의 방편으로서 방(棒)과 할(喝)과 같은 제스처로 표현되기도 한다. 어디까지나 언설을 무시하지 않으면서도 모든 질문에 응해 상대방을 설득하여 선문답의 특징을 유감없이 발휘했던 인물 가운데 조주종심(趙州從諗, 778~897)이 있었다. 일찍이 원오극근(圜悟克勤)이 그 가풍에 대해 '입술에서 빛이 난다'고 평가한 것은 참으로 적확한 것이었다. 그와 같은 조주의 일상 문답을 모은 것이 『조주록』이다. 『조주록』은 그 명성만큼이나 널리, 그리고 오랫동안 세간에 유포되었기 때문에 『송고승전』 권11의 조주전에도 '그 어록이 세상에 널리 유행하였다'고 기록되어 있다.

조주(趙州)라는 명칭은 그가 후반생을 보낸 하북의 조주 지방을 가리킨다. 옛적 전국시대에는 조(趙)라는 나라가 있었다. 본래 조주종심은 마조도일 – 남전보원(南泉普願) – 조주종심으로 이어지는 조사선의 계보에 속한다. 그러나 이와 같은 선종사에서의 위상보다도 120세 장수를 누리면서 오랫동안 제방(諸方)을 유행하고 주지 생활을 하는 가운데 위로는 지방 정권의 수령으로부터 아래로는 서민에 이르는 숱한 사람들을 접하면서 독자적인 가풍을 드날린 점이 보다 널리 알려져 있다. 당 말기의 하북 지방은 빈번하게 정권이 교체되어 끊임없는 전란에 휩쓸렸다. 그런 까닭에 조주 자신의 말처럼 조주선원은 늘 끊임없이 오고가는 다양한 사람들의 피난처이기도 하였다. 그 결과 조주 문하에서 오랫동안 상주하는 제자들도 드물었기 때문에 여타 오가의 조사들과 같은 법계도 형성되지 못했다. 그러나 일가의 계보를 형성하지 못했기 때문에 오히려 독특한 오가의 가풍과는 다르게 조주의 보편적인 선풍이 이후 선종사에 큰 족적을 남길 수 있었다.

조주의 전기는 『조당집』 권18, 『전등록』 권10 및 『송고승전』 등에 나타나 있지만 젊은 시절과 관련한 내용은 분명하지 않다. 그러나 강남에서 수행한 이후에 하북에서 할거하고 있던 조(趙)와 연(燕)이 수령에게 초빙되어 고향과 가까운 조주에서 주석할 수 있었다.

그의 젊은 제자였던 문원(文遠)이 기록한 『조주록』은 중국의 북지에서는 전란으로 인해 사람들에게 그다지 널리 전승되지 못했다. 후당의 보대 11년(953) 새롭게 권수(卷首)에 행장이 추가되고, 이어서 여산(廬山)의 서현보각선원(棲賢寶覺禪院)의 징시(澄諟)가 3권의 본문을 교정하였다. 징시는 법안종의 제3세인데, 임제 계통의 관계로 보자면 황룡혜남(黃龍慧南)의 젊은 시절 스승이기도 하였다.

징시가 교정한 『조주록』 3권은 남송 초기에 복주 고산에서 『고존숙어요』의 일부로서 중간(重刊)되었다. 그 판본은 다행스럽게도 현존하여 중국 최고(最古) 선록의 모습을 보여주고 있다. 더욱이 그 이후에 출현한 원·명의 제본을 통해 『조주록』은 늘 위의 중간(重刊)을 모본으로 전승돼 온 까닭에 다른 판본이 거의 나타나지 않았다. 겨우 명대 말기 운문원징(雲門圓澄, 1561~1626)이 서문을 붙인 유포본과, 청나라 옹정제가 칙수(勅修)한 『어선어록』의 판본이 약간 개편을 보인 것에 그쳤다.

조주의 언어는 송대 공안집에 보편적으로 널리 채용되었다. 가령 『설두송고』는 100칙 가운데 13칙, 『굉지송고』는 100칙 가운데 8칙, 『무문관』은 48칙 가운데 7칙이 수록되어 있다. 특히 『무문관』의 제1칙에 수록된 무자공안은 무릇 선을 참구하는 사람들에게 가장 널리 주어지는 공안으로서 선의 대명사처럼 돼 있다. 그러나 조주가 공안

선의 창시자라고 간주되면서 오히려 언제부턴가 『조주록』이 그다지 널리 읽혀지지 않게 된 것은 아이러니다.

'입술에서 빛이 난다'고 평가된 조주의 언어에는 실은 무자공안 한 칙만으로는 요약할 수 없는 광범위한 내용이 들어 있다. 조주의 풍부한 개성에 맛들인 선문답의 묘미는 『무문관』 이후에는 거의 그 향기를 상실해 버리고 시들어 마침내 추상적인 것으로 전락하고 말았다. 말하자면 '입술에서 빛이 난다'는 평가조차도 이미 조주의 말을 유형화(類型化)할 단서를 안고 있었던 것이다. 조주선을 전체적으로 이해하기 위해서는 다방면에 걸친 문답에 착안하지 않으면 안 된다. 당말기의 난세에 120세의 생애를 살면서 제방의 승속에 응대한 조주의 언어는 무한한 깊이를 지니는 선문답의 가능성을 훌륭하게 제시한 사례 중 하나였다. 『조주록』은 그 전체를 통독할 만한 깊이와 맛과 사상을 간직하고 있는 어록이다.

｜【 14 】｜
전심법요(傳心法要)

⋮

선의 목적은 깨침이다. 깨침은 궁극적으로 지혜의 계발이다. 이런 까닭에 선은 몸과 마음의 조화를 통한 자성의 개현으로서 결국 심(心)의 문제로 귀결된다. 애초에 청정한 마음에 계합된다는 즉심즉불(卽心卽佛)이라든가 마음으로써 마음에 전승한다는 이심전심(以心傳心)과 같은 말은 무엇보다도 그것을 잘 표현한 말이다. 일찍이 혜가가 달마에게 "제 마음이 불안합니다. 원컨대 제 마음을 안심시켜 주십시오."라고 문의했을 때 달마는 곧장 "그 마음을 보여 달라. 그대의 마음을 안심시켜 주겠다."고 말했다. 그 사실(史實)에 관해서는 여러 가지 문제가 있지만 8세기 말부터 9세기에 걸쳐 마조(馬祖) - 백장(百丈) - 황벽(黃檗) - 임제(臨濟)가 활약할 무렵에 위의 안심문답이 선의 기원(起源)으로 간주되기 시작하였다. 이로부터 달마의 이름에 가탁한 다양한 어록이 능장하였다. 황벽의 『전심법요(傳心法要)』는 그와 같이 심법의 요체에 해당하는 것으로 달마선의 근본적인 진리를 해명하려는 성격을 지닌다.

『전심법요』는 황벽희운(黃檗希運, ?~850)의 설법을 속가 제자인 배휴(裴休, 797~870)가 필록한 것에 근거한다. 그 필록에 강서의 종릉(鐘陵)에서 한 회창 2년(842)의 설법과 완릉(宛陵)에서 했던 대중 2년(848)의 설법을 포함하고 있는 것은 본 서문에서 배휴 자신이 말하고 있는 것으로 보아 명백하다.

황벽희운은 복건성 복주의 민현 출신이다. 그 전기는 『조당집』 권16, 『전등록』 권9, 『송고승전』 권20, 『천성광등록』 권8 등에 수록되어 있다. 복주의 황벽산에서 출가하고 천태산에 유화하고 강서성 백장산의 회해에게 참문하여 그 법을 이었다. 배휴의 청에 응하여 강서성 종릉에서 고향의 산을 본따 황벽산이라 이름하고 선풍을 거양하였다. 842년에는 용흥사에 주석하고, 848년에는 안휘성 완릉의 개원사에 주석하였다. 시호는 단제 선사(斷際 禪師)이다.

황벽희운은 그 문하에 임제의현(?~867)을 배출하였다. 『송고승전』
에 수록된 그의 전기의 말미에는 '그 어록이 세상에 유행하였다'는 대
목이 있는데 이것이 어록(語錄)이라는 용어의 시초이다.

배휴는 선종황제 시절에 재상을 지내면서 큰 공적을 남겼다. 유학
자이면서 독실한 불교신자였다. 규봉종밀(780~841), 동경 봉선원 원
소(811~895), 청량징관(738~839), 경사 대안 국사 단보(781~836), 경산
지현(809~881), 보수원 신지(819~886), 위산영우(771~853), 황벽희운,
천경초남(813~888) 등과 교류를 가졌다. 또한 종밀의 『선원제전집도
서』 및 『원각경약소』에 서문을 쓰고, 황벽의 『전심법요』에도 그 서문
을 썼다. 방온 거사, 무진 거사 장상영, 동파 거사 소식, 이고 거사 등
과 함께 중국불교의 대표적인 거사로 널리 알려진 인물이다.

『전심법요』는 훌륭한 선학 개론 기본서의 성격을 지니고 있으면서
논리적인 근거에 기반해 있다. 『전심법요』는 전체적으로는 『황벽산
단제선사전심법요(黃檗山斷際禪師傳心法要)』와 『황벽산단제선사완릉록
(黃檗山斷際禪師宛陵錄)』의 2부로 구성돼 있다. 대중 11년 10월 8일자
배휴의 서(序)는 전자에 대한 서문이지만 그것이 인연이 되어 다른 제
자들이 완릉에서 행한 설법을 정리한 것이 후자이다. 곧 전자는 배휴
가 종릉과 완릉에서 했던 설법의 기록이고, 후자는 다른 사람에 의해
완릉에서 행해진 설법의 기록이다. 다만 완릉에서 했던 설법은 이 이
외의 기록도 달리 남아 있는데 명대의 『사가어록』에 수록돼 있는 것
이 그것이다.

마조도일 – 백장회해 – 황벽희운 – 임제의현 4대의 어록을 모은

『사가어록』이 편찬된 것은 원풍 8년(1085)인데, 이후에 명대에 재편되었다. 그 속의『전심법요』의 텍스트는 예로부터 일정했던 것에 비하여『완릉록』의 경우는 후반부가 현저하게 증보된 흔적이 보이는데 그 부분은『천성광등록』권8의 본문을 그대로 부가한 것에 불과하다. 『사가어록』의 편집에 앞서 영명연수(永明延壽)의『종경록』에서 부분적으로 인용한 것과 경력 무자년(1048)에 남송의 천진(天眞)이『전등록』권9에 부가한 그 수부(首部)는 현재의 유포본과 거의 일치한다. 그리고 북송 말기에서 남송 초기에 걸쳐 복주 지역에서 출판된 두 종류의 대장경에 포함된 텍스트는 현재의 유포본과 완전히 동일하다. 또한 한국에 전해진『선문촬요』상권의 텍스트도 또한 그것과 완전히 동일하다. 다만 명판 대장경에 포함된『전심법요』로서 대정신수 대장경 제48권 수록본 및 명판 대장경『고존숙어록』권5에 수록돼 있는 텍스트는 후세에 수정된 것이다.

【 15 】

참동계(參同契)

⋮

육조혜능의 법을 이은 제자 43인 가운데 청원행사(靑原行思)에게는 전법제자로 석두희천(石頭希遷, 700~790)이 있었다. 강서의 마조도일(馬祖道一)과 더불어 호남의 석두희천은 당시에 선문의 이대사(二大士)로 알려진 인물이다. 석두희천의 저술로는『참동계』및『초암가』가 있다. 『참동계』는 심원한 철학시에 해당한다. 곧 인간의 본래적인 심성을 긍정하고 그 대립의 초극을 전개한 것으로 세계의 참동성(參同性) 곧 교호매개(交互媒介)의 모습을 구명하여 근원으로 돌아갈 것을 권유하였다. 『참동계』에서 제시한 열린 관계〔回互〕와 닫힌 관계〔不回互〕라는 개념은 이후 조동종의 기본적인 교의가 되었다.

밝음에 본래부터 어둠 있으니
어둠의 상으로 헤아리지 말라
어둠에도 본래 밝음이 있기에
밝음의 형상으로 찾자 말거라

『참동계』 속에 보이는 위의 대목은 열린 관계〔回互〕와 닫힌 관계〔不回互〕의 개념을 잘 드러내 준 것으로서 이후에 동산양개(洞山良价)의 『보경삼매가』 및 『동상오위송』 등에서 전승되었다. 『참동계』는 5언 44구 220자로 구성돼 있는데 2구씩 운을 맞춘 고시체의 글이다. 이와 같은 문체를 게송이라고 하는데, 석두의 시대에는 시문이 자못 융성했던 까닭에 석두 자신이 5언구의 시문에 의탁해 불법의 도리를 송출하였다.

석두희천이 『참동계』를 저술한 데에는 이전 시대부터 있던 도교의 명칭을 빌려 자파의 가르침으로 삼으려는 뜻이 있었다. 곧 『참동계』라는 제목은 위나라 백양(伯陽)이 쓴 『참동계』 3권의 선서(仙書)에서 따온 것이었다. 백양이 쓴 것의 제목 뜻을 보면 천(天)·지(地)·인(人)이 참(參)이고 그것이 하나로 합하여 가이없는 것을 동계(同契)라 하여 그 원리를 자연에서 빌려왔다. 그러나 석두희천의 『참동계』는 그것과는 다르다. 단지 말만 빌렸을 뿐 그 내용을 완전히 바꿨다. 즉 석두의 『참동계』는 그 뜻을 불법의 대의인 만법일여(萬法一如)와 연기무생(緣起無生)의 도리에 바탕을 두고 있었다. 『참동계』의 제목인 참·동·계라는 세 글자는 전편의 대의이기도 하다. 참(參)은 삼라만상과 성문(聲聞)·연각(緣覺)·보살(菩薩)·불(佛)의 사성(四聖)과 천(天)·인(人)·수라(修羅)·축생(畜生)·아귀(餓鬼)·지옥(地獄)의 육범(六凡) 등 일체가 각각 차별의 모습으로 나타나 있는 것이다. 동(同)은 일체기 현상으로 보면 각각 천차만별이지만 본체로 보면 추호도 차이가 없는 제법평등의 원리를 지니고 있다. 계(契)는 앞의 참(參)의 차별 현상과 동(同)의 제법평등이 상호간에 상즉상입(相卽相入)하는 묘용을 나타낸다. 이리하여 참(參)은 차별적인 만유 현상의 모습으로 형상을 상징하고, 동(同)은 그 현상의 이면에 깔려 있는 본체로서의 근본을 말하는 바탕을 상징하며, 나아가서 계(契)는 이러한 차별 현상과 그 동일성으로서의 본체를 열린 관계(回互)와 닫힌 관계(不回互)의 원리로 수용하는 것으로서 차별이 곧 평등이고 평등이 곧 차별이라는 만법의 묘용에 배대된다. 이처럼 석두의 『참동계』는 내용에 있어서 백양의 『참동계』와는 사뭇 다른 설명을 하고 있다. 석두는 이러한 만법평등의 원리에 입각하여 당시 남돈(南頓)·북점(北漸)이라는 남종과 북종 사이의 상호 배격을 일소하여 평등일여의 대도를 천명하려는 의도를 가지고 있었다.

본 내용을 보면 처음 4구는 사람에게는 근기의 차별이 따로 있을지라도 부처님의 마음은 본래부터 남돈·북점이 없이 일미평등(一味平等)

하다는 뜻이다. 이것은 출발부터 당시에 팽배해 있던 남종 및 북종이
라는 분별심을 지양하는 입장이다. 그리고 이후부터는 일미평등한
불법의 도리를 일곱 단락으로 나누어 하나의 근원이 온갖 현상으로
드러나며〔一源卽萬派〕 온갖 현상은 결국 한 가지 근원이라는〔萬派卽一
源〕 도리를 방편과 진실로서 설명한다. 이와 같은 진실한 깨침은 언
설의 현상을 초월한 것으로 그 종지를 꿰뚫어야 한다는 것이다. 나아
가 마지막 부분에서는 수행납자 자신이 몸소 왕삼매(王三昧)의 체험을
통해 부처님의 마음을 이해함으로써 불법은 본래 동일하다는 것을 보
여주고 있다. 이 법의 동일성이야말로 영원한 불법으로 통하는 열린
관계 '참'과 '동'과 '계'의 본래의 의미를 더욱 확실하게 보여주고 있
다. 따라서 『참동계』가 드러내고 있는 하나의 근원이 온갖 현상으로
드러나는〔一源卽萬派〕 도리와 열린 관계이면서 동시에 닫힌 관계이기
도 한〔回互卽不回互〕 일미평등의 원리는 이하 동산과 조산에 있어서
오위 사상의 기초를 제공해 주고 있다.

﹝ 16 ﹞
동산어록(洞山語錄)

⋮

『동산어록』은 『동산양개선사어록』, 『동산록』, 『동산오본선사어
록』, 『균주동산오본선사어록』 등으로도 불리는데 가장 오래된 판본
은 명대 말기의 『오가어록』 수록본이다. 이후 일본의 의묵현계(宜默玄

契)가 1738년에 재편하면서 어록 부분과 행장 부분으로 분류하고, 기타『보경삼매』,『오위송』등의 가송 및「사북당서(辭北堂書)」등을 부가하였다. 이후 이것을 지월혜인(指月慧印)의 제자 할당본광(瞎堂本光)이 개편하여『오가어록』속의『조산록』과 합하여 1761년에『조동이사록(曹洞二師錄)』으로 유포시켰는데, 거기에서는 동산의『오위송』을『조산록』에 포함시켜 두었다.

동산오위(洞山五位)는『보경삼매(寶鏡三昧)』및『오위현결(五位懸訣)』로부터 시작되었다. 이것은 석두희천의『참동계』에서 설명된 열린 관계와 닫힌 관계의 사상에 근거한 것으로서 그것의 연장 내지는 발전이기도 하다. 우선『보경삼매』혹은『보경삼매가』는 오위의 원리를 게송의 형태로 간략하게 서술한 것이다. 이 제목에서 보여주는 바, 보경은 비유이고 삼매는 법이다. 따라서 보경삼매는 금강삼매(金剛三昧)·조경삼매(照鏡三昧)와도 같은 의미를 내포하고 있다. 여기에서 보경삼매는 보배거울〔寶鏡〕이 영롱하게 비추어 꿰뚫는〔照徹〕것과 같아서 일찍이 만상의 흔적을 남긴 적이 없는 모습이다. 이것은 본증(本證)의 의미를 마치 추호의 의심이나 번뇌도 남아 있지 않은 명경지수에 비유한 것이다. 거울의 작용이 이처럼 묘심(妙心)으로써 오랑캐〔胡〕와 본토의 사람〔漢〕을 구별하지 않고, 좋음〔好〕과 싫음〔醜〕을 변별함에 있어서도 서로 어긋나지 않는 것을 보경삼매라 하였다.

이것은 우리의 마음도 순일무잡하게 되면 어느 것이나 있는 그대로 비추어 낸다는 것을 비유한 것이다. 형체〔形〕와 그림자〔影〕는 본질과 현상으로서 같으면서도 다르다. 소위 전동(全同)으로서 열린 관계이면서 전별(全別)로서 닫힌 관계의 구조이다. 이 보경삼매의 가르침을 받아 지니면 이른바 편정(偏正)·군신(君臣)·부자(父子) 등 공위(功位)의 일체를 아울러 비추어도 서로 방해가 없다고 하여 열린 관계의 보살행을 조동종파에서는 자파의 참된 보경으로 삼은 것이다. 이보다 앞서 석두 희천은 『참동계』를 지어 참(參)과 동(同)이 서로 계합하는 논리로써 조동가풍의 열린 관계의 원천적인 도리를 설한 적이 있었다. 동산양개가 그 도리를 이어받아 보경삼매의 뜻으로서 후학 납자들을 지도하는 하나의 표준으로 삼기 위해 그 이치를 널리 편 것이 본 『보경삼매』이다.

이 『보경삼매』의 골자는 곧 첫머리의 여시지법(如是之法)이다. 여시지법은 서천에서 동토로 불조께서 전승한 삼매이다. 동산은 이른바 운암으로부터 친히 보경삼매에 대해 인가를 받았다고 말하는데 바로 불조정전(佛祖正傳)의 도리를 말한다. 이는 보경삼매가 지니고 있는 종지를 드러내기 위해 94구 376언으로 운을 맞추어 한 편의 시로 드러낸 것이다.

운암이 이 『보경삼매』를 지었다는 고금의 많은 설이 있으나 동산의 저술이라는 것은 의심의 여지가 없다. 왜냐하면 동산 이전에는 결코 이러한 문체와 언변이 없었기 때문이다. 하물며 편정오위·군신오위 등은 동산 이전에 그 어느 누구도 말한 적이 없다. 또한 그 가운데 있는 어구들도 모두 과수오도게(過水悟道偈)와 같은 내용들이기 때문이다. 『보경삼매』는 『오위송』 및 『참동계』 등과 밀접한 관련을 지니는데 특히 『주역(周易)』의 사상을 기조로 하고 있다. 그 구절에 음양오행의 세계관을 내포하고 있는데 확대하면 무한한 철학 체계와 실천원리를 시사한다. 송학의 전개와 더불어 각 시대를 통해 주석서가 속출하였다.

다음으로『오위현결』은 오위 사상에 관한 본격적인 저술로서 짤막한 글이다. 동산이 이『오위현결』을 창출하게 된 직접적인 의도는 자신이 지은『보경삼매』속 편정회호(偏正回互)라는 용어의 의미를 보다 명확하게 해석하기 위한 것이었다. 이로써 현상과 본체, 그리고 현상과 본체의 열린 관계(回互)와 닫힌 관계(不回互) 등의 관계가 상징적으로 서술돼 있다. 이러한 오위의 뜻을 드러내 수행자들의 안목으로 삼으려는 것이 동산의 의도였다. 이것을 기초로 한 오위 사상은 이후 조동종파의 근본적인 교의로서 대단히 활발하게 전개되었다. 심지어 임제종파에서도 조동종파에 못지않게 유행하였다.

한편 이와 같은 오위에 관한 저술로 우리나라에는 고려 시대 일연의『중편조동오위』가 있다. 일연의『중편조동오위』는 종래 유행하던 조동종파의 오위 사상의 집대성이라 할 만한 것으로 주목된다. 기타『동산어록』에 수록돼 있는『동상오위송(洞上五位頌)』혹은『정편오위송(正偏五位頌)』등은 오위 사상을 천명한 게송으로 유명하다.

‖〖 17 〗‖
선원제전집도서(禪源諸詮集都序)

⋮

『선나이행제전집(禪那理行諸詮集)』이라고도 하는『선원제전집도서』는 줄여서『도서』라 불린다. 저자인 규봉종밀(圭峯宗密, 780~841)은 7세부터 16~7세까지 유학을 공부하였고, 18~9세부터 21~2세까지 3

년 동안은 재가의 신분 그대로 불교의 경론을 공부하였으며, 23세부터 2년 동안은 다시 유학을 연구하였다. 25세 때 도원(道圓) 화상을 만나 출가하였다. 사미 시절에 『원각경』을 보고 깨침을 터득했다고 한다. 이후로 종밀은 『원각경』 및 그 주석서인 『유각법사소(惟愨法師疏)』·『오실선사소(悟實禪師疏)』·『견지법사소(堅志法師疏)』·『도전법사소(道詮法師疏)』를 공부하였다. 종밀은 『원각경』을 통하여 법성(法性)·법상(法相)·파상(破相)의 3종의 경론 및 남북돈점의 선종과 화엄 원교의 가르침을 겸비한 사람이기도 하였다. 29세 때 구족계를 받고 형남장(荊南張) 및 낙양의 신조(神照, 776~838) 선사를 참문했다.

종밀의 화엄 교학에서는 두순의 『법계관문』을 연구하여 『주법계관문』을 저술하였다. 이후 종밀은 영봉(靈峰)을 통해 화엄종 제4조 청량 징관을 참문하였다. 이로부터 『원각경』 및 『화엄경』의 교학에 매진하여 종남산 지거사에 주석하며 『원각경과문』 1권, 『원각경찬요』 2권을 저술하였다. 819년 이후 유식 관계의 연구로서 『유식론소』를 짓고 『금강경소론찬요소』 1권, 『금강경소』 1권, 『대운경소』, 『조론주소』 등을 저술하였다.

42세 때 종남산 초당사에 퇴거한 이후로 유식학을 기초로 하여 822년 이후로 『원각경대소』 12권, 『원각경대소초』 13권, 『원각경약소』 4권, 『원각경약소초』 12권, 『원각경도량수증의』 5권 등을 저술하였다. 그 밖에 종남산 풍덕사에서 『화엄륜관』 5권, 『사분율소』 3권 등을 저술하였다. 823년 이후에는 『원인론』, 『기신론주소』 4권, 『우란분경소』 2권, 『화엄경행원품소과』 1권, 『화엄경소초』 6권, 『주화엄법계관문』 1권, 『주화엄법계관과문』 1권, 『화엄심요법문주』 1권 등

을 저술하였다. 50대 중반에는『중화전심지선문사자승습도』및『도
서』를 저술하여 당시 선종의 각 파의 주장과 더불어 선교일치설을 주
장하였다.

『도서』의 저자인 규봉종밀이 살았던 시대는 안(安)·사(史)의 난
(755~763) 이후로서 당조의 지배 체제가 느슨해지고 절도사의 권력이
증대하여 강대한 지방 권력이 생겨나기 시작하고 새로운 토지 지배
의 형태가 생겨나는 등 큰 변혁의 시대였다. 불교사에서도 수대부터
당초에 걸쳐 성립된 제종 가운데 정토·밀교·선 등의 실천불교가 크
게 전개되는 시기였다.

『도서』는 달마의 선과 교학의 주장을 융합하고 통일하려는 저술로
서 본래는 100권 혹은 160권이었다고도 한다. 따라서 선종 각파의
가치 체계를 내세운 일종의 선상판석(禪相判釋)의 성격과 교학의 위상
을 내세운 교상판석(敎相判釋)의 성격을 모두 지니고 있다. 나아가서
경시불어(經是佛語) 선시불심(禪是佛心)이라 하여 다음과 같이 10가지
이유를 언급하면서 선과 교의 일치를 주장하였다.

첫째는 스승에도 본(本)과 말(末)이 있어서 본(本)에 의거해야 말(末)
을 알 수 있기 때문이다. 둘째는 선에도 제종이 있어서 서로 간에 어
긋나는 경우가 있기 때문이다. 셋째는 경은 승묵(繩墨)과 같아서 사
(邪)와 정(正)을 가름하는 기준이 되기 때문이다. 넷째는 경에도 권(權)
과 실(實)이 있어서 모름지기 요의경에 의거해야 하기 때문이다. 다섯
째는 세 가지 인식 방법은 판단에 있어 모름지기 계합되어야 하기 때
문이다. 여섯째는 많은 의심을 모름지기 깨끗하게 풀어줘야 하기 때

문이다. 일곱째는 비록 법(法)과 의(義)가 다르지만 모름지기 그것을 잘 변별해야 하기 때문이다. 여덟째는 마음이 성(性)과 상(相)에 달통하면 명칭은 같더라도 뜻이 다름을 알기 때문이다. 아홉째는 오(悟)와 수(修)에 돈(頓)과 점(漸)이 있다는 말은 그럴듯해 보이지만 실은 그렇지 않기 때문이다. 열째는 스승이 방편을 구사할 때 모름지기 약과 병을 알아야 하기 때문이다.

그러나 궁극적으로 『도서』가 지니고 있는 사상사적인 의의는 당대 선종 각파의 역사와 종지를 설명해주는 데 있다. 이에 종밀은 기존의 교상판석의 전통을 수용하면서 화엄의 오교판에 입각하여 새롭게 삼교판을 수립하였다. 첫째는 밀의의성설상교(密意依性說相敎)인데 이것은 다시 인천인과교(人天因果敎)·단혹멸고교(斷惑滅苦敎)·장식파경교(將識破境敎)로 분류된다. 둘째는 밀의파상현성교(密意破相顯性敎)이다. 셋째는 현시진심즉성교(顯示眞心卽性敎)이다.

종밀이 화엄의 오교판에 입각하면서 교의 삼종의 체계를 만든 것은 실은 교상판석 그 자체를 만들려는 목적이 아니라 선의 삼종의 가치 체계를 만들려는 목적에서였다. 당시에 남종·북종·우두종·홍주종·하택종 등 각파는 서로 상대를 공격하기도 하고 비방하기도 하였다. 그 가운데 있던 선의 각종 교의를 정리하고 하나의 기준에 근거하여 선의 각종 가르침의 가치 체계를 만들려는 것이 종밀의 의도였다. 그 때문에 필요한 것이 교의 삼교의 체계였다. 이에 교의 삼교와 선의 삼종을 배대하면 각각 첫째는 장식파경교와 식망수심종〔북종〕, 둘째는 밀의파상현성교와 민절무기종〔우두종·석두종〕, 셋째는 현시진심즉성교와 직현심성종〔홍주종·하택종〕에 해당한다.

이것은 종밀이 교학의 판석에 빗대어 자파의 선에 해당하는 하택종의 우위를 확립하려고 한 것과도 관계가 있다. 『도서』를 통하여 순서대로 북종·우두종·홍주종·하택종 각각에 대해 심천고저(深淺高低)를 매겨서 당시 선의 각 종파에 대한 선상판석(禪相判釋)을 의도하였다. 궁극적으로 수대부터 당 초에 걸쳐 성립된 중국불교 제종이 경전의 가치 체계를 수립한 것에 비하여 종밀은 선종 제파의 가치 체계를 확립하려고 한 것이다. 선주교종(禪主敎從)의 구체적인 접근으로서 불어(佛語)의 교와 불의(佛意)의 선이 일미(味)임을 주장하여 본각의 자성으로 귀일시키려 한 것이다. 따라서 그 경증(經證)으로서 권말에서 『대승기신론』에서 말하는 일심의 교리를 인용하면서 중생심의 일심진여가 수연·생멸하는 차제를 10단계로 나누어 흑백의 원으로 도시하였다.

【 18 】
임제어록(臨濟語錄)
⋮

『임제어록』은 임제의현(臨濟義玄, ?~867)의 언행록이다. 임제라는 말은 당나라 때의 진주, 오늘날의 하북성 석가장시(石家莊市)의 북부로서 호타하(滹陀河) 주변에 있었던 작은 선원의 명칭에서 유래한다. 의현은 당 말기의 전란에 즈음하여 이 지역에 할거한 진주 왕(王) 씨의 귀의를 받아 임제원을 중심으로 독자적으로 법을 설해 사람들에게 용기를 주었다. 『임제록』은 그것을 제자들이 정리한 것으로 설법과 응답을 함께 수록하였다.

임제의현의 전기에는 몇 가지 자료가 있지만 『임제록』에 수록돼 있는 「행록(行錄)」 부분이 그 중심이 된다. 후에 임제종의 종조로 추앙되어 모든 전기가 종조라는 입장을 중심으로 정리되었지만 「행록」에는 무엇보다 생생하게 인간적인 의현의 모습이 기록돼 있다. 오늘날 널리 텍스트로 활용되고 있는 것은 북송 말기인 선화 2년(1120) 복주 고산의 원각종연(圓覺宗演)이 중간한 것을 계승한 것이다. 중간(重刊)이라는 말은 그 이전의 판본이 있었다는 말인데 그것이 곧 『사가어록』에 수록된 것으로 원각종연 이후에는 초간본이 소실돼 버렸다.

원각종연 이후에도 몇 차례 더 개편되었다. 1238년의 『속개고존숙어요』를 비롯하여 명대 초기에 개판된 남경판 대장경의 『고존숙어록』 제4권~제5권 및 1630년에 출판된 『오가어록』 제1권에 수록된 것이 그것이다. 이와 같은 갖가지 텍스트는 각 시대의 관심을 반영한 것이지만 『임제록』을 올바르게 이해하려면 원각종연본이 가장 도움이 된다.

임제의현은 진주 지방의 임제혜조(臨濟慧照)로서 선종사 가운데서도 걸출한 선자였다. 일대기로서만이 아니라 행위와 사상에서 선의 특징을 가장 잘 보여주고 가장 잘 전해 준 선사다. 인간의 존엄성을 긍정하고 그러한 긍정을 모든 존재에게까지 적용했으며, 철저하고 쉼 없이 자신의 본래성에 대한 자각을 추구한 선자였다. 따라서 선은 달마를 통해 씨앗이 뿌려지고 혜능을 통해 뿌리 내렸으며 마조를 통해 줄기가 번창하였고 임제를 통해서 꽃이 피었다.

임제의 기본적인 사상은 당대(唐代)에 형성·전개된 소위 조사선을 가장 잘 대변해 주고 있다. 곧 철저한 현실 긍정과 인간 본성에 대한 자각을 통해 자유무애한 행위를 유감없이 드러내고 있다. 이것이 임제에게는 무위진인(無位眞人)으로 드러나 있는데, 여기서 인(人)은 곧 주체적 인간을 가리킨다. 곧 단순한 관념의 세계가 아니라 현실에 주하면서 적극적인 참여자의 입장에서 진리를 구가하는데 출가·재가를 막론하고 아무런 가식도 없는 본래인의 모습을 정나라(淨裸裸) 적쇄쇄(赤灑灑)하게 보여주는 인간이다. 일찍이 기성의 질서를 타파하고 인간 본래의 가치를 주장해 왔던 임제의 언행에는 대기(大機)·대용(大用) 및 방(棒)·할(喝) 등이 임제선의 방편적인 특색으로 드러나 있는데, 시대가 지나면서 점차 거기에는 일종의 도그마 내지 유형화(類型化)의 모습이 출현하기 시작하였다.

임제의 인본 사상은 개개의 존재에 대한 절대적 신뢰를 바탕으로 나올 수 있었으며, 그의 사상과 자유롭고 활달한 선기는 송대 선풍의 전반에 걸쳐 가장 큰 영향을 끼쳤다. 가령 "맨 몸뚱아리를 하고 있는 하나의 무위진인이 항상 그대들을 따라다니면서 그대들의 얼굴로 출입하고 있다. 그런데도 아직 그것을 보지 못한 자는 똑바로 보라"고 말한다. 일체의 가식을 떨궈 버리고 순수한 인간과 대면하는 자신의 본래면목을 한순간만이라도 지켜볼 수 있는 사람이 되라는 것이다. 그것은 항상 우리네 주위에서 나타나는 것인데도 불구하고 자신의 내부에서 본래면목을 부정하고 살아가는 존재에 대한 신랄한 비판이다. 그리고 모든 사람들은 본래성에 근거하고 있는데도 본질을 벗어나 허망한 환상을 추구하는 소위 어리석은 성인들에 대한 질책이다. 임제가 즐겨 구사한 할(喝)과 방(棒)은 바로 그 자신이 경험한 초심의 기분을 제시한 것이기도 했다. 황벽의 문하에서 세 차례 얻어맞은 것은 과거와 현재와 미래이기도 하고, 중생과 부처와 임제 자신이기도 하며, 불과 법과 승이기도 하고, 임제 자신이 내세운 삼구법문이기도 하다.

이와 같은 임제선법의 스타일은 굳이 가르마를 탈 필요도 없다. 단지 몽땅 그렇게 살아가고 몽땅 그렇게 수행하며 몽땅 그렇게 깨치고 몽땅 그렇게 맛을 보여주면 되는 것으로서 부분이 따로 없이 하나의 전체일 뿐이다. 불법을 구하기 위해 애써 힘쓸 필요가 없다. 다만 평소에 아무런 탈도 없이 똥 싸고 오줌 누며〔屙屎送尿〕, 옷 입고 밥 먹으며〔着衣喫飯〕, 피곤할 때는 잠자면 그 뿐이다〔困來卽臥〕. 어리석은 사람은 밖을 향해 공부한다. 그러나 지혜로운 사람은 스스로 자신의 주인이 된다. 그것이야말로 수처작주(隨處作主)하고 또 입처개진(立處皆眞)하는 도리이다. 따라서 수처작주가 곧 그대로 입처개진이 된다.

【 19 】
운문어록(雲門語錄)
∴

중국의 선종오가 가운데 당대 말기에 형성된 운문종의 개조인 운문문언(雲門文偃)의 법어집『운문광진선사광록』3권은 대정신수대장경 제47권에 수록되어 있다. 문인 수견(守堅)이 수집한 것으로 상권에는 대기(對機) 22칙, 십이시가(十二時歌), 게송이 수록돼 있고, 중권에는 실중어요(室中語要) 185칙, 수시대어(垂示對語) 290칙이 수록돼 있으며, 하권에는 감변(勘辨) 165칙, 유방유록(遊方遺錄) 31칙, 유표(遺表), 유게(遺揭), 행록(行錄), 청소(請疏) 등이 수록돼 있다. 판본으로는 다음의 네 가지가 있다.

1) 『운문광진선사광록(雲門匡眞禪師廣錄)』: 소해(蘇澥)가 서문(1076년 기록)을 부가하여 선화 2년(1120) 무렵에 복주(福州) 고산(鼓山)의 원각종연(圓覺宗演)이 교감한 것으로 현존 최고본(最古本)이며 완전본이다〔현존하시는 않시만 이전에 뇌악(雷岳)이 947년에 지은 운문의 「행록」과 958년에 지은 운문의 「실성비」에 의하면 어떤 형태로든 운문의 어록이 유행되고 있었다〕.

2) 『운문광진선사어(雲門匡眞禪師語)』: 가희 2년(1238).

3) 『소주운문광진문언선사(韶州雲門匡眞文偃禪師)』 1권: 명대 말기.

4) 『어선자운광진홍명운문언선사어록(御選慈雲匡眞弘明雲門偃禪師語錄)』 1권: 옹정황제 시절의 간본으로 『오가어록』본을 계승한 것이다.

운문의 행장에 대해서는 『운문록』에 수록돼 있는 것으로 947년에 뇌악이 찬술한 「행록」과 『대한소주운문산광태선원고광진대사실성비(大漢韶州雲門山光泰禪院故匡眞大師實性碑)』, 『대한소주운문산대각선사대자운광성굉명대사비명(大漢韶州雲門山大覺禪寺大慈雲匡聖宏明大師碑銘)』, 그리고 각범혜홍이 찬술한 『선림승보전』 제1권의 기록이 자세하다. 이에 의하면 운문문언(雲門文偃; 跋脚子, 864~949)은 운문종의 개조로서 절강성 가흥현 사람이다. 도솔사의 지징 율사를 따르다가 17세 때 출가하였다. 율을 공부한 후에 목주도종(睦州道蹤)을 참문하였고, 다시 설봉의존(雪峰義存)을 참문하여 그 법을 이었다. 오대(五代) 남한(南漢)의 조정에서 종종 입내설법을 하여 광태선원(光泰禪院)이라는 칙액을 받고, 광진 대사(匡眞 大師)라는 호를 받았으며, 대자운광성굉명 선사(大慈雲匡聖宏明 禪師)라는 시호를 받았다.

　운문문언은 혼란기였던 당 말기 및 오대에 활동한 선사로서 설봉의존의 법사이다. 17년 동안 남과 북으로 유행하면서 조주의 영향으로 언어의 극명(克明)과 간단(簡單)이라는 개념을 체득하고 남양혜충의 영향으로 불성(佛性)·신심(身心)·법신(法身)·무정설법(有情說法) 등의 사상을 체득하여 이후에 독특한 접화 수단으로 활용하였다. 그 접화 수단에 대해서는 『운문록』에다가 소해(蘇澥)가 붙인 서문(1076)에 잘 나타나 있다.

　원나라 시대의 중봉명본(中峰明本)은 『중봉광록』 권11에서 선종오가에 대하여 각각 위앙(潙仰)의 근엄함, 조동(曹洞)의 세밀함, 임제(臨濟)의 통쾌함, 운문(雲門)의 고고(高古)함, 그리고 법안(法眼)의 간명(簡明)함이라고 평가했듯이, 운문은 보리·열반과 선(禪)·도(道)를 초월한 언변을 구사하였다. 곧 그의 보(普)·거(去)·로(露)·시(是)와 같은 일자선(一字禪)은 『운문광록』에 빈번하게 등장한다. 또한 주장자를 활용한 체(體)·용(用)의 가르침은 중생과 부처, 생과 멸, 색과 공, 명과 암 등의 개념으로부터 벗어나도록 하는 교화법으로 승화되었다. 특히 고(顧)·감(鑑)·이(咦)라는 세 글자는 운문의 접화 방식으로 널리 알려졌다. 그러나 이것은 운문 추고(抽顧)라는 말로 전승되었다. 여기서 추(抽)는 생략한다는 뜻으로 '고(顧)'자를 생략했다는 의미이다. 운문은 평소에 납승을 만나게 되면〔顧〕그 납승에게 자신의 모습을 살펴보고 점검하며 조심하라[鑑·咦]고 말했다는 것이다. 그런데 운문의 법어를 기록한 사람이 그것을 고(顧; 돌아보라)·감(鑑; 살펴보라)·이(咦; 조심하라) 고 잘못 기록하였다. 이에 운문의 법사인 덕산은 '고(顧)'를 빼고 감이 (鑑咦)라 했다. 곧 덕산은 운문이 학인을 접화하는 기관(機關)이 잘못 전해지고 있는 것을 바로잡아 진의를 드러낸 것이다.

운문삼구(雲門三句)는 ① 함개건곤(函蓋乾坤) ② 절단중류(截斷衆流) ③ 수파축랑(隨波逐浪)인데, 이들 각각의 어구에 게송을 붙여 노래하였다. 함개건곤은 그 의미로 보아 일체의 존재 전체가 진여 그 자체로 간주된다는 의미이고, 절단중류는 미혹의 근원을 절단하고 곧바로 진여 그 자체가 돼 버리는 곳에 참선학도의 요결이 있다는 의미이며, 또 수파축랑은 학인의 지도는 각기 상황에 응하여 적절 자재해야 함을 의미한다. 이것은 운문 선사 자신의 글이 아니라 운문 선사의 제자인 덕산연밀(德山緣密)이 운문 선사의 접화방편을 지어서 게송으로 남긴 것이다. 이러한 점에서 운문의 접화 수단을 잘 드러낸 것이라고 평가받기 때문에 흔히 운문삼구라 불린다.

〖 20 〗

조당집(祖堂集)

∶

『조당집』 20권은 선종의 사서 가운데 하나로서 초기선종의 역사를 가장 잘 보여주고 있다. 오대의 남당 보대 10년(952)에 초경사(招慶寺)

에 주석하고 있던 정수 선사(淨修 禪師) 문등(文僜)의 문하였던 정(靜)과 균(均)의 두 선자가 편집하고, 거기에다 문등이 서문을 붙인 모습으로 성립되었다. 정(靜)과 균(均)은 함께 설봉의존(雪峰義存) - 보복종전(保福從展) - 정수문등의 법계를 계승한 인물이다.

현색의 『능가불인법지(楞伽佛人法志)』 - 두비의 『전법보기(傳法寶記)』 - 정각의 『능가사자기(楞伽師資記)』로 계승되는 일련의 북종 정통을 주장하던 기존의 전등사서에 비해, 『조당집』은 이전 801년에 성립된 지거의 『보림전(寶林傳)』 10권을 계승하여 과거칠불로부터 시작해 서천의 28대 및 동토의 6대를 거쳐 청원행사 이하 제8대 곧 설봉의존의 손제자, 그리고 남악회양 이하 제7대 곧 임제의현의 손제자에 이르기까지 257명의 전등법맥(傳燈法脈)과 그 기연어구(機緣語句)를 수록하고 있다.

『조당집』은 일찍이 남북 양종의 정통 문제를 남종의 정통으로 해결하고 그 계보로 서천의 28대 조사 및 동토의 6대 조사로서 선종의 삽삼 조사(卅三 祖師)를 확정한 것으로, 801년에 성립된 『보림전』을 계승하였으며 이후 1004년에 성립된 도원의 『경덕전등록』으로 전승되는 전등사서이다. 『조당집』은 이후 『전법정종기』, 『속전등록』, 『천성광등록』, 『가태보등록』, 『연등회요』, 『오등회원』 등 전등사서의 모범이 되었다.

그러나 『조당집』의 성격은 사전(史傳)이라기보다는 수록된 선자의 법요(法要)를 집대성하는 데 중심을 두고 있다. 본서는 오대에 성립되었지만 중국에서는 비교적 일찍이 그 자취를 감추어 버렸다. 다만 명교 대사 설숭(1007~1072)의 『협주보교편』에 '조당집'이라는 명칭이 언급되고 있는 것으로 보아 11세기 말엽까지는 중국에서 유통되었을 것으로 보인다. 이후 고려 시대 고종 32년(1245)에 판각되었던 고려대장경 보유편에 수록되었던 판본이 20세기에 와서 새롭게 발견됐다. 그 중간에 전혀 주목되지 못한 까닭인지 『조당집』의 이본은 보이지 않는다. 오늘날 유통본으로는 영인본 고려대장경 제45권에 수록되어 전한다. 『조당집』에 수록된 선자들의 기록 가운데는 선종오가 가운데서도 임제종 및 위앙종과 관련된 기록이 돋보인다. 특히 제19권 중반 이후부터는 위앙종의 조사들에 대한 법어가 상세하게 수록되어 전한다.

『조당집』 제1권에는 과거칠불에서 인도의 제16조 라후라까지, 제2권에는 제17조 승가난제로부터 동토의 조계혜능 및 총지비구니까지, 제3권에는 혜융 선사로부터 남악회양까지, 제4권에는 석두희천으로부터 약산유엄까지, 제5권에는 태전 화상으로부터 덕산선감까지, 제6권에는 투자대동으로부터 석상경제까지, 제7권에는 협산선회로부터 설봉의존까지, 제8권에는 운거도응으로부터 상람 화상까지, 제9권에는 낙포원안으로부터 나산 화상까지, 제10권에는 현사사비로부터 장경혜릉까지, 제11권에는 보복종전으로부터 녹문까지, 제12권에는 조산하옥으로부터 선종 화상까지, 제13권에는 초경도광으로부터 산곡 화상까지, 제14권에는 마조도일로부터 장경회휘까지, 제15권에는 서당지장으로부터 방온 거사까지, 제16권에는 남전보원으로부터 석상성공까지, 제17권에는 대자환중으로부터 신라의 쌍봉도윤까지, 제18권에는 조주종심으로부터 앙산혜적까지, 제19권에는 향

엄지한으로부터 자복정수까지, 제20권에는 신라의 요오순지로부터 미령 화상까지 도합 257명 대해 기록되어 있다.

『조당집』 제17권 및 제18권은 특히 당나라에 유학했던 신라의 유학승들에 대한 기록을 다수 포함하고 있어 나말 여초 선자들의 연구에 도움을 주고 있다. 그 가운데서도 요오순지(了悟順之, 807~883)에 대한 법어의 기록은 순지어록으로 불릴 만한 자세한 내용을 담고 있다. 나말 여초 중국의 조사선법을 수입한 사람들 가운데 중국 선종오가의 위앙종풍을 수입한 사람으로 오관산 서운사(瑞雲寺)의 요오순지가 있다. 순지 화상은 중국 위앙종의 앙산혜적(仰山慧寂) 선사의 법을 이었다. 이로써 중국의 남양혜충 국사로부터 탐원응진 - 앙산혜적 - 요오순지로 전승되는 96종의 상징·기호 등을 통해 선법의 도리를 드러낸 표상현법(表相現法)을 더욱 발전시켜 선법의 대중화에 크게 기여하였다.

그 중 순지 화상의 표상현법에는 첫째 사대팔상(四對八相), 둘째 양대사상(兩大四相), 셋째 사대오상(四對五相) 등 17가지 형상이 있다. 또한 화엄의 도리에 입각하여 증리성불(證理成佛)·행만성불(行滿成佛)·시현성불(示顯成佛) 등 『삼편성불론(三遍成佛論)』이라는, 독특한 이론과 실천이 결합된 가르침을 제시하였다. 이 『삼편성불론』에 대해 그것을 실제로 증득해 나가는 방법을 3가지로 제시하였는데 이것이 곧 삼증실제설(三證實際說)이다. 삼증실제란 첫째는 돈증실제(頓證實際)이고, 둘째는 회점증실제(廻漸證實際)이며, 셋째는 점증실제(漸證實際)이다. 이처럼 순지는 원상(圓相)이라는 나름대로 독특한 방편을 통해 해동에 선풍을 진작한 인물이다.

【 21 】

임간록(林間錄)

⋮

송대의 각범혜홍(覺範慧洪, 1071~1128)은 임제종 황룡파의 조사로서 속성은 팽(彭) 씨이고 자는 각범(覺範)이다. 처음에는 덕홍(德洪)이라고도 불렸는데 이후에는 적음존자(寂音尊者)라고 자칭하였다. 강서성 고안현의 서주(瑞州) 출신으로 14세 때 출가하고 삼봉징(三峰靚) 및 신비(宣秘) 율사에게서 구사와 유식 등을 익혔다. 후에 황룡파에 속하는 진정극문(眞淨克文)을 참문하여 수행하였다. 서주의 청량사에 주석하였지만 휘종의 숭녕 연간(1102~1106)에 승 법화(法和)를 비롯한 다른 사람으로부터 수차례 참소를 당하여 투옥되기도 하였다. 그때 무진거사로서 정승이었던 장상영(張商英) 및 태위였던 곽천민(郭天民) 등의 도움을 받았다. 유형에서 돌아온 이후에는 호남성 상서(湘西)의 명일암에 주석하면서 저술에 몰두하였다. 입적 후에 곽천민의 주청에 의하여 보각원명(寶覺圓明)이라는 시호를 받았다. 저술로 『임간록(林間錄)』 2권, 『임간록후록(林間錄後錄)』, 『선림승보전(禪林僧寶傳)』 30권, 『지증전(智證傳)』 10권, 『고승전(高僧傳)』 12권, 『냉재야화(冷齋夜話)』 10권, 『석문문자선(石門文字禪)』 30권, 『지림(志林)』 10권, 기타 『감로집(甘露集)』 20권, 『원각개증의(圓覺皆證義)』 2권, 『능엄존정의(楞嚴尊頂義)』, 『기신론해의(起信論解義)』 2권, 『법화합론(法華合論)』 7권, 『천주금련(天廚禁臠)』, 『역주(易註)』 3권 등이 전한다.

각범혜홍이 출가 및 재가의 제자들을 위해서 예로부터 전승해 온 총림의 역대 고존숙과 일반 사대부 등과 관련한 다양한 일화와 납자들에게 수행에 도움이 되는 내용 중 친히 경험한 것, 전승되어 기록된 것, 총림에 도움이 될 만한 유훈 등을 남긴 것으로 혜홍의 나이 37세(1107) 때 경덕선사에 주석하고 있을 무렵에 간행되었다. 사일(謝逸)이 쓴 서문에 의하면 담화 300여 편을 수집했다고 하는데, 현재 전해 오는 판본에 의하면 상권에는 93편 그리고 하권에는 101편의 담화가 수록되어 있다.

　　『임간록』에서는 당시 총림에 잘못 전승되고 있는 일화를 지적하여 바로잡기도 하고, 경론의 이해와 법문과 교의 등에 대해 자신의 견해를 피력하기도 하였다. 이와 같이 총림조사들의 고고한 행실과 자비로운 법문, 아름다운 전통과 불보살들의 오묘한 종지 그리고 지인달사(至人達士)들의 한담과 같은 인연에 대한 혜홍의 이야기를 문인이었던 본명(本明)이 10여 년 동안 곁에서 듣고 물으며 전해 받았다. 이러한 글을 모으고 필록하여 1107년에 임천(臨川)의 사일이 서문을 붙이고 임간(林間)에서 청담(淸淡)한 내용을 기록했다는 뜻에서 『임간록』이라는 제목을 붙였다.

　　제자 본명은 겉으로는 소탈하고 데면데면한 모습을 보이면서도 속으로는 매우 꼼꼼하고 빈틈없이 예리한 성격을 갖추고 있어서 혜홍 스승의 일거수일투족을 소홀히 여기는 것이 없이 낱낱이 기록하였다. 글의 순서는 기록된 순서일 뿐 시대 순으로 정리한 것은 아니다. 그리고 본명 자신이 상상력을 발휘하여 억지로 조작해 낸 것은 하나도 없었다. 스승과 문답에서 나온 이야기를 바탕으로 정리하고 다듬은 것으로서 글이 자연스럽고 평이하여 까다롭거나 어려운 것은 보이지 않는다. 본명이 필록한 이후에 그 글을 읽고자 요청하는 사람들의 성화가 대단하여 임천사일에게 서문을 부탁하였다. 사일은 서문에서 혜홍 스님이 법담과 문장에 뛰어난 사람이라고 평가하면서 다음과 같이 말했다.

대부분 깊고 치밀한 생각을 지닌 문장가라 하여 반드시 아름다운 글재주를 갖춘 것은 아니고, 아름다운 글재주를 갖춘 사람이라 하여 반드시 깊고 치밀한 생각을 지니고 있는 것은 아니다. 다만 도를 체득한 자만이 편견과 집착에서 벗어나고 안정과 산란함을 잠재워 맑고 깨끗한 거울과 같으므로 사물을 마주하여 있는 그대로 또록또록하게 끄집어낸다. 그러므로 말이 나오면 나오는 대로 이야기하고 붓을 들면 손이 가는대로 글을 쓰더라도 어떤 것이나 진실이 묻어 나온다. 각범혜홍 스님이야말로 이 두 가지 장점을 모두 구비한 사람이었던 것은 도를 체득하였기 때문이다. 이에 사람이라면 무릇 도를 몰라서는 안 된다는 사실을 나 사일은 이제야 비로소 알게 되었다.

이와 같이 혜홍은 글재주가 비상하여 문장삼매를 터득한 사람으로 문필계에서 유학자들로부터도 인정을 받았다. 게다가 이야기를 기록하는 방식에 있어서 불교의 어느 종파나 지역, 사상에 치우치지 않고 제삼자의 입장에서 공평한 평가를 바탕으로 하였다. 가령 혜홍은 임제종 황룡파에 속한 선자이면서도 조동종의 조동오위에 대해 당시에 임제종의 입장에서 벗어나 조동종의 입장을 옹호하기도 하였다. 또한 신라의 원효 대사의 깨침에 대한 이야기와 의천과 관련된 단편적인 기록도 수록하였다.

『임간록』 2권과는 달리 『신편임간후록(新編林間後錄)』 1권이 있는데 그 내용은 찬(贊)·서(序)·명(銘)·시(詩) 등 29편의 시문을 모은 것이다. 이것은 혜홍의 시문집으로 그의 문인 각자(覺慈)가 편집하고 거기에 달관담영(達觀曇穎)이 서문을 붙인 『석문문자선(石門文字禪)』에서 발췌한 것이다.

[22]
벽암록(碧巖錄)
∶

『벽암록』 10권은 본래 『불과원오선사벽암록(佛果圓悟禪師壁巖錄)』으로 달리 『벽암집(碧巖集)』이라고도 불린다. 저자는 설두중현(雪竇重顯, 980~1052) 및 원오극근(圓悟克勤, 1063~1135)이다. 송대 초기에 활동했던 운문종의 조사 설두중현의 자는 은지(隱之)이다. 그 법계는 운문문언(雲門文偃) ─ 향림징원(香林澄遠) ─ 지문광조(智門光祚) ─ 설두중현(雪竇重顯)이다.

설두는 선장이면서도 시가 및 문장에 뛰어났다. 설두는 그의 나이 40세 무렵에 『경덕전등록』 30권에서 고인의 공안 100칙을 선별하고, 그 각각의 내용을 운문시의 형태로 표현하여 『설두송고(雪竇頌古)』 100칙을 지었으며, 이것을 그 제자 원진(遠塵)이 편집하였다. 설두가 입적한 뒤 11년 후에 사천성 성도에서는 원오극근이 출생하였다. 원오는 임제종의 제11세이면서 양기파의 제4세로서 『설두송고』를 애독하여 고향이었던 사천의 성도, 호남의 협산, 상서의 도림 등 세 곳에서 강독하면서 제자들의 구도심을 제고하였다. 이후 호남 예주의 협산 영천원에서 그 내용을 종합적으로 제창하여 필록하였는데 그가 주석했던 벽암(碧巖)이라는 당호의 이름을 따서 『벽암록』 혹은 『벽암집』이라 하였다.

『벽암록』에 대히여 특히 임제종 계통에서는 예로부터 종문제일서(宗門第一書)로 일컬어질 만큼 참선 학도에게 중요하게 간주되었다. 공안집은 공안을 집대성한 책으로서 이후 이와 같은 구성과 특징을 지닌 형태가 지속적으로 출현하였다. 선문답의 집대성인 공안집은 후대의 사람들이 점차 여러 가지로 연지 찍고 곤지 찍으면서 정형화된 작품으로 만들어 갔다. 그것은 선문답을 깨침으로 나아가는 수단 내지 도구로 삼아 많은 선자들에게 일정한 표준을 제시하려는 의도이기도 하였다. 그래서 많은 선사들은 이전의 어떤 선문답을 각각의 기준에 비추어 선별하고 그에 대한 자신의 견해를 붙이기도 하였다.

이 경우 일반적으로 이전의 어떤 선문답을 본칙(本則) 혹은 고칙(古則)이라고 한다. 그 고칙에 대해 편자가 자신의 견해를 게송으로 붙이기도 하고, 산문으로 붙이기도 한다. 고칙에 대해 게송으로 나타내는 것을 송(頌)이라 하는데 이 경우 고칙과 송을 합하여 송고(頌古)라 한다. 곧 고칙에 송을 붙였다는 뜻이다. 그리고 고칙을 산문으로 나타내는 것을 염(拈)이라 하는데 이 경우 고칙과 염을 합하여 염고(拈古)라 한다. 곧 고칙에 산문으로 해석을 붙였다는 뜻이다. 이 송고와 염고에 대해 후대인이 다시 주석을 가하기도 하였는데 이 경우 송고나 염고의 전체적인 의미를 송고나 염고 앞에 제시한 짤막한 산문을 시중(示衆) 혹은 수시(垂示)이라 한다. 그리고 송고나 염고의 각 어구마다 아주 짤막한 촌주를 붙였는데 이것을 착어(著語)라 한다. 송고나 염고를 들고 전체적으로 그에 얽힌 일화나 그에 관련된 내용을 장황한 설명으로 풀어낸 것을 평창(評唱)이라 한다. 설두중현에게는 달리 『설두염고(雪竇拈古)』 100칙이 있다. 이에 대해 원오극근이 착어와 촌평을 가하여 필록한 것이 소위 2권으로 구성된『불과원오격절록(佛果圓悟擊節錄)』 100칙이다.

『벽암록』의 저본으로는 다음과 같은 것들이 있다.
1) 촉본(蜀本): 원오가 성도에서 제창하고 필록한 것으로 선화 7년 (1125)에 무당(無党)이 붙인 서문이 있다.
2) 복본(福本): 협산에서 제창하고 필록한 것으로 건염 2년(1128)에 보조(普照)가 붙인 서문이 있다.
3) 일야본(一夜本): 도림에서 제창하고 필록한 것인데『불과벽암파관격절(佛果壁巖破關擊節)』이라는 제목이 붙은 사본이다.
4) 기타 촉본을 저본으로 하여 복본과 일야본을 참조해 중간(重刊)한 것으로 일반적으로 유포본이라 불린다.
『벽암록』의 100칙은 각각 다음과 같이 구성돼 있다.
(1) 100가지 각각의 본칙에 원오극근이 붙인 수시(垂示) 혹은 시중(示衆).
(2) 설두중현이 찬술한 송고 100가지 고칙(古則) 혹은 본칙(本則).

(3) 100가지 고칙에 설두 자신이 붙인 100가지 송(頌).

(4) 100가지 본칙과 100가지 송의 각각 장구(章句)마다 원오극근이 붙인 착어(著語).

(5) 100가지 본칙과 100가지 송에 대한 자세한 해설을 붙인 평창 (評唱).

여기에서 (2)와 (3) 부분은 설두중현의 기록에 해당하고, 기타 (1) 과 (4)와 (5) 부분은 원오가 제창한 것이다. 곧 수시 혹은 시중은 각각 의 본칙의 내용에 대한 긴략한 대의로서 일종의 서문에 해당한다. 본 칙 혹은 고칙은 『경덕전등록』에서 선별한 고인의 일화로서 『벽암록』 의 중심 내용이다. 송은 본칙의 내용을 운문시의 형태로 압축한 것으 로 상징성이 뛰어나다. 착어는 각 문장과 구절마다 간략하게 붙인 촌 주(寸註)의 성격을 지니고 있다. 평창은 본칙과 송에 대해 자세한 배 경과 그 의미를 구체적으로 설명한 것으로서 본칙과 송을 파악하기 위한 해설이다. 이와 같이 『벽암록』은 공안집의 성격을 지닌 책으로 제1칙 달마확연(達磨廓然)으로부터 제100칙 파릉취모(巴陵吹毛)에 이 르기까지 그 구조가 동일하다.

【 23 】
진헐어록(眞歇語錄)

⋮

진헐의 어록으로는 『진헐청료선사어록(眞歇淸了禪師語錄)』과 『진주

장로요화상겁외록(眞州長蘆了和尙劫外錄)』, 『진헐요선사어(眞歇了禪師語)』가 전한다. 이는 곧 진헐청료(眞歇淸了, 1088~1151)의 상당법어와 『신심명』에 대한 염어(拈語)를 모은 것이다. 진헐청료는 조동종의 법맥을 계승한 선사로서 단하자순(丹霞子淳)의 문하에서 굉지정각(宏智正覺)과 동문수학하였다. 그는 스승인 단하자순과 동문인 굉지정각과 더불어 조동종의 교의를 계승하고 그 수행 방법으로서 묵조선법을 주창하고 발전시킨 대표적인 인물이다. 진헐의 휘는 청료(淸了)이고 도호(道號)는 진헐(眞歇)이다. 이 도호는 선종사에서 가장 먼저 보이는 도호이다. 진헐이라는 말은 자신을 지칭한 것이고, 또한 자가의 종풍을 가리킨 말이다. 진헐은 진정한 휴헐(休歇)로서 참된 깨침을 의미한다. 이 말은 묵조의 묵(默)을 진정한 휴헐(休歇)의 의미로 교묘하게 표현한 것이기도 하다.

진헐의 속성은 옹(雍) 씨로서 11세에 출가하여 19세 때 구족계를 받고 성도의 대자사에서 『원각경』·『금강경』·『대승기신론』 등을 배웠다. 또한 아미산에 올라 보현보살을 친견하고, 이후에 단하산의 자순 선사에게 참문하여 '공겁 이전의 자기'라는 문답을 통해 깨쳤다. 36세 때 사법하고 이후로 겁외(劫外)의 가풍을 진작하여 묵조선법을 크게 일으켰다. 당시에 간화선을 주창했던 대혜종고(大慧宗杲)가 진헐의 선법에 가했던 묵조선 비판은 간화선과 묵조선을 상호 비교하면서 이해할 수 있는 좋은 단서가 되기도 한다.

진헐의 탑명에 의하면 진헐의 어록은 두 가지가 세상에 유행했다고 한다. 하나는 『겁외록(劫外錄)』으로 만속장경에 현존하고, 다른 하나로는 설봉산 주지 시절의 어록인 『일장록(一掌錄)』이 있었다고 하나

지금은 전하지 않는다. 『겁외록』은 진헐이 1128년 6월에 장로산에서 물러난 41세 이전까지를 기록한 것이다. 한편 진헐은 43세부터 48세까지 설봉산에서 주지를 하였는데 『일장록』은 47세 2월 이전까지의 기록이다.

진헐의 선법은 『겁외록』이라는 명칭이 보여주듯이 겁외라는 말로 가장 잘 대변된다. 겁외(劫外)는 송대 조동종풍을 표방하고 전승해 온 대표적인 용어이기도 하다. 겁외의 종풍은 세계가 성립하기 이전, 그리고 분별의식이 생기기 이전, 곧 위음나반·공겁 이전의 소식을 곧바로 깨달아 아는 것을 말한다. 겁외의 소식을 보여주는 하나의 예로 조용히 앉아 좌선하는 모습을 찬탄한 노래로서 진헐이 36세 때 쓴 「선화계묘연좌자찬」의 내용이 있다.

삼십 육년 동안 아등바등
이 육신에 집착하여 왔네
일천 칠백 명의 납자들은
곧 그것에 속아 버렸다네
이제 그 허상을 끊고 나니
삼천대천세계 무너진다네
겁외선풍일랑 까마득하니
허공 알록달록 장식 말라

진헐청료가 주로 머물렀던 곳은 장로산(長蘆山)·설봉산(雪峰山)·아육왕산(阿育王山)·용상사(龍翔寺)·경산(徑山)·숭산현효선사(崇先顯孝禪

寺) 등 여섯 곳인데, 『겁외록』은 이 가운데 최초의 장로산에서의 설법만으로 구성돼 있으며 그 사상을 엿볼 수 있는 거의 유일한 어록이다. 여기에서 진헐은 깨침이 그대로 드러나 있다는 현성공안(現成公案)을 크게 강조하여 묵조선법의 사상을 현창하였다.

> 현성공안은 남에게서 구할 것이 아니다. 그대 자신과 나 자신이 곧 현성공안이다. 따라서 보고 듣는 것이 그대로 현성공안의 진실이고, 소리와 색이 그대로 현성공안의 진실이며, 움직임이 그대로 현성공안의 진실이고, 말하는 것과 침묵이 그대로 현성공안의 진실이다. 그러니 일용사의 견문각지가 그대로 현성공안의 순수 진리 아님이 없다.

현성공안이란 진리가 본래부터 어떤 조작도 없이 있는 그대로 완성돼 있고 나아가서 그대로 드러나 있다는 의미이다. 이러한 현성공안의 강조는 진헐의 상당법어뿐만 아니라 기타의 『신심명염고(信心銘拈古)』에도 자주 등장한다. 그 유형도 활계(活計)의 현성, 임운(任運)의 현성, 밀밀(密密)의 현성 등 다양하게 나타나 있어 진여법계에 나와 남이 없고, 숨음과 드러남이 동체이며, 능과 소의 분별이 모두 사라지고, 높고 낮음에 두루 비쳐 일용사에 끝이 없는 모습으로 설정돼 있다. 이러한 경지야말로 법으로써 법을 듣고 마음으로써 마음을 구하는 것도 곧 자신이 법을 듣고 자신이 마음을 구하는 것이어서 불법의 작용 아님이 없다. 이러한 사실은 단하자순의 가르침을 통해 계속 이어지고 있는 본증(本證)의 입장이다.

이에 대하여 진헐은 "피부를 탈락하고 오직 하나의 진실만이 있다. 그것이 과거와 현재를 마치 높이 떠오른 태양처럼 밝게 비추어 지금 이곳 면전에 적나나 적쇄쇄하게 나타나 있다. 이것을 평상심이라 한다."고 말한다. 진헐은 참으로 오직 깨침의 자각을 위해 좌선수행에 진지하게 매진했던 선자였다. 진헐에게서 불조의 등불은 동서로 이어져 오면서 깨침을 법칙으로 삼기에 오직 깨달음에만 상응한다. 이것을 진헐은 조동의 종지로 전하여 더욱더 심화시켰다. 그 모습은 마치 북소리와 노래가 어울리고 정(正)과 편(偏)이 열린 관계로 작용하는 것과 같다.

∥【 24 】∥
굉지어록(宏智語錄)
∶

『굉지어록』 9권은 중국 조동종 제10세 굉지정각(宏智正覺, 1091~1157)의 어록으로 대정신수대장경 및 속장경에 전한다. 그 기본적인 판본으로 첫째는 송판(宋版) 『굉지록(宏智錄)』 6책(1157)으로 굉지정각이 서술한 것이다. 둘째는 원판(元版) 『명주천동경덕선사굉지각화상어록(明州天童景德禪寺宏智覺和尙語錄)』 4책(1346)으로 굉지정각이 서술하고 묘협(妙叶) 및 정계(淨啓)가 중편(重編)한 것이다. 셋째는 일본 강호판(江戶版) 『천동굉지선사광록(天童宏智禪師廣錄)』 9권 9책(1708)으로 굉지정각이 서술하고 일본의 천계전존(天桂傳尊)이 편집하여 개판한 것이다. 기타 이들로부터 개판된 것까지 포함하여 8종이 있었고, 이 가운데 7종이 현존한다.

대정신수대장경본의 경우 제1권은 굉지의 서 및 상당어록, 제2권은 송고(頌古) 100칙, 제3권은 염고(拈古) 99칙, 제4권은 상당어록, 제5권은 소참법문, 제6권은 법어, 제7권은 진찬(眞贊) 및 하화(下火), 제8권은 게송 및 잠명(箴銘) 기타, 제9권은 자서(自序)와 진찬과 행업기와 간기 등으로 이루어져 있다. 이후 원대 초기에 제2권 및 제3권의 송고와 염고는 만송행수의 수시(垂示)·착어(著語)·평창(評唱)이 가해져 각각『종용록(從容錄)』과『청익록(請益錄)』으로 출현하였다.

굉지정각은 묵조선이라는 수행 방식을 체계화한 인물로 널리 알려져 있다. 북송에서 남송 시대로 이어지는 무렵에 당시 선종계는 당대(唐代)의 생생한 선기를 점차 상실하고 종파화된 입장에서 이전 시대의 답습으로 타성화돼 가고 있었다. 이러한 선종계에 굉지는 새롭게 선수행 방식을 제창하여 당시의 간화선과 더불어 선풍을 크게 진작시켜 나갔다.

이 가운데 묵조선의 사상적 기반은 우선 달마의『이입사행론』에서 말하는 심신(深信), 우두종에서의 좌선관 곧 절관(絶觀)에 기초한 본래 자연 내지 본래 본연, 그리고 무심(無心)에 기초한 무물(無物)에서 찾을 수 있다. 또한 소위 능가종의 수행에서 수일심(守一心) 내지는 수본진심(守本眞心)도 본심의 구비라는 입장에서 그 맥을 같이 하고 있다.

이러한 시대에 굉지는 천동산을 중심으로 그 자신의 독특한 교화를 펼쳤는데 그것이 묵조의 수행이라는 가풍으로 전개되어 나갔다. 굉지는 묵조라는 말을 통하여 조동종의 선풍을 고취시켰다. 굉지가 묵조라는 말로써 드러내려고 한 것은 묵(默)에 있어서의 무분별과 조 (照)에 있어서의 지(知)의 자각이었다.

　이와 같은 묵조선의 속성과 공능과 비유에 대해 굉지는『묵조명』 이라는 짤막한 글을 남겼다.『묵조명』에 나타나 있는 묵조는 묵과 조 로 나뉜다. 여기에서 묵조가 일여하게 될 때가 바로 묵조선의 현성이 다. 이것은 본증의 현성 내지는 자각의 의미이다. 왜냐하면 묵조선의 구조는 본증자각(本證自覺)을 설하는 것으로서 그 중점이 바로 깨침의 세계 곧 불의 세계에 맞춰져 있기 때문이다. 본증의 자각이기 때문에 그 깨침으로 이끌어 나가는 방법과 수행이 구분돼 있지 않다. 묵묵하 게 좌선을 할 때에 그대로 깨침의 세계가 현현한다. 그리고 그 세계 는 새로운 세계가 아니라 자신이 원래부터 도달해 있는 세계이다. 이 와 같이 묵조는 묵(默)으로서의 좌선의 수(修)와 조(照)로서 현성된 증 (證)을 달리 보지 않고 증이 본래부터 구족되어 있음을 설하고 있다.

　특히 묵조라는 용어에서 묵과 조는 단순히 '묵묵히 비추어 본다'는 수식 내지 한정의 관계가 아니라 병렬적인 의미를 맺고 있다. 이는 곧 묵조는 다양한 어구로 나타나면서도 본래의 묵조의 의미를 상실하 지 않고 있기 때문이다. 그래서 묵조는 묵묵한 좌선으로서의 수행을 가리키는 묵과 광겁에 두루 비추지 않음이 없는 깨침에서의 공능인 조를 상징한다. 그리하여 묵조가 각각, 묵은 조가 상정된 묵으로서의 작위의 현성이라면 조는 묵을 수반하는 조로서의 무작위의 현성이 다. 또한 묵과 조는 다름 아닌 신(身)과 심(心)이다. 묵이 몸에서 올올 하게 좌선일여한 상태로 지속되는 동중정이라면 조는 마음에서 무한한 묘용을 뿜어내는 정중동이다. 이것은 몸이 묵(默)한 상태로의 좌선이면서 마음이 조(照)한 상태로서의 좌선이다.

굉지정각은 「송고」100칙과 「염고」99칙을 남길 만큼 문필에도 뛰어났다. 그의 제자 문암사종이 붙인 서문에서 "굉지정각 스님께서는 고덕의 기연 200칙을 주워 모아 그 뜻을 송(頌)하여 펴고 그 강요를 염(拈)하여 떨쳤다. 이리하여 회수(淮水)의 양 언덕에 빛을 놓아 명각대사(明覺 大師)인 설두중현(雪竇重顯)의 뒤를 이었다"라고 하듯이 설두중현의 뒤를 이은 사람으로 평가받고 있다. 또한 만송행수의 말에 의하면 "우리 종문의 설두와 천동은 공자 문하의 자유와 자하에 비견할만하고, 두 선사의 송고는 시단의 이백과 두보에 비길 만하다." 이러한 점을 감안한다면 만송이 굉지의 「송고」에 평창을 붙여 『만송노인평창천동각화상종용암록』6권 100칙을 만들고, 또한 굉지의 「염고」에 대해서 평창을 붙여 『청익록』2권 99칙을 만들었던 것도 충분히 짐작할 만하다. 이 두 「송고」와 「염고」는 서로 형식과 내용에 많은 유사점이 있으며 차이점은 『청익록』의 경우 본칙에 대한 「송」과 「시중」이 없다는 점이다.

|【 25 】|

대혜어록(大慧語錄)

⋮

『대혜어록』은 북송 말기부터 남송 초기에 걸쳐 살았던 임제종 양기파의 법맥에 속하는 대혜종고(大慧宗杲, 1089~1163)의 어록 30권으로 대정신수대장경 제47권에 수록되어 있다. 그 내용은 경산(徑山)·육왕산(育王山)·강서(江西) 운문암(雲門庵)·복주(福州) 양서암(洋嶼庵)·천주(泉州)의 소계(小谿) 운문암(雲門庵) 등에서 설했던 상당법어(上堂法語)·탑명(塔銘)·운거수좌요병불어록(雲居首座寮秉拂語錄)·실중기연(室中機緣)·송고(頌古)·게송(偈頌)·찬불조(讚佛祖)·보설(普說)·법어(法語)·서간(書簡) 등에 대한 기록이다. 사법제자 온문(蘊聞)이 집대성하여 1171년에 상진(上進)하고 1172년에 대장경의 편입을 허락받았다. 입장(入藏) 이전의 각 권별로 여러 제자들에 의해 정리된 것으로는 『대혜보각선사주경산능인선원어록 참학도겸록 정지거사황문창 중편(大慧普覺禪師住徑山能仁禪院語錄 參學道謙錄 淨智居士黃文昌重編)』이 있다. 또한 참학제자 법굉(法宏)과 도겸(道謙)이 편집한 별록으로서 『보각종고선사어록(普覺宗杲禪師語錄)』 2권이 속장경에 수록되어 전하는데 『대혜선종잡독해(大慧禪宗雜毒海)』라고도 불린다. 한편 대혜에게는 일종의 공안집으로서 제자를 제접하는 방편의 기능으로 삼은 『정법안장』 6권도 전한다. 또한 제자 도겸이 편집한 것으로 『대혜보각선사종문무고(大慧普覺禪師宗門武庫)』가 명판대장경에 입장되어 전한다. 한편 명판대장경에 전하는 것으로 1183년에 조영(祖詠)이 편찬한 『대혜보각선사사연보(大慧普覺禪師年譜)』가 있어 대혜의 전기를 이해하는 좋은 자료가 된다.

당나라 때에 백화난만하던 선풍이 마침내 오대를 지나 송대에 들어서면서부터는 그 생기발랄한 선기를 상실하면서 고착화되어 더 이상 창조적인 선풍을 전개하지 못하고 이전의 사상과 선기를 답습하는 풍토에 젖어들었다. 이때에 이전의 순수하고 발랄한 선풍을 다시금 진작시키는 데에 노력했던 사람이 곧 대혜종고였다. 그는 선이야말로 자신의 생활이 되고 자신의 혈육이 되기 위해서는 무언가 살아 움직이는 기능이 수반되지 않으면 안 된다고 생각하였다. 따라서 당시의 사회 문제에 직접 뛰어들어 많은 사대부들과 인연을 맺으면서 그들에게 선수행을 지도하였고, 몸소 선수행의 도량을 일구어 나아갔다. 그뿐만 아니라 당시의 사회 문제 내지 정치 문제에도 관심을 기울여 수행자로서 한몫을 하면서 가열찬 삶을 경주하였다. 그리하여 17년에 걸쳐 유배 생활을 하기도 하였다.

더불어 선수행 본연의 임무에 충실하여 당시 선문의 풍토가 앞으로 나아가지 못하고 이전 시대를 답습하고 모방하는 것에 빠져 있는 것을 과감하게 개혁하는 데에도 앞장섰다. 그것이 새로운 간화선법을 주장하는 것으로 나타났다. 간화선의 출현 원인은 선수행과 깨침에 대한 선종사적인 흐름 속에서 찾을 수 있다. 대혜는 당나라 때부터 계속된 무사선의 오해를 그 직접적인 원인으로 간주하고, 당시 선풍의 폐해에 대해 불병(佛病)·법병(法病)·중생병(衆生病)을 간접적인 원인으로 간주하였다. 불병은 선교방편을 지니지 못하고서 방편을 그대로를 만능으로 간주하는 잘못과 범부의 행위까지도 일상생활 그대로가 깨침이라 하여 무사갑리(無事甲裏)에 떨어지는 잘못을 가리킨다. 법병은 언설을 통한 갖가지 병통으로서 곧 언어상·문자상·지해분별상에 떨어져 있는 것과 방편의 가르침을 방편인 줄 모르고 실재로 간주하는 잘못을 말한다. 중생병은 중생이 일반적으로 지니고 있는 속성으로서 분별사식과 불신 의혹과 미혹 우치를 말한다. 곧 대혜가 간화선법을 제시한 것은 이전의 무사선의 오류에 빠져 있던 선종계에 새로운 대안을 제시하려는 것이었다. 이와 같이 대혜가 제시한 화두에는 두 가지 성격이 있다. 화두의 예비적인 방편 기능과 본질적인 정기능이 바로 그것이다.

첫째는 수단적·도구적 기능으로서 방편수행(方便修行)의 기능이다. 이 경우에 화두의 목표는 깨침이 아니다. 깨침을 목표로 삼아 수행하기 위해 반드시 갖추어야 하는 예비 기능일 뿐이다. 이 경우 화두는 깨침에 나아가기 위해 반드시 필요한 화두일념을 유도하는 행위로서 작용한다. 산란심과 혼침 속에서는 정신 집중이 불가능할 뿐만 아니라 설령 순간적인 정신 집중이 가능하다 해도 그것을 지속적으로 유지하기가 불가능하기 때문에 산란심과 혼침을 동시에 제거하기 위해서 화두를 필요로 할 뿐이다.

둘째는 정신 집중과 깨침의 주체로서 정수행(正修行)의 기능이다. 화두 자체를 참구하는 행위는 그대로 깨침이 화두를 벗어나 있지 않다는 의미이기도 하다. 화두가 깨침의 또 다른 양상으로서 참구되는 것이다. 따라서 화두참구는 더 이상 깨침을 기다리는 행위가 아니다. 그것이 곧 깨침을 참구하는 것이기 때문이다.

여기에서 화두의 참구 행위에서 화두일념이 되어야 한다. 화두일념이란 화두를 참구하는 자와 참구되는 화두가 분리돼 있지 않은 경지이다. 그래서 이 경우 화두는 전체로서의 화두로서 이전까지의 방편적인 화두의 속성을 상실한다. 화두가 그대로 목표로 돼 있기 때문이다. 그래서 화두와 참구 행위자와 깨침은 별개의 존재가 아니다. 그 연결고

리는 다름 아닌 참구자의 참구 행위이다. 여기에서 참구자에 의한 참구 행위가 여일하게 유지되는 것이야말로 화두일념의 핵심이다. 그래서 어디까지나 화두를 깨치는 것은 화두를 참구하는 자의 주체적인 몫이다. 화두 자체가 저절로 화두의 참구자에게 깨침으로 드러나는 것은 아니다. 반드시 참구 행위를 수반하지 않으면 언제까지나 화두는 화두이고 깨침은 깨침이며 화두 참구자는 화두 참구자일 뿐이다.

【 26 】
인천안목(人天眼目)

:

『인천안목』은 6권으로 구성돼 있는데 대정신수대장경 제48권, 선종전서 제32권 기타에 수록되어 전한다. 대혜종고의 제4세에 해당하는 회암지소(晦巖智昭)가 1188년에 편찬한 것으로 선종오가의 종지에 대한 강요서의 성격을 지니고 있다. 1258년에는 물초대관(物初大觀)이 중수하였고, 이것이 1317년에 재간되었다. 『인천안목』은 임제종·운문종·조동종·위앙종·법안종의 순서대로 종파를 분류하였다. 그리고 해당 부분의 처음에는 종파의 종조에 대한 약전을 기술하고, 해당 종파의 조사들의 교의 및 게송 등 비교적 중시되는 교의를 정리하였다. 『인천안목』의 끝 부분에는 「종문잡록(宗門雜錄)」이라는 제목으로 선종사에서 전승돼 온 간단한 교의 및 강요 등을 수록하였고, 이어서 보유 사항을 기술하였다. 말미에는 혜소가광(慧昭可光)의 발문

이 수록되어 있다. 기타 권말에는 후서 등이 수록돼 있다. 구체적인
내용 구성은 다음과 같다.

서두에 회암지소의 서문이 수록돼 있다. 제1권에는 임제의현의 약
전·임제종의 사요간(四料揀)·삼구(三句)·삼현삼요(三玄三要)·사빈주
(四賓主)·사조용(四照用)·흥화험인(興化驗人)·분양십지동진(汾陽十智同
眞)·송원악십지문답(松源嶽十智問答) 등이 수록되어 있다.

제2권에는 분양사구(汾陽四句)·삼종사자(三種師子)·분양삼결(汾陽三
訣)·분양삼구(汾陽三句)·분양십팔문(汾陽十八問)·구대(九帶)·황룡삼관
(黃龍三關)·남당변험십문(南堂辨驗十問)·임제문정(臨濟門庭)·요결(要
訣)·고덕강종송(古德綱宗頌) 등이 수록돼 있다. 또한 운문종에 대해서
는 운문문언의 약전·삼구(三句)·추고(抽顧)·일자관(一字關)·강종게(綱
宗偈)·파릉삼구(巴陵三句)·운문문정(雲門門庭)·요결(要訣)·고덕강종송
(古德綱宗頌) 등이 수록돼 있다.

제3권에는 조동종의 교의를 수록하였다. 곧 동산양개의 약전·오
위군신(五位君臣)·명안오위빈주(明安五位賓主)·동산공훈오위(洞山功勳
五位)·조산오위군신도(曹山五位君臣圖)·오위왕자송(五位王子頌)·조산
삼종타(曹山三種墮)·삼종삼루(三種滲漏)·동산삼로접인(洞山三路接人)·
조산삼종강요송(曹山三種綱要頌)·명안삼구(明安三句)·조산사금어(曹山
四禁語)·문풍게(門風偈)·조동문정(曹洞門庭)·요결(要訣)·고덕강종송(古
德綱宗頌)·보경삼매(寶鏡三昧) 등이 수록돼 있다.

제4권에는 위앙종 및 법안종의 교의를 수록하였다. 곧 위앙종의 교
의에 대해서는 위산영우의 약전·삼종생(三種生)·원상인기(圓相因起)·
변제팔식(辨第八識)·앙산임종부법게(仰山臨終付法偈)·용담지연위사송

(龍潭智演爲四頌)·삼연등(三燃燈)·삼조어(三照語)·위앙문정(潙仰門庭)·고덕강종송(古德綱宗頌) 등이 수록돼 있다. 법안종의 교의에 대해서는 법안문익의 약전·화엄육상의(華嚴六相義)·즉물계신송(卽物契神頌)·시기(示機)·소국사종풍(韶國師宗風)·소국사사요간(韶國師四料揀)·법안문정(法眼門庭)·요결(要訣)·고덕강종송(古德綱宗頌) 등이 수록돼 있다.

제5권 및 제6권은 「종문잡록」이라는 제목으로 오가종파에 관련된 기타의 교의를 수록하였다. 제5권에는 염화(拈華)·삼신(三身)·사지(四智)·석두의 『참동계』·오문(五問)·교몽당중교오가종파서(覺夢堂重校五家宗派序) 등이 수록돼 있다.

제6권에는 암두삼구(巖頭三句)·조론사불천(肇論四不遷)·암두사장봉(巖頭四藏鋒)·고덕송부달관영(古德頌附達觀穎)·종문삼인(宗門三印)·삼조왕자(三朝王子)·장노조인복보검화(長蘆祖印福寶劍話)·지문조연화어(智門祚蓮花語)·오조연천타파화(五祖演偓陀婆話)·경청문풍혈육괄(鏡清問風穴六刮)·오종문답(五宗問答)·보봉자감송(寶鋒慈鑒頌)·원오오가종요(圓悟五家宗要)·삼종법계(三種法界)·오안(五眼)·삼보(三寶)·주장화(拄杖話)·구의(句意)·육조문답(六祖問答)·십무문답(十無問答)·일할분오교(一喝分五敎)·선림방어(禪林方語)·진성게(眞性偈) 등이 수록돼 있다.

기타 보유 부분에는 대원연우중간인천안목후서(大元延祐重刊人天眼目後序)·용담고(龍潭考), 중수인천안목집후서(重修人天眼目集後序)·괘당수경림기(挂堂叟瓊林記)·동토육조에 대한 게송·그리고 북종(北宗)·재송도자(栽松道者)·우두(牛頭)·영가(永嘉)·운문(雲門)·설두(雪竇)·천의(天衣)·대양(大陽)·투자(投子)·운봉(雲峰)·황룡(黃龍)·백운(白雲) 등에 대한 찬·고산규십무송(鼓山珪十無頌)·오가요괄(五家要括) 등이 수록돼 있다.

회암지소가 『인천안목』을 편찬하려 했던 의도는 그 서문에 드러나 있다. 곧 지소가 제방을 유행할 때 이르는 곳마다 정성을 다하여 존숙들에게 오종의 강요 및 그 명목에 대해 물었다. 그러나 그들 중에는 왕왕 그것을 모르는 자들이 있었다. 이에 스승의 지위에 있으면서도 강요의 어구는 물론이고 그 명목 및 강요의 지결(旨訣)조차 모르는 것에 개탄하였다. 그와 같은 상황으로는 후대의 사람들을 이끌어 의심을 결택하고 잘못을 없애줄 수가 없다는 생각을 하였다. 이후로 지소는 20여 년 동안 오종의 강요에 뜻을 두고서 노력하였는데, 혹 유실된 것을 발견하기도 하고, 망가진 비문을 찾아내기도 했으며, 존숙(尊宿)들로부터 자세한 설명을 듣기도 하고, 노납(老衲)들의 게송을 얻기도 하였다. 이리하여 오종강요를 필록하면서 저장해 두었다. 그러다가 인연이 닿아서 천태만년산사(天台萬年山寺)에서 비로소 종류별로 편찬하여 오종으로 나누고 『인천안목』이라는 제목을 붙였다. 그리고 지소는 여기에 수록한 말들은 모두 한결같이 선배들이 지은 것이지 사사로이 증감을 하지 않았고, 역대의 모든 존숙들이 중생을 위해 베풀어 놓은 것일 뿐 지소가 억측으로 지은 것은 절대 아니라고 밝히고 있다. 이로써 남을 지도하는 위치에 있는 스승들로 하여금 종의(宗義)에 대한 정사(正邪)를 가릴 수 있기 바라는 마음으로 작업하였다.

이 『인천안목』은 수록된 교의 및 그 내용에 대해 이설이 많은 것이 사실이다. 따라서 보다 엄밀한 고증이 필요한 책이기도 하다. 그러나 당나라 말기부터 오대 초기의 100여 년 동안 형성된 선종오가의 기본적인 교의를 집대성했다는 점에서 그 의의를 찾아볼 수 있다. 그 영향을 받아 이후에 우리나라에서는 찬술 연대가 고려 시대로 추정되는

『선문강요집』 및 조선 후기에 환성지안(喚醒志安)이 『인천안목』에 수록된 내용과 구성을 참고하여 저술한 『선문오종강요』를 통해 선종오가의 교의에 대한 이해를 계승하였다.

|【 27 】|
십우도(十牛圖)
:

『십우도』는 소를 주제로 하여 수행과 깨침과 교화의 여정을 열 장의 그림으로 표현한 것이다. 여기에서 소는 각자의 마음을 비유한 것인데, 소의 비유에도 소를 파악하여 그것을 잊어 가는 과정의 경우가 있고 또는 검은 소를 흰 소로 변화시켜 나가는 경우가 있어서 그 출발점도 똑같지는 않다. 그러나 『십우도』는 소에 대한 그림과 그것에 상응하여 게송으로 표현한 내용이 주를 이루고 있다. 텍스트로는 기본적으로 3종이 있다.

1) 주정주양산곽암화상십우도송병서(住鼎州梁山廓庵和尙十牛圖頌并序) 1권. 『선문제조사게송(禪門諸祖師偈頌)』 권4에 수록되어 있다. 심우(尋牛)·견적(見跡)·견우(見牛)·득우(得牛)·목우(牧牛)·기우귀가(騎牛歸家)·망우존인(忘牛存人)·인우구망(人牛俱忘)·반본환원(返本還源)·입전수수(入廛垂手)의 열 단계가 순서별로 구성돼 있다.

2) 신각선종십우도(新刻禪宗十牛圖) 1권. 전당(錢塘)의 호문환(胡文煥)이 서를 붙여 간행한 것이다. 속장경 2~18 수록본에는 그림이

생략돼 있지만 호문환은 '고락인연도(苦樂因緣圖)'를 붙이고, 말미에는 총제(總題)를 붙였다. 송은 보명(普明)의 송과 그에 대한 운암(雲庵; 황룡파의 제2세 진정극문, 1025~1102)의 화답으로 구성돼 있다. 그 열 단계의 순서는 차례로 미목(未牧)·초조(初調)·수제(受制)·회수(回首)·순복(馴伏)·무애(無碍)·임운(任運)·상망(相忘)·독조(獨照)·쌍민(雙泯)이다.

3) 보명선사목우도송부제대선사화송(普明禪師牧牛圖頌附諸大禪師和頌) 1권. 냉대의 운서주굉(雲棲袾宏)이 1609년에 서를 붙여 간행한 것이다. 여기에다 후에 15명이 화송(和頌)을 붙였다.

정주 양산에 주석했던 곽암사원(廓庵師遠)의 법맥은 양기파 제5세로서 양기방회(楊岐方會) – 백운수단(白雲守端) – 오조법연(五祖法演) – 대수원정(大隨元靜) – 곽암사원인데 그 전기는 자세하지 않다. 곽암의 『십우도』의 성격은 화송(和頌)을 붙인 자원 화상의 서문에 잘 나타나 있다.

무릇 제불의 진실한 근원은 곧 중생에게도 본래부터 구비되어 있다. 그러나 그러한 도리를 모르기 때문에 삼계에 빠져 허덕이고 있는 것이다. 이에 그 도리를 깨치면 곧바로 중생의 난생·태생·습생·화생이라는 사생을 초출한다. 따라서 제불에게는 그 나름대로 제불이 된 이유가 있고 중생에게는 나름대로 중생이 된 이유가 있다. 곧 본분의 측면에서는 중생과 부처, 미혹과 깨침 등과 같은 분별과 대립이 없는데도 불구하고 수증의 측면에서는 미혹과 깨침, 중생과 부처가 있다. 따라서 부처님은 중생을 불쌍하게 여겨 널리 여러 갈래의 방법을 시설하였다. 이론적으로는 방편과 진실을 시설하였고, 접화 수단으로는 돈오와 점오를 시설하였으며 추잡으로부터 미세에 이르는 방법과 얕은 곳으로부터 깊은 곳에 이르는 길을 시설하였다. 그리고 최후에는 푸른 연꽃과 같은 눈동자를 깜박여서 마하가섭의 파안미소를 이끌어냈다.

올바른 진리의 안목을 틔워 주는 정법안장은 천상세계와 인간세계와 사바의 예토세계와 깨침의 피안세계에 두루 유통되었다. 이로써 만약 그 도리를 터득하면 근원적인 원리를 초월하고 구체적인 방식을 초월한 모습이 마치 허공을 날아가는 새의 길에 흔적이 남지 않듯이 자유롭다. 그러나 그 현상에만 집착하기 때문에 언구에 얽매여 미혹한 모습이 마치 신령한 거북이라 할지라도 진흙에다 꼬리의 자국을 남기는 것과 같다.

이에 근래에 청거호승(淸居皓昇)이 중생의 바탕을 살펴보고 질병에 맞는 약을 처방하였다. 곧 소를 치는 모습에 비유하여 그림으로 그려서 각자의 수준에 맞도록 가르침을 베풀었다. 처음에는 까맣던 소가 점차 흰 소로 변해가는 것을 보여서 수행이 완성되지 못했음을 드러냈지만 점차 완전히 길들어 완성이 돼 가는 진실에 이르러서 그 능력이 점점 원숙해짐을 드러냈다. 그리하여 최후에는 사람과 소의 모습이 사라지는 경지에 도달하여 마음과 교법까지도 모두 사라지는 경지를 보여주었다. 이것은 그 도리에 대해서는 이미 근원까지 철저히 궁구하였지만 그 교법에 대해서는 아직도 중생 교화를 위한 행위에 매진하는 것을 말한다. 그럼에도 불구하고 중·하근자는 잘못 생각하여 단견의 허무에 빠지지나 않을까, 혹은 상견의 고정관념에 빠지지나 않을까 염려하여 청거 선사는『목우도』를 보여주었다.

요즈음 나 자원이 살펴보건대 곽암칙(廓庵則) 선사의『십우도』는 청거 선사의『목우도』를 모범으로 삼아서 곽암칙 선사 나름대로 독특한『십우도』를 창작한 것이다. 10수로 구성된 아름다운 게송이야말로 열 장의 그림과 시로 조회를 이루고 있다. 처음의 심우로부터 마지막 환원을 거쳐 입전수수에 이르기까지 사람들의 다양한 능력에 잘 맞추었는데 그것은 마치 굶주리고 목마른 사람을 건져 준 것과 같았다.

이로써 나 자원은 곽암의『십우도』의 오묘한 뜻을 깊이 탐구하여 그로부터 현묘한 도리를 뽑아내어 서문을 붙이게 되었다. 그러나 이것은 마치 해파리가 새우의 눈에 의지하여 음식물을 찾는 격에 불과하다. 처음 심우로부터 입전수수에 이르기까지 모두가 평지풍파를 일으킨 것으로 못된 송아지가 엉덩이에 뿔난 것과 같을 뿐이다. 원래 찾아야 할 마음마저도 없는데 어찌 찾아야 할 소인들 있겠는가. 제9의 반본환원까지는 그렇다 치더라도 제10의 입전수수라는 말까지 내뱉은 것은 이 무슨 요괴와 같은 수작인가. 참으로 대비보살의 말씀이었다. 그러므로 나 자원이 붙인 서문의 내용이 진실로 선현들의 마음에 계합되지 못한다면 재앙이 길이 후손까지 미칠 것은 분명하다. 그러나 감히 황당무계를 무릅쓰고라도 강설해 보려 한다.

『십우도』는 선수행에서 발심과 수행과 깨침과 보살도의 실천에 이르기까지의 일련의 과정을 그림과 게송을 통해 보여준 글이다. 곧 본래성불의 근거가 되는 불성을 모르고 살아가는 중생의 모습에서부터 마침내 본래 청정한 자성을 자각하고 그것을 일상생활에서 실천해 나가는, 조사선에서 내세우는 대승보살도의 모습까지를 잘 보여주고 있다.

제1의 심우(尋牛)는 한 손에는 믿음을 상징하는 채찍을 들고 다른 한 손에는 정진을 상징하는 노끈을 들고 소를 찾아나서는 발심을 가리킨다. 제2의 견적(見跡)은 무엇을 찾아야 하는지 방향을 파악하고 스승을 찾아가는 모습이다. 제3의 견우(見牛)는 이제 막 공부가 진척이 되어 수행에 대한 확신에 차 있는 모습이다. 제4의 득우(得牛)는 실제로 정진에 힘을 받는 단계에 해당한다. 제5의 목우(牧牛)는 자기의 마음이 순화되어 더 이상 곁길로 빠지지 않고 앞으로만 전진하는 모습이다. 제6의 기우귀가(騎牛歸家)는 하고자 하는 대로 마음에 자유를 터득한 경지이다. 제7의 망우존인(忘牛存人)은 지금까지 추구해 왔던 마음이라는 객관 내지 경계에 대하여 번뇌가 일어나지 않는 단계이다. 제8의 인우구망(人牛俱忘)은 주체와 객체의 모든 상황에 자유를 터득하여 법인이 성취된 경지이다. 제9의 반본환원(返本還源)은 구경의 묘각지에 올라 수행이 완성된 경지이다. 제10의 입전수수(入廛垂手)는 깨침의 완성으로서 중생 교화에 매진하는 경지로서 자리와 이타를 실현하는 모습이다.

【 28 】

선요(禪要)

⋮

고봉원묘(高峰原妙, 1238~1295)는 송대 말기 원대 초기의 선사로서 남송 가희 2년 무술년(1238)에 소주(蘇州) 오강현(吳江縣)에서 출생하였다. 임제종 제18세이고 양기파의 제11세에 해당한다. 속성은 서(徐) 씨이고 휘(諱)는 원묘(原妙)이며 호는 스스로 고봉(高峰) 혹은 서봉(西峰)이라 하였고 고불(古佛)이라 불리었다. 15세 때(1252) 교종 사찰인 가화현 밀인사에서 출가하고, 16세 때 구족계를 받았다. 18세 때 천태 교학을 배웠다. 이후 20세 때 정자사(淨慈寺)에 들어가 단교묘륜(斷橋妙倫)에게 참문하고, 22세 때 3년 기한을 정하고 단교 화상에게 법을 청하자 단교는 "태어날 때에는 어디에서 오고 죽으면 어느 곳으로 가는가"라는 화두를 참구하게 하였다. 이후 북간탑(北礀塔)으로 설암 조흠을 참문하여 무자(無字)화두를 참구하였고, 또 "송장을 끌고 다니는 놈이 누구인가"라는 화두를 받았다. 24세 때는 삼탑각(三塔閣)에서 "송장을 끌고 다니는 놈이 누구인가"라는 화두를 타파하였다. 25세 때 강심사(江心寺)·국청사(國淸寺)·설두사(雪竇寺) 등을 유행하였다. 28세 때 다시 설암 선사를 참문하였으며 29세 때 임안(臨安) 용수사(龍鬚寺)로 옮겨 5년이 지난 어느 날 밤 도반이 목침을 땅에 떨어뜨리는 소리에 활연히 의단을 타파하였다. 이에 고봉은 다음과 같이 술회하였다.

사주에 계신 관세음보살을 친견한 듯하고

고향을 떠나있던 나그네가 귀향한 듯하네

그러나 나는 원래의 그대로일 뿐만아니라

나의 행리도 여전히 변함없는 그대로라네15)

42세 때 천목산 사자암(獅子庵)으로 옮겨 사자암 서쪽 장공동(張公洞)에 토굴을 지어 사관(死關)이라 내걸고 입적할 때까지 15년 동안 이곳에서 나오지 않았다. 이곳을 찾아오는 납자들에게 삼관(三關)으로 제접하였다. 1287년 설암 화상이 입적하자 그 법을 이었다. 50세 때 (1291) 운부(運副) · 학사(鶴沙) · 구정발(瞿霆發) 등이 땅을 보시하여 사자암과 10리쯤 떨어진 곳에 대각선사(大覺禪寺)를 건립하였다. 58세 때 (1295) 조옹(祖雍)에게 뒷일을 부탁하고 임종게를 설하였다.

태어나서 사관에 들어온 적도 없고

죽어서 사관을 벗어난 적도 없다네

무쇠뱀은 바다 밑을 뚫고 들어가고

또 수미산 정상을 쳐서 무너뜨리네16)

사법제자로 중봉명본(中峰明本) · 단애요의(斷崖了義) · 포납조옹(布衲祖雍) · 공중이가(空中以假) 등이 있다.

---

15) 『고봉원묘선사선요(高峰原妙禪師禪要)』(卍續藏 70, p.712中). CBETA 자료에 의거함.
16) 『고봉원묘선사어록(高峰原妙禪師語錄)』 卷下(卍續藏 70, p.697下). CBETA 자료에 의거함.

고봉의『선요(禪要)』는 그의 법어집에 해당하는데『고봉화상선요(高峰和尙禪要)』또는『고봉원묘선사선요(高峰原妙禪師禪要)』를 줄여서 부른 명칭으로 송말 원초의 고봉원묘의 법문을 모아 놓은 설법집이다. 거사 홍교조(洪喬祖)가 초록하고 편찬하여『선요』라는 명칭을 붙이고, 시자인 지정(持正)이 기록하였으며, 고소산(姑蘇山) 영중사(永中寺) 명본(明本)이 판에 새겨 널리 세상에 전하였다.

『선요』의 판본은 고소산 영중사 명본(明本)이 1294년에 출간한 것이 초간본이다. 현재 만속상성 수록본은 명 만력 27년(1599)에 영은홍례(靈隱弘禮)가 중재(重梓)한 것으로 운서주굉의 서문이 붙어 있는데, 기타「호주쌍계암법어」,「항주서천목산사자선사법어」,「염고」,「송고」, 법어의「보유편」,「게송」, 2종의「행장」,「탑명」등으로 구성돼 있다. 우리나라에서는 덕기사(德奇寺)본(1399)이 가장 오래된 판본이다. 조선 중기 이후 30여 종에 이르는 판본이 있는 만큼 우리나라에서는 대단히 크게 유행하였다.

『선요』는 29단 61편의 법어로 구성되어 있다. 개당보설·시중·결제 및 해제 법어·소참·만참·신옹 거사 및 직옹 거사에게 해 준 법문·앙산 노화상에게 드리는 편지 등의 주제로 된 총 29단의 법어는 주로 참학자가 생사일대사(生死一大事)의 해결을 위하여 화두참구해야 할 것을 말하고 있다. 특히 화두참구에서의 대신근(大信根)·대의문(大疑問)·대분지(大憤志) 등 마음의 자세 및 참구의 차례와 향상일로(向上一路)의 깨침에 대한 것을 고봉 자신의 경험에 의거하여 설법한 것이다. 이러한『선요』는 우리나라에서는 대혜종고의『서장(書狀)』과 더불어 간화선수행의 지침서로 널리 알려져 있다. 고봉은 다음과 같은 실중삼관(室中三關)으로 제자를 제접하였다.

> 허공의 태양은 비추지 않는 곳이 없는데 어째서 조각구름에 가
> 려지는가.
> 모든 사람의 그림자는 늘 곁에 붙어 있는데 어째서 밟을 수가 없
> 는가.
> 온 산하대지가 불구덩이인데 어떤 삼매를 터득해야 불길에 타
> 지 않는가.

실중은 실내(室內)라는 뜻인데 일반적으로 조실(祖室) 내지 방장실 (方丈室)을 가리킨다. 일반적으로 조실 혹은 방장과 그곳에 참문하는 학인 사이의 비밀스런 설법 및 인가 등을 상징하는 성격이 강하다. 삼관(三關)은 세 가지 문제 곧 화두를 제시하여 그에 대한 제자의 답변 을 통해 그 제자의 수준 및 수행의 진척 등을 점검하는 행위로서 삼구 (三句)와 마찬가지이다.

|【 29 】|
허당집(虛堂集)
⋮

『허당집』의 허당(虛堂)은 만송행수의 제자인 임천종륜(林泉從倫)이

주석하던 당호(堂號)이다. '텅 비어 있는 집'이라는 정도로 해석할 수 있는데, 이에 대해 봉훈대부 강단례(江端禮)가 『허당집』에 붙인 서문에서 다음과 같이 말한다.

> 공겁이 형성되기 훨씬 전에/ 손발조차 없는 어떤 사람이/ 그림자 없는 숲속에 들어가/ 뿌리가 없는 나무를 베었네/
> 원각의 큰 가람을 지으려고/ 깨침의 큰 광명을 빌려다가/ 계정혜 기둥 주춧돌 세우고/ 제상용 대들보 높이 놓았네/
> 걸림 없는 해탈로 문을 삼고/ 법공을 가져다 좌(坐)로 삼았다/ 이에 그것을 허당이라 하네/
> 임천 노인 이에 주석하면서/ 색계 선천의 맨 끝자락에서/ 붉은 노을 늘 바라보면서/ 그림자 모양을 엮어 낸다네/
> 색에 즉하여 마음 밝히지만/ 허공에 의해 허공 설명하고/ 횡설수설 제멋대로 혀 놀림/ 끝끝내 벗어날 수는 없다네/
> 이에 친절한 도리 도달하여/ 그것을 듣고자 하는 자라면/ 날마다 열심히 배우고 익혀/ 확달영명(廓達靈明)한 자 되어야 하네

여기에서 강단례는 제법이 본래 공하다는 뜻의 텅 비어 있는 집(虛堂)에서 붉은 노을(丹霞) 곧 단하자순이 엮어 놓은 송고 100칙을 바탕으로 하여 풀어 보았지만 끝내는 그 도리를 체험하지 않고는 터득할 수 없다는 것이다. 곧 공안 100칙의 집대성이다. 이 공안은 한꺼번에 다 읽어야 할 필요도 없고, 순서대로 접해야 할 것도 아니다. 자신과 인연이 닿는 대로 나름대로 참구하여 단 하나의 공안만이라도 낱낱이

투철해서 자기의 것으로 소화시키는 것이 필요하다. 공안은 간화선에서는 화두의 뜻이지만, 묵조선에서는 진리의 뜻이다. 따라서 간화선에서는 스승이 제자를 지도하는 수단 내지 도구이면서 동시에 제자는 참구의 수단이다. 그러나 묵조선에서 화두는 자신의 깜냥을 점검하는 수단으로서의 성격이 강하다.

공안집으로서 『허당집』 6권은 임천종륜이 평창(評唱)한 것으로 원나라 원정 원년(1295)에 출간되었다. 본래의 명칭은 『임천종륜노인 평창단하순선사송고허당집(林泉從倫老人 評唱丹霞淳禪師頌古虛堂集)』이다. 북송 시대 『단하어록』 권하에 수록돼 있는 송고 100칙을 채용하여 임천종륜이 학인을 제접하기 위한 지침으로 삼은 것이다. 여기에는 임천종륜이 맨 앞에 시중을 붙이고, 단하의 고칙과 송에 각각 착어(著語) 및 평창(評唱)을 붙여놓았다. 단하자순(丹霞子淳; 丹霞德淳, 1064~1117)은 녹문자각(鹿門自覺)과 함께 부용도해(芙蓉道楷)의 제자이다. 속성은 가(賈) 씨이고 사천성 검주 재동현 출신이다. 27세 때 구족계를 받고 진여모철(眞如慕喆)·진정극문(眞淨克文)·대홍보은(大洪報恩) 등을 역참하였다. 후에 대양산 도해에게 참문하고 그 법을 이었다. 숭녕 3년(1104)에는 남양의 단하산에 주석하였다. 이후 당주의 대승산 및 수주 대홍산에서 선풍을 진작하였으며 정화 7년(1117) 3월 11일 입적하였다. 문하의 진헐청료·천동정각·대승이승·대홍경예 등이 뛰어났다. 『단하자순선사어록』 2권, 『허당집』 3권 등이 널리 유포되었다.

임천종륜은 중국 조동종 제15세로 그 법맥은 동산양개(807~869) − 운거도응(835~902) − 동안도비 − 동안관지 − 양산연관 − 대양경현

(943~1027) – 투자의청(1032~1083) – 부용도해(1043~1118) – 녹문자각(?~1117) – 청주일변 – 대명보 – 왕산체 – 설암만 – 만송행수(1166~1246) – 임천종륜이다. 임천종륜의 호는 임천(林泉)이며 연경 보은선사에 주석한 만송행수에게 참문하여 깨침을 인가받고 사법하였다. 만수사에서 출세하였고 만송을 이어 보은 선사를 계승하고 발전시켰다. 원나라 세조 9년(1268) 조칙을 받아 입내설법하고 제사(帝師)와 도를 논하여 선학의 대요를 발휘하였다. 또한 종밀의 『도서』에 대하여 자세한 설명으로 상주(上奏)하였다. 세조 18년(1277)에는 연경의 민충사에서 도장(道藏)의 위경이 철저하게 소각되었는데 이때 종륜에게 불을 붙이도록 하였다. 종륜은 투자의청의 송고 100칙 및 단하자순의 송고 100칙에 대해 각각 수시·착어·평창을 가하여 『공곡집(空谷集)』 및 『허당집』을 편찬하였다.

『허당집』 100칙에 대해 임천종륜은 단하자순이 붙인 각각의 주제에다가 다음과 같이 48가지의 부제를 붙였다.

가풍(家風; 5회)·경교(經敎; 3회)·경선(鏡扇)·골동(骨董)·교로(橋路; 3회)·기용(器用)·대기(對機; 11회)·대도(大道; 2회)·목욕(沐浴)·묘견(猫犬)·문법(問法)·문호(門戶)·법기(法器)·법신(法身; 3회)·법촉(法屬; 2회)·병석(瓶錫)·복식(服飾)·불조(佛祖; 8회)·비주(飛走; 3회)·빈주(賓主)·선정(禪定; 2회)·성명(姓名)·성방(省訪; 4회)·세시(歲時)·시중(示衆; 6회)·심안(心眼; 2회)·양식(糧食)·예배(禮拜)·우록(牛鹿; 2회)·우설(雨雪)·유산(遊山)·인경(人境; 2회)·장립(杖笠)·재죽(齋粥)·전당(殿堂)·제왕(帝王)·조교(祖敎; 4회)·조의(祖意)·주즙(舟楫;

3회)·진보(眞寶; 2회)·진상(眞像)·참학(參學; 2회)·천화(遷化; 2회)·
탑묘(塔廟)·토사(兔蛇)·해결(解結)·향등(香燈)·화과(花菓; 2회).

그리고 100칙의 주제는 각각 다음과 같다.

청원계급(靑原堦級)·석두조계(石頭曹溪)·약산좌차(藥山坐次)·선자
협산(船子夾山)·비수동산(椑樹洞山)·사미주암(沙彌住庵)·도오오봉
(道吾五峰)·동산낭막(洞山廊幕)·운암건병(雲巖巾缾)·남전이류(南泉
異類)·협산시경(夾山示境)·협산불회(夾山不會)·협산상당(夾山上
堂)·협산발진(夾山撥塵)·석상촉목(石霜觸目)·점원지초(漸源持鍬)·
동산초추(洞山初秋)·동산대사(洞山大事)·동산조도(洞山鳥道)·신산
과교(神山過橋)·낙포도금(洛浦淘金)·낙포조의(洛浦祖意)·낙포공양
(洛浦供養)·합계상간(蛤溪相看)·낙포일호(洛浦一毫)·낙포불법(洛浦
佛法)·낙포귀향(洛浦歸鄕)·낙포조교(洛浦祖敎)·소산가풍(疎山家
風)·소산예배(韶山禮拜)·황산미가(黃山米賈)·상람본분(上藍本分)·
사선입정(四禪入井)·해호행도(海胡行道)·천개욕실(天盖浴室)·구봉
유언(九峯有言)·구봉상전(九峰相傳)·구봉시자(九峰侍者)·대광달마
(大光達磨)·강덕상좌(强德上座)·문수승요(文殊僧繇)·봉상석주(鳳翔
石柱)·승문조산(僧問曹山)·조사동산(曹辭洞山)·심마최귀(甚物㝡
貴)·고목화개(枯木花開)·소산수탑(疎山壽塔)·운거상당(雲居上堂)·
청림경왕(靑林逕往)·이서침등(二鼠侵藤)·백수성색(白水聲色)·백마
법신(白馬法身)·구봉거일(九峰擧一)·천동응용(天童應用)·청정행자
(淸淨行者)·북원우두(北院牛頭)·청봉대사(靑峰大事)·목평일구(木平
一漚)·동천상전(潼泉相傳)·문백암선(問百巖禪)·문백암도(問百巖
道)·문백암교(問百巖敎)·늑담대도(泐潭碓搗)·동안인사(同安人師)·

곡산조의(谷山祖意) · 백운심처(白雲深處) · 대령청정(大嶺淸淨) · 동안
가풍(同安家風) · 의경해의(依經解義) · 문제불사(問諸佛師) · 고봉독숙
(孤峰獨宿) · 문본래심(問本來心) · 본래부모(本來父母) · 서래적의(西來
的意) · 아육가풍(阿育家風) · 사해안청(四海晏淸) · 비사량처(非思量
處) · 백미쇄열(白眉曬熱) · 투법신구(透法身句) · 석문가풍(石門家風) ·
정중연화(淨衆蓮花) · 동안이기(同安二機) · 광덕언어(廣德言語) · 광덕
구부(廣德久負) · 광덕파랑(廣德波浪) · 운광작우(雲光作牛) · 태원수가
(太原數家) · 양산일용(梁山日用) · 양산조의(梁山祖意) · 양산공겁(梁山
空劫) · 대양상당(大梁上堂) · 대양가풍(大梁家風) · 투자종풍(投子宗
風) · 투자시중(投子示衆) · 투자염향(投子拈香) · 천녕수가(天寧誰家) ·
천녕야반(天寧夜半) · 천녕상당(天寧上堂) · 보수상당(保壽上堂) · 삼계
유심(三界唯心).

【 30 】

법문서귀(法門鋤宄)

⋮

『법문서귀』는 조동종 법맥에 속하는 담연원징(湛然圓澄)의 제3세에
해당하는 백암정부(白巖淨符; 栢岩道人; 位中淨符)가 강희 6년(1667)에 편
찬한 것이다. 일찍이 임제종의 제7세에 해당하는 달관담영(達觀曇穎;
金山曇穎, 989~1060)은 『오가종파』를 통해서 선종오가 가운데 조동종
을 제외한 네 종파가 모두 마조의 제자인 천황도오의 법맥에 속한다

고 주장하였다.

이것은 구현소가 쓴 '천황도오선사비'에 근거한 주장인데 이후 교몽당(覺夢堂)의『교몽당중교오가종파서(覺夢堂重校五家宗派序)』및 일암일동(日庵一東)의『오파일적도(五派一滴圖)』등을 통해 줄기차게 주장되었다. 비은통용(費隱通容)의『오등엄통(五燈嚴統)』및 목진도민(木陳道忞) 등의『선등세보(禪燈世譜)』의 법통설도 마찬가지였다.

이것은 조선 시대 청허휴정의『선가귀감(禪家龜鑑)』을 비롯해 환성지안의『선문오종강요(禪門五宗綱要)』에도 그대로 수용되었다. 나아가 일본의 호관사련(虎關師鍊)은『오가변(五家辨)』을 통해 선종오가 모두를 마조의 법계에 포함시켜 버렸다. 이와 같은 주장은 황당하게도 일찍이 서천 제27조 조사 반야다라가 보리달마에게 "그대 밑에서 망아지 한 마리가 출현하여 천하를 짓밟을 것이다."라는 참언을 실현시키려 했던 의도에서였다는 것이다. 여기에서 망아지는 물론 마조도일을 가리킨다.

백암정부(白巖淨符)가 이와 같은 선종사의 오류를 비판하고 선종 사상의 제 문제를 정리한 것이『법문서귀(法門鋤宄)』및『조등대통(祖燈大統)』(1672년)이다. 곧 천황도오의 법계에 대해 달관담영 이래로 계속된 오류를 논파하고 도반이었던 원문정주(遠門淨柱)의『회원약속(會元略續)』을 지지하여 조동종 법계의 정당성을 주장한 것이다. 이후『법문서귀』에 후서를 붙인 석조대녕(石潮大寧)의 입장,『인천안목』의 후서에 들어 있는『용담고(龍潭考)』, 덕암양종(德巖養存)의『오가변정(五家辨正)』은 백암종부의 주장을 옹호하여 오늘날에 이르게 되었다.

『법문서귀』를 저술한 의도에 대해서 백암정부는 다음과 같이 말한다.

대저 세상의 미치광이들이 하는 말이란 옳은 것을 해치고 참된 도리를 어지럽게 하는 원인이 되는데 그 화(禍)는 비단 한 사람에 미치는 것이 아니라 천하 및 후세에까지 미친다. 그런즉 그에 대한 변론을 분명히 해 두어야 한다. 진실로 깨끗하게 해결하여 방비를 단단히 하고 위험을 피하여 칼끝을 무서워할 줄 알아야 한다. 천고에 변하지 않는 도가 하루아침에 어둠에 휩싸여 해 뜨는 곳이 없는 시절을 참아 내야만 역시 천하와 후세를 비방하는 짓을 물리칠 수가 있다. 법당 앞에서도 부끄러움을 모르고 있기에 내가 만부득이하게 그런 것이다.

속장경에 수록돼 있는 이 『법문서귀』는 다음과 같이 구성되어 있다.

- 제일서: 덕암양존(德巖養存)의 중각법문서귀병오가변정서(重刻 法門鋤宄竝五家辨正序)(1690).

- 제이서: 자약정심(自若淨深)의 법문서귀서(法門鋤宄序)(1669).

- 본문: 법문서귀(法門鋤宄); 백암정부(白巖淨符)가 짓고, 자약정심(自若淨深)이 교열하였다.

- 본문의 말미에 붙인 백암의 자서(自序): 법문서귀유서(法門鋤宄有序). 정미년 9월(1607).

- 후서: 각랑도성(覺浪道盛; 覺浪道成, 天界道盛)의 제자 대녕(大寧)의 후서(1668).

- 부록제일: '선통 검수시(禪通 劍叟是) 선사가 회산계현(晦山戒顯) 선사에게 보내는 편지' 및 '회산계현 선사가 검수시 선사에게 답변하는 편지'.

· 부록제이: 덕암양존(德嚴養存)의 『오가변정(五家辨正)』은 호관 사련의 『오가변(五家辨)』의 주장을 부정함.

· 부록제삼: 일암일동(日庵一東)의 『오파일적도(五派一滴圖)』 및 소포횡천수(小補橫川叟)의 『오파일적도(五派一滴圖)』 후서(1485 년 10월).

백암정부는 천왕도오는 가공의 인물이고 천황도오가 역사적인 인물임을 고찰하였다. 그래서 『송고연주통집(頌古聯珠通集)』·『불조통기(佛祖統紀)』·『현요광집』 등에서 천황도오를 남악 문하로 기록한 데 반해, 『설봉어록』과 더불어 『법문서귀』는 천황도오를 청원 문하로 기록하고 천황도오와 천왕도오가 두 사람이 아니라 천황도오 한 사람뿐이라고 주장한다.

그 근거로서 첫째, 지극히 상식적인 내용을 근거로 언급하면서 천왕도오가 날조된 인물임을 강조한다. 천왕도오가 가공의 인물이라고 주장하는 9종의 문헌을 언급한다. 둘째, 일반적인 근거를 언급하여 천왕도오가 가짜임을 주장한다. 반면 천황도오가 역사적인 인물임을 세 가지 근거를 들어서 설명한다. 셋째, 오류에 대한 내용으로 세 가지를 들어 배격한다.

이로써 천왕도오라는 인물과 그 법맥을 부정하고 천황도오가 진실임을 주장하는 문헌들을 나열하면 다음과 같다.

도원의 『경덕전등록』(1004) ― 불일설숭의 『전법정종기』(1064 간행) ― 백암정부의 『법문서귀』(1607) 및 『조등대통』 ― 득산 거사 임홍연의 『명각선사어록』 서(1634) … ― 영각원현의 『용담고』(17세기) ― 석조대녕의 『법문서귀』 후서(1668) ― 덕암양존의 『오가변정』(17세기 말) 등이다.

제3편

한국의 선어록

한국의 선어록

한국선과 선어록

　　　── 고구려에 불교가 공인된 것은 4세기 후반이라고 알려져 있다. 이후 불교는 백제 및 신라까지 전래되어 다양하게 교리가 연구되고 학파가 형성돼 갔다. 그러나 선법은 불교가 전래된 약 350여 년 후인 8세기 중반에 법랑(法朗)을 통해 전래되었다. 다시 본격적으로 선법이 수용되고 이해되는 것은 약 80여 년 후에나 가능하였다.

　　그런데 선법의 초전 시대에는 통일신라에 이미 활발한 교학적 토대가 구축돼 있었다. 따라서 새롭게 전승된 선법이 신라에 뿌리를 내리기 위해서는 선법이 지니고 있는 특유한 사상과 방식의 우월성을 강조하지 않을 수 없었다. 그것이 곧 무염의 무설토론(無舌土論)과 범일의 진귀조사설(眞歸祖師說) 기타 조사선법의 계승에 근거하여, 선교차별(禪敎差別)을 앞세워 선법의 우위를 강조한 내용들이었다. 이와 같은 내용은 다양하게 나타났다. 이미 교학을 공부한 이후에 보다 새로운 선법을 추구하게 됐다는 내용으로 나타나기도 하고, 교법보다는 선법이 뛰어나다고 하기도 하였으며, 나아가 선법 중에서도 실천적인 조사선(祖師禪)이 교학적인 여래선(如來禪)보다 뛰어나다는 것을 강조하기도 하였다.

이와 같은 초기 선법의 전래는 당(唐)에서 소위 선종오가(禪宗五家)가 형성되기 직전인 9세기 초반부터 본격적으로 활성화되었다. 이후 입당 유학승들을 통해 지속적으로 선법이 전래되어 선종오가가 형성된 직후인 10세기 후반에는 신라에도 선종오가의 다양한 선법이 전래되었다. 특히 오가 가운데는 조동종(曹洞宗)의 선법이 비교적 이른 시기부터 많은 사람들에 의해 전래되었고, 위앙종(潙仰宗)의 선법은 순지를 통해 고스란히 전래되었다. 이로써 고려 초기에는 운문종(雲門宗)과 임제종(臨濟宗), 법안종(法眼宗) 등 오가의 선풍이 모두 전승되었다.

이와 같이 선풍이 꾸준하게 전개돼 가면서 그 사상적인 면모를 직접적으로 엿볼 수 있는 선어록도 더불어 출현하였다. 특히 본격적인 어록의 형태는 아니지만 『조당집』에 수록돼 있는 요오순지(了悟順之)의 법어는 『순지어록(順之語錄)』으로 불러도 손색이 없다. 우리나라에 본격적으로 선어록이 등장한 것은 상당히 늦은 시기인 보조지눌(普照知訥)에 와서야 가능했지만 선구는 이미 순지에서 찾아볼 수가 있다. 순지의 법어 곧 어록을 통해 당(唐)으로부터 전래된 선법뿐만 아니라 해동선법에서 계승되고 발전된 원상선법과 화엄선법의 면모를 어느 정도는 파악할 수가 있다.

고려 시대 중기에는 소위 거사선(居士禪)으로 대표되는 선법이 등장하면서 교양으로서 수양법으로 수용되어 선법 내부에서의 종파의식은 미미하였다. 이것은 종파의식이 강했던 중국선과 비교했을 때 매우 빈약했던 어록의 출현 빈도를 통해서도 엿볼 수가 있다. 한편 무신정권 이후부터는 선법이 크게 발전하면서부터 화엄 교학과 그 주도권을 다투는 모습으로까지 전개돼 갔다.

또한 고려 후기에는 기존의 오가선법의 바탕 위에 원(元)으로부터 새롭게 임제선법이 들어옴으로써 법맥에 대한 자각이 크게 강조되었다. 곧 고려 후기부터 어록을 비롯한 전등사서 및 개인 문집의 성격을 지닌 가송 등 선과 관련된 문헌이 본격적으로 등장하였다. 그러나 고려 후기부터는 선사상의 전개보다는 누구의 전법을 계승했는가 하는 점이 보다 부각돼 갔다.

이 같은 사실은 조선 시대에 배불 정책이 펼쳐지던 상황에서 한편으로는 법통을 계승한다는 긍정적인 작용을 했지만, 다른 한편으로는 초종월격(超宗越格)의 종지를 강조하는 개별적인 선법의 특수성을 발휘하지 못하고 그만 그대로 기존의 전통에 매몰되어 오히려 생기발랄했던 선법의 본래 정신이 심히 위축되는 결과로 나타났다.

이에 조선 초기에는 어록에 해당하는 선적이 매우 드물었다. 더구나 태고보우(太古普愚)와 나옹혜근(懶翁慧勤)의 법맥으로부터 전개된 조선 시대의 선법은 부휴선수(浮休善修)와 청허휴정(淸虛休靜)을 거치면서 더욱더 임제선법의 틀에 갇혀서 이전의 선종오가의 선법 내지 오가를 뛰어넘는 선법을 전개하지 못했다.

그 결과 조선 시대 중기에 이르러서는 환성지안(喚醒志安)의 『선문오종강요(禪門五宗綱要)』에서 볼 수 있듯이 오가의 중심이 도그마적인 사상의 인식으로 흘러갔다. 이로써 보편적인 선법의 창출과 교의의 전승에 관한 서적보다는 자파의 교의를 내세운 호교적인 변론이나 참선납자가 임간(林間)에서 누리는 안빈낙도의 유희에 관한 개인적인 문집 성격의 서적들이 다수 출현하였다. 조선 시대 후기에 백파긍선(白坡亘璇)으로부터 촉발된 임제선법의 교의에 근거하여 전개됐던 선론은 그 일례였다. 이것은 조선 시대 선법사가 지니는 한계이기도 하지만 한편으로는 종파나 문중의 전통적인 교의에 천착하기보다는 개인이 지니고 있는 개별적인 선법의 특징을 밝혀내는 데 중점을 두어야 한다는 문제를 제기하는 것이기도 하다.

|【 1 】|

금강삼매경론(金剛三昧經論)

⋮

소위 조사선법이 해동에 최초로 전승된 시기는 8세기 중반 중국 선종의 제4조 대의도신의 동산법문을 계승한 법랑(法郎)에 의한다. 이렇게 보면 원효(元曉, 617~686)의 경우 해동에 전래된 선법과는 무관하다. 그러나 원효가 활동하던 시기에는 이미 다양한 경론에 대한 교학적 연구를 통해 선사상 및 선수행과 관련한 다수의 선법에 천착하고 있었다. 그 대표적인 것이 곧 원효의 『금강삼매경론』인데 이것은 달리 『일미진실무상무생결정실제본각리행』이라고도 한다. 이것은 직접적인 선어록이라고는 할 수 없지만 그 가운데에는 이미 달마로부터 전수된 조사선법의 내용이 고스란히 담겨 있기 때문에 선수행의 내용을 살펴보는 데에 아무런 문제가 없다.

『금강삼매경론』은 『금강삼매경』에 대한 주석서로서 일곱 가지 품으로 나뉘어 있으면서 각각의 품이 독립된 경전의 성격을 지니고 있어 옴니버스 형식을 보인다. 전체적으로는 일미관행(一味觀行) 곧 여래장(如來藏)으로 귀일하는 내용으로 구성돼 있다. 그 일미관행이야말로 여래장을 터득하는 방식으로, 관(觀)은 공간적으로 논한 것으로서 경(境)과 지(智)에 통하고, 행(行)은 시간적으로 논한 것으로서 인(因)과 과(果)에 사무친다고 말한다.

제목인 금강삼매에서 '금강'은 비유를 들어 지칭한 것으로, 견실한 것을 체성으로 삼고 깨뜨리는 것(穿破)을 공능으로 삼으며, 삼매는 삼마희다(三摩呬多) 곧 등인(等引), 삼마지(三摩地) 곧 등지(等持), 삼마발제(三摩鉢提) 곧 등지(等至), 태연나(馱演那) 곧 정려(靜慮), 사마타(奢摩他) 곧 지(止), 심일경성(心一境性) 곧 일심(一心), 정(定), 정사(正思)의 여덟 가지로 분별한다.

첫째의 「무상법품(無相法品)」은 분별상이 없는 관찰을 설명한 것이다. 둘째의 「무생행품(無生行品)」은 무생(無生)과 무생을 터득하는 행(行)을 드러낸 것이다. 셋째의 「본각리품(本覺利品)」은 본각에 의하여 중생을 이롭게 하는 것이다. 넷째의 「입실제품(入實際品)」은 허상으로부터 실제에 들어가는 것이다. 다섯째의 「진성공품(眞性空品)」은 일체행이 진성과 진공에서 나왔음을 변별한 것이다. 여섯째의 「여래장품(如來藏品)」은 무량한 법문이 여래장에 들어 있음을 드러낸 것이다. 이와 같은 여섯 품은 모두 관행이다. 왜냐하면 무릇 무시이래로 유전하는 모든 망상은 단지 형상에 집착하고 분별하는 병폐이기 때문이다.

이것은 모두 조사선의 수행 원리에 대한 것으로 곧 무분별을 설하는 「무상법품」, 망념이 없음을 설하는 「무생행품」, 본래성불의 도리를 드러내는 「본각리품」, 허상을 버리고 실제로 나아가는 「입실제품」, 진성과 진공에 근거하여 일체 수행을 설하는 「진성공품」, 이미 무량한 수행이 성취돼 있다고 설하는 「여래장품」, 모든 수행을 점검하는 「총지품(摠持品)」 등으로 구성되어 있다. 따라서 명칭도 달리 『섭대승경』 내지 『무량의종』으로 불린다.

각 품의 상관관계에 관하여 말하자면 먼저 모든 분별상을 없애야 한다고 말한다. 따라서 첫째로 「무상법품」에서는 무상과 법의 두 가지 뜻을 드러냈기 때문에 「무상법품」이라 말하였다. 곧 분별상이 없는 법을 관찰할 것을 설명한 것이다. 무상(無相)이란 곧 무상관(無相觀)이다. 모든 분별상을 타파하기 때문이다. 비록 모든 분별상을 없앴더라도 만약 관찰하는 마음이 남아 있으면 그 관찰하는 마음 때문에 오히려 본각을 모르게 되므로 관찰하는 마음이 일어나는 것도 없앤다.

이런 까닭에 둘째로 「무생행품(無生行品)」에서 보살은 관행이 성취될 경우 저절로 관심을 알아 순리로 수행하되 발생하는 유생의 심도 없고 무생의 심도 없으며 또한 유행도 없고 또한 무행도 없다. 따라서 무생과 행을 드러낸다. 이윽고 행과 무생이어야 바야흐로 본각을 알게 된다.

본각에 의해 중생을 교화하여 본각의 이익을 터득하도록 하므로 셋째로 본각리문을 설명한다. 일체의 유정은 무시이래로 무명의 장야(長夜)에 빠져 있어 망상의 대몽을 꾼다. 이에 보살은 관행을 닦아 무생법인을 터득하고서 중생은 본래 적정하여 그대로 본각인 줄을 통달하고, 일미의 침상에 누워 본각의 이익으로 중생을 제도한다. 본품에서는 이러한 도리를 드러내므로 「본각리품」이라 말한다.

만약 본각에 의해 중생을 이롭게 하면 중생이 곧 허상으로부터 실제에 들어가는 까닭에 넷째로 입실제에 대해 설명한다. 여기에서 실제(實際)란 허환(虛幻)을 떠나 있음을 지칭한 것으로 구경의 뜻이고, 입(入)은 깨침의 의미로서 곧 실제 도리의 터득이다. 교(敎)에 의거하여 이(理)를 닦아 이입(理入)하고 또 행입(行入)한다는 의미에서 깨침[理入]과 그 실천[行入]을 아울러서 이입(二入)이라고 한다. 그러나 실제는 무제(無際)를 실제로 삼고, 이입은 무입(無入)을 입으로 삼는다. 이로써 내행(內行)에는 곧 무상법과 무생행이 해당하고, 외화(外化)에는 곧 본각리와 입실제가 해당한다. 이처럼 내행과 외화의 두 가지 방식〔二利〕으로 만행을 갖추어 동일하게 진성을 도출하고 모두 진공을 따른다.

이런 까닭에 다섯째로 진성과 진공을 설명한다. 진여법은 모든 공덕과 더불어 모든 수행덕을 갖추고 본성으로 작용하기 때문에 진여본성이라 말한다. 그리고 진성은 모든 명칭〔名〕 및 형상〔相〕과 단절해 있으므로 진여의 본성은 본디 공하다는 의미에서 진성공이라 말한다. 이 진성은 상을 떠나 있고 성을 떠나 있는데, 상을 떠나 있다는 것은 허망한 상을 떠나 있는 것이고 성을 떠나 있다는 것은 진성을 떠나 있는 것이다. 허망한 상을 떠나 있으므로 허망한 상이 공하고 진성을 떠나 있으므로 진성도 역시 공하다.

이처럼 진성에 의해 만행이 갖추어져야 여래장 곧 일미의 근원에 들어가는 까닭에 여섯째로 여래장을 드러낸다. 곧 진제와 속제가 둘이 아닌 일실(一實)의 법은 제불이 돌아가는 곳으로 여래장이라 말한다. 무량법과 일체행이 여래장에 귀입하지 않음이 없음을 설명한다. 이리하여 마음의 근원으로 돌아가면 곧 무위가 된다. 무위이기 때문에 되지 않는 것이 없다. 따라서 여섯 가지 품을 설하여 대승을 섭수한다.

마지막으로 「총지품」에서는 앞의 모든 품 가운데 의문점을 해결하고 요의를 총지하여 잊지 않도록 한 것인데 이런 점에서 총지품이라 말한다. 또한 지장보살이 이미 문의(文義)다라니를 터득한 까닭에 모든 품에 들어 있는 문의를 총지하고 대중이 일으킨 의심의 내용을 기억해서 질문한 차례대로 모든 의심을 잘 해결하기 때문에 능문(能問)의 입장에서 총지품이라 말한다.

이와 같이 『금강삼매경』에서 설한 내용은 「무상법품」에서 말하는 무분별행, 「무생행품」에서 말하는 무집착행, 「본각리품」에서 말하는 본래성불의 자각, 「입실제품」에서 말하는 이입과 행입 곧 깨침과 깨침의 실천, 「진성공품」에서 말하는 공에 대한 실천, 여래장품에서 말하는 진제와 속제가 둘이 아닌 일실(一實)의 여래장으로의 귀일, 「총지품」에서 말하는 일체의 의문점에 대한 해결과 문의(文義)다라니의 터득 등 모두 선수행의 행의(行儀)와 관련돼 있다.

이처럼 집착이 없고 분별이 없는 평등한 경지인 무소득(無所得)의 일미야말로 바로 『금강삼매경』의 종(宗)이고 요(要)이다. 제목에서 알 수 있듯이 『금강삼매경』은 수행 특히 선수행과 밀접한 선경(禪經)에 속한다. 따라서 원효는 『능가경』, 『대승기신론』, 『여래장경』, 『법화경』, 『화엄경』 기타 많은 선경을 인용하여 무집착과 무분별의 도리 및 그 행위 방식에 대해서 언급하고 있다. 그러므로 이와 같은 선리(禪理)에 착안하는 것이야말로 『금강삼매경』 및 『금강삼매경론』을 읽어 내는 안목 가운데 하나이다.

【 2 】
순지어록(順之語錄)

:

신라 말기에 오관산(五冠山) 서운사(瑞雲寺)에 주석했던 순지(順之, 807~883)는 당나라 때 형성된 선종오가 가운데 위앙종의 선법을 전승하여 원상(圓相)이라는 나름대로 독특한 방편을 통해 해동에 선풍을 진작한 인물이다. 헌안왕 2년(858)에 사신을 따라 입당하여 앙산혜적(仰山慧寂)에게 참문, 선지를 이어받고 귀국하였다. 순지의 행장 및 그 어록은 『조당집』에 자세하게 기록되어 있다. 단행본으로 전승한 어록은 없지만 『조당집』에 수록된 그 법어 및 『삼편성불론(三遍成佛論)』은 독립된 어록의 성격을 지니고 있다. 이에 의하면 순지는 위앙종의 앙산혜적 선사의 법을 이었다. 이로써 중국의 남양혜충 국사로부터 비롯된 표상현법(表相現法; 圖相現法)을 전승하고 더욱 발전시켜 선법의 대중화에 크게 기여하였다.

순지 화상의 표상현법은 달리 방원묵계(方圓默契)라고도 하는데 첫째는 사대팔상(四對八相), 둘째는 양대사상(兩大四相), 셋째는 사대오상(四對五相) 등으로 도합 십대 17상으로 구분된다.

사대팔상은 소의열반상 대 우식인초상(所依涅槃相 對 牛食忍草相), 삼승구공상 대 노지백우상(三乘求空相 對 露地白牛相), 계과수인상 대 인과원만상(契果修因相 對 因果圓滿相), 구공정행상 대 점증실제상(求空精行相 對 漸證實際相)이다. 양대사상은 상해견교상 대 식본환원상(想解遺教想 對 識本還源相), 미두인영상 대 배영인두상(迷頭認影相 對 背影認頭相)이다. 사대오상은 거함색개상(舉函索蓋相), 파옥멱계상(把玉覓契相), 조입색속상(釣入索續相), 이성보기상(已成寶器相), 현인지상(玄印旨相)이다.

이것은 곧 온갖 기호와 부호 및 상징적인 원상(圓相)을 통해 선법의 의의를 설명하고 이를 수행의 방편으로 내세운 것이다. 이와 같은 방식은 처음 육조혜능의 제자 남양혜충이 96종의 형상을 통해 전승한 이후로 그의 제자인 탐원응진(耽源應眞) – 앙산혜적(仰山慧寂) – 요오순지(了悟順之)로 계승되었다. 순지는 이것을 바탕으로 하여 그 나름대로 표상현법을 창안하였는데 『조당집』을 통해 지금도 17종이 전해지고 있다.

한편 순지는 수행과 교화에서 위앙종의 표상현법과 더불어 화엄의 도리에 입각한 증리성불법(證理成佛法)으로서 『삼편성불론』이라는 독특한 방식을 전승하였다.

『삼편성불론』의 원리는 화엄의 도리에 입각한 증리성불(證理成佛)·행만성불(行滿成佛)·시현성불(示顯成佛)로서 이론과 실천이 결부된 가르침이기도 하다. 증리성불이란 선지식의 말을 듣고 일념(一念)에 돌이켜 자기의 마음 바탕에는 본래의 일물(一物)도 없음을 활짝 깨치는 성불이다. 만행을 차례로 닦아서 얻는 것이 아니기 때문에 증리성불이라 한다. 이에 대해서는 『화엄경』에서 '처음 발심한 그 순간에 정각을 성취한다〔初發心時便成正覺〕'고 한 것에 근거를 두었다.

행만성불이란 이미 진리의 근원을 끝까지 구명한 이후에 다시 보현의 행원을 따라 보살도를 두루 닦아 수행이 골고루 갖추어지고 지혜와 자비가 원만해지므로 행만성불이라 한다. 이에 대해서는 '수행하여 다다른 그곳이 곧 본래처이다〔行到處卽從來處〕'라는 환지본처(還至本處)의 사상에 근거하였다.

시현성불이란 앞의 증리성불과 행만성불로 자행성불(自行成佛)을 마친 때 중생이 바꾸어 성불한다는 뜻이니, 곧 석가가 팔상성도를 행한 것을 말한다. 팔상이란 도솔천에서 나오고, 태중에 들어가며〔入

胎), 태에 머물고〔住胎〕, 태를 벗어나며〔出胎〕, 출가하고, 성도하며, 전법륜하고, 입열반하는 등 여덟 가지 모습인데 이것이 곧 시현성불이다. 팔상성도의 의미는 보신·화신에 있지 않고 무량세계 공겁전에 법륜을 굴리는 능력 곧 법신에 있다고 본 것이다.

이와 같은 『삼편성불론』에 대하여 그것을 실제로 증득해 나가는 방법을 세 가지로 제시하였는데 이것이 곧 삼증실제설(三證實際說)이다. 이것은 화엄 사상을 선가의 입장에서 깨친 이후에 실천해야 할 방향을 구체적인 세 가지로 제시한 것이다. 특히 이 사상의 중심 문제는 돈오한 수행인이 지구력으로 계속 정진하는 수행자가 되면 근기의 차이는 있으나 언제나 동귀일미(同歸一味)하는 때가 올 것이라고 신념을 준다는 점이다. 또한 선인과 은사의 문답으로 선리를 드러내는데, 이것은 대화를 통한 선리의 모범이 되고 있다.

삼증실제란 첫째는 돈증실제(頓證實際)이고, 둘째는 회점증실제(廻漸證實際)이며, 셋째는 점증실제(漸證實際)이다.

돈증실제란 중생이 무시이래로 성품을 깨닫지 못하여 인연 따라 삼계에 윤회하다가 홀연히 선지식을 만나 성품을 깨치므로 어느 단계적인 점수에 의지하지 않고 정각을 이루는 것을 말한다. 회점증실제란 무시이래로 자신의 성품을 깨치지 못하여 윤회하다가 점차 삼승의 점교를 듣고 삼승법을 알아가는데 홀연히 진교(眞敎)를 듣고서 묘혜를 터득하여 실제를 증득하는 것을 말한다. 그러므로 회점증실제는 삼승법을 익히고 나서 비로소 돈증으로 나아간다는 점에서 돈증실제와 다르다. 점증실제란 어떤 중생이 끝없는 옛적부터 성품의 바탕을 깨닫지 못하고 삼계에 윤회하면서 인연 따라 과보를 받다가 갑자기 점교(漸敎)를 듣고서 믿음과 이해가 차츰 생기면, 수행은 여섯 가지 지위에 의탁하고 3아승지겁을 지내면서 참기 어려운 일을 능히 행하여 미혹을 끊고 덕을 이루어 비로소 무루의 참 지혜를 얻고 법신을 성취하는 것이다. 믿음의 싹이 돋으면 부처님들이 모두 다 아는데 이것을 바탕으로 삼아 닦으면 오는 세상에 결과를 증득한다는 것이다. 3아승지겁 동안 육바라밀의 수행을 통해 무루의 종자를 익혀 불가사의한 과보를 성취하기 때문이다.

이에 보현의 온갖 보살행에 대하여 출전보현(出纏普賢)·입전보현(入纏普賢)·과후보현(果後普賢)의 세 가지로 나눈다.

출전보현(出纏普賢)은 견성한 이후에 보현행을 하는데 모든 경계 앞에서 한 생각 일어나더라도 이미 심원(心源)에 도달하여 그로부터 환화(幻化)의 경계에 얽매이지 않는 것이다. 그것은 소단(所斷)의 업장이 없지 않지만 능단(能斷)의 지혜가 있기 때문이다. 그러므로 보현은 출전(出纏)의 도리를 알아서 중행비지(衆行悲智)로 보살행을 한다. 그와 같은 보현행은 항포 원융하여 본래부터 구비한 성품과 덕성으로 자리이타를 쌍수하고 지문(智門)과 비문(悲門)을 아우른 언행을 이룬다. 이리하여 위(位)가 높으면 습기가 점점 엷어지고 행이 넓으면 비지(悲智)가 증가하고 깊어져 십주에서 십지에 이르도록 출전(出纏)으로 보리가 이미 충만해짐을 이른다.

입전보현(入纏普賢)이란 일체 중생 가운데서 동류 대비하는 것이다. 이는 앞의 출전보현위(出纏普賢位) 가운데 비지(悲智)를 널리 행하여 중생 속에서 자리이타행을 하는 것이다.

과후보현(果後普賢)이란 두루 삼매를 행하는 것이다. 말하자면 묘각위에서 출전보현의 대지(大智)와 대비(大悲)를 취하지도 않고 거기에 주하지도 않으면서 출전보현위와 입전보현위를 향해 대지와 대비를 역순으로 종횡하면서 집착하지 않는다. 이것을 화광동진(和光同塵) 또는 이류중행(異類中行)이라고도 한다. 이『삼편성불론』에는 수행에 대한 이론적인 측면과 실천적인 측면이 자세하게 제시돼 있다.

【 3 】
수심결(修心訣)
∴

한국의 선사상을 논할 경우 신라 말기에서부터 그 편린을 찾아볼 수 있다. 당시 중국으로부터 들어온 다양한 불교 사상이 있었지만 선사상의 본격적인 수용은 나말 여초 구산선문의 형성과 관련 지을 수가 있다. 이후 고려 중기에 보조지눌(普照知訥, 1158~1210)의 등장과 함께 이전의 선법을 이어 그 바탕에서 한국적인 선사상을 전개하고 선사상을 수록한 어록 내지는 저술의 형태가 본격적으로 나타나기 시작했다. 이 점에서 보조의 어록은 한국의 선법에서 한국적인 선사상의 맹아이며, 또한 한국에서 저술되고 전승된 어록 내지 저술 가운데 본격적인 선전(禪典)으로는 최초이기도 하다.

보조지눌은 호가 목우자(牧牛子)이고 시호는 불일보조 국사(佛日普照 國師)이다. 고려 제18대 의종황제 12년(1158)에 출생하였다. 어려서 구산선문 가운데 사굴산문에 속하는 종휘(宗暉) 선사에게 출가하였다. 25세 때 보제선사(普濟禪寺)에서 시행한 승과에 급제하였다. 그후에 당시의 불교계가 명리와 출세에 빠져 있는 것을 보고서 스스로 몇 명과 결사를 맺어 불조혜명(佛祖慧命)의 길을 지향하기로 맹세하였다. 이후『단경(壇經)』·『신화엄경론(新華嚴經論)』·『서장(書狀)』 등을 통해 세 차례의 깨침을 터득하였으며 조계산 길상사를 중심으로 크게 법화를 떨치다가 1210년 53세에 입적하였다.

보조지눌은 우리나라의 선문에서 가장 많은 저술을 남긴 인물로도 유명하다. 오늘날까지 전하는 것만 해도『권수정혜결사문(勸修定慧結社文)』·『수심결』·『진심직설(眞心直說)』·『원돈성불론(圓頓成佛論)』·『간화결의론(看話決疑論)』·『법집별행록절요병입사기(法集別行錄節要幷入私記)』·『염불인유경(念佛因由經)』·『화엄론절요(華嚴論節要)』·『계초심학인문(誡初心學人文)』 등이 있다. 이 가운데『수심결』은 본래 제목이『목우자수심결』이며 지눌의 선법의 특색을 잘 보여주는 저술이다.

『수심결』은『수심론』의 성격으로서 수행납자가 부처를 추구하는데 있어 자신의 마음〔心〕에 근거해야 한다는 점에 가장 역점을 두고 있다. 그리고 그 마음이란 본래적이고 주체적인 마음이라고 하고 있다. 전체는 모두 아홉 단락의 문답 형식으로 구성돼 있는데 우선 총론적인 설명으로 마음에 바탕해야 하는 근거로서 일체 중생에게는 모두 본래부터 여래의 지혜와 덕상이 구비돼 있음을 말한다. 그러한 마음 내지 불성에 대해 깊은 신해를 통할 것을 피력하면서 구체적인 문답으로 설명해 나간다.

첫째의 문답에서는 불성을 구비하고 있음에도 불구하고 그것을 자각하지 못한다는 질문에 대하여 불성의 의미와 견불성은 곧 자기의 주재자인 마음을 파악하는 것이라고 설명한다.

둘째의 문답에서는 신통변화에 대한 물음에 대하여 입도(入道)의 인연으로서 돈오(頓悟)와 점수(漸修)의 의미를 설명함으로써 답변한다. 특히 돈오와 점수에 대해서 이는 모든 성인이 의지한 수행 방식으로서 각각 개별적인 것이 아니라고 하면서 돈오한 이후에 점수할 것을 말하며, 돈오와 점수의 상호 보완적인 관계에서 이 문제에 접근한다.

셋째의 문답에서는 마음을 밖에서 찾지 말 것을 말한다. 그 방식으로 돈오한 이후에 점수를 해야 하는 당위성에 대해 설명한다. 이는 돈오점수의 수증론에 대한 답변이기도 하다.

넷째의 문답에서는 자신에게 구비되어 있는 영지심(靈知心)을 자각할 것을 설한다.

다섯째의 문답에서는 중하근기 사람의 경우에 행해야 하는 수행 방식에 대해 물음에 답하면서 제법의 공적영지심이 곧 자신의 본래면목임을 자각할 것을 말한다.

여섯째 문답에서는 공적영지심의 구체적인 설명으로서 그것이 곧 중생의 각성(覺性)임을 일깨워 주는 내용이다. 그것이야말로 성인과 중생이 다르지 않은 이유임을 말한다.

일곱째 문답에서는 다시 돈오점수의 구체적인 실천법에 대해 설명한다. 돈오한 이후에 점수해야 하는 이유로서 오랜 습기를 타파해야 할 것을 설명한다.

여덟째 문답에서는 선정과 지혜 곧 수행과 깨침의 관계에 대해 설명한다. 곧 선정은 본체이고 지혜는 작용이다. 본체에 즉한 작용이기 때문에 지혜는 선정을 벗어나지 않고, 작용에 즉한 본체이기 때문에 선정은 지혜를 벗어나지 않는다. 특히『단경』의 정혜일체(定慧一體)의 입장에서 설명을 가한다.

아홉째 문답에서는 자성정혜문과 수상정혜문이 결국은 별개의 것이 아니라 돈오점수의 경우와 마찬가지로 수증의 방식임을 말한다. 곧 수상정혜문은 깨치기 이전의 중·하근기가 닦는 수행 방식으로서 의혹을 없애고 고요한 마음을 지니는 것이고, 자성정혜문은 돈오의 수행 방식으로서 자성을 터득하여 불도를 성취하는 것이라고 말한다.

지눌은 특히 간화선법을 수용하여 나름대로 간화선의 체계를 확립하였는데 이후 오늘날에 이르기까지 이는 돈오점수 사상과 더불어 우리나라의 선수행의 기초를 이루는 중요한 업적이기도 하다. 곧 수행의 과정을 돈오한 이후의 점수라고 정립한 것이다. 또한 지눌은『수심결』과 더불어『정혜결사문』및『법집별행록절요병입사기』등을 통한 성적등지문(惺寂等持門),『화엄론절요』를 통한 원돈신해문(圓頓信解門),『간화결의론』을 통한 간화경절문(看話徑截門) 등 삼종문의 수행 체계를 완성하기도 하였다.

|【 4 】|
진각어록(眞覺語錄)
∶

이규보가 찬술한 진각의 비문인 '조계산제이세고단속사주지수선사
주증시진각국사비명병서'에 따르면 진각 국사의 휘는 혜심(1178~1234)
이고, 자는 영을이며, 스스로 무의자라고 불렀다고 한다. 속성은 최
씨이고, 이름은 식(寔)인데 나주 화순현 사람이다.

24세에 진사 시험에 합격하고 태학에 들어갔다. 어머니가 세상을
떠나자 보조 국사를 참하고 26세 때 출가하였다. 28세 때 심인을 전
수받은 이후 둘째, 셋째 거듭 심인을 인가받았다. 33세(1210)에 보조
국사가 입적하자 그 뒤를 이어 수선사 제2세가 되었다.

저서로는 『선문염송집』 30권, 『심요』 1편, 『조계진각국사어록』 1
권, 『구자무불성화간병론』 1편, 『무의자시집』 2권, 『금강경찬』 1권
이 전하고 있고, 『선문강요』 1권이 있었다 하나 전하지 않는다. 『진
각국사어록』에는 상당법어·시중·소참·실중대기·수대·하화·법어·
서답 등이 수록돼 있으며, 3종의 게송과 24종의 선화를 담고 있는
『진각국사어록보유』 등이 있다.

『구자무불성화간병론(狗子無佛性話看病論)』은 선문 화두의 대표 격
인 '구자무불성화'를 참구하는 데 있어서 수도상의 10가지 병폐를 지
적하고 있다. 『무의자시집(無衣子詩集)』은 혜심의 시를 모아 엮은 책
이다. 『선문염송(禪門拈頌)』은 1226년(고종 13년) 겨울에 조계산 수선사
에서 문인인 진훈 등과 함께 선문의 고화 1125칙과 이에 관한 모든

선사들의 염·송 등을 합하여 30권으로 만든 책이다.

　한국의 선종사에서 혜심의 공로 가운데 하나는 간화선을 확립한 것에 있다. 특히 간화선에서 그 기초가 되는 신심(信心)을 강조하여 조사의 문을 얻는 것은 오직 신심에 있고, 따로 방편이 없다고 하였다. 마음이 부처임을 믿는다는 것도 마음뿐만 아니라 온갖 존재가 그대로 하나의 동일 진성임을 굳게 믿은 연후에 화두를 들어야만 한다는 것이다.

　또한 화두를 강조하면서 성적등지(惺寂等持)의 상태를 중시하였다. 따라서 화두를 참구하고 있는 상태가 곧 망상을 떠난 상태이며, 망상을 떠난 상태가 그대로 성성적적(惺惺寂寂)의 상태가 된다는 점에서 혜심의 성적등지와 간화일문은 더 이상 별개의 방편문이 아니다. 이것은 성적등지문(惺寂等持門)과 간화경절문(看話徑截門)을 별개의 단계로 설정하고 있는 지눌의 경우와 다른 점이라고 할 수 있다. 지눌의 삼종문이 최상근기를 위한 간화경절문의 입장이었던 데에 비해 혜심 간화선의 특색은 대중화된 간화일문을 일구어내고 있다는 점이다. 이것은 혜심이 지눌을 완전히 배격한 것이 아니라, 지눌의 삼종문을 간화일문에 잘 수용하고 있는 것이다. 이와 같이 혜심이 간화선법을 일상화시킨 근저에는 곧 무심(無心)이 있었다. 혜심은 무심한 후에도 간화를 해야 하며, 또한 간화를 통하지 않고는 무심할 수 없다고 말한다. 그러나 혜심은 간화선수행에 필요한 몇 가지 방안과 주의해야 할 점들을 분명하게 밝혔다. 그 실천도가 곧 실참실오(實參實悟)이다. 실참실오를 위해서는 『구자무불성화간병론』에서 설한 10종병을 여의는 일이 중요하다고 말한다.

『진각국사어록』은 현재까지 남아 있는 우리나라 최고(最古)의 선어록이라 할 수 있다. 즉 기록상으로는 혜심 이전에 지눌에게도『상당록(上堂錄)』과『법어가송(法語歌頌)』이 있었다고 하지만 현재까지 전하지 않고 있다. 다만『보조국사법어』가 남겨져 있으나, 이는 지눌이 직접 서술한 저술들을 모은 것으로서 엄밀한 의미에서 어록이라고 할 수 없는 것이다. 따라서 진각 국사의 어록은 순수한 어록으로서 현재 우리나라의 선가에 남아 있는 가장 오래된 것이다.

진각 국사의 어록도 다른 어록들과 마찬가지로 그의 문인들이 엮어서 간행하였겠지만, 현존본에는 집록자가 명시되어 있지 않다. 따라서 그 초간본이 언제 간행되었는지도 알 수가 없다. 현재 조선조 중종 21년(1526)의 간본이 전해지고 있으며, 또 1528년의 대광산 용문사 간본이 있으나 이것은 앞쪽이 반쯤 없어진 결락본이다. 활자본으로는 1940년 보제사 간행본이 있다. 이 두 가지 간본에는 편차나 소제목 등에 있어서 다소 차이가 있다.

1526년 간본은 상당·시중·소참·실중대기·수대·하화·법어·진각 국사서답 등의 순서로 되어 있고, 끝에 보유가 붙어 있다. 보제사 간본은 상당·서장·시모인(示某人)·시중·소참·야참·실중대기·수대·하화의 순서로 구성돼 있으며, 활자판으로 간행하면서 앞 간본의 보유까지를 포함한 방대한 분량의 부록을 붙여 놓았다.

이들 어록을 통해 보면 혜심은 대부분 가르침을 내리는 데 있어서 결론적으로 공안을 들어 이를 참구하도록 하고 있다. 혜심은 이미

『선문염송』의 편찬 이전부터 공안을 적극 활용하고 있었기 때문에 그 체계화가 요청되었다. 가령 『진각국사어록보유』에는 혜심이 즐겨 인용했던 것으로 보이는 공안들이 집성돼 있다.

진각 국사 혜심의 어록은 대개 경전이나 조사 어록 등의 문구를 끌어들여 합리적 이해의 문을 제시한 연후에 자신의 견해를 피력하여 이를 보충 설명하고, 나아가 마지막으로 공안을 제시하여 이를 참구토록 하는 것이 특징이다.

이런 점에서 혜심의 사상은 간화일문(看話一門)으로 요약되는데, 이는 그의 스승인 지눌의 삼종문의 가르침에 기반을 두면서 한걸음 더 나아가 간화참구를 보편화하려고 했던 창조적 노력으로 간주된다.

[5]
선문보장록(禪門寶藏錄)

⋮

『선문보장록(禪門寶藏錄)』은 선문에서 중요시해 온 글들을 모은 것이다. 곧 기존부터 내려오던 선에 관련한 찬술서 가운데 고려 중기의 진정 국사(眞靜 國師) 천책(天頙)이 발췌하여 엮은 선서로서, 특히 전등사서 중 금과옥조와 같은 내용만 골라 엮었다는 점에서 그 성격을 짐작해 볼 수가 있다. 특히 선과 교를 대비시키면서 선이 교학보다 우월하다는 점을 부각시킨 점이 특징이다.

찬술자 진정 대선사 천책은 그 생몰 연대조차 확실하지 않다. 탄생

연도에 대해서는 1206년 내지 1209년이라는 학설이 있고, 입적 연도 또한 분명하지 않지만 1293년에 『선문보장록』에 서문을 붙인 점으로 보아 그 이후일 것이라고 짐작된다. 속성은 신(申) 씨로서 고려의 태조 때 공신이었던 신염달의 11대손이다. 약관의 나이에 예부시(禮部試)에 급제한 이후 20대 초반에 원묘 국사 요세를 참문하고 천태종으로 출가하였다. 이후 30대 후반에 동백련사의 주지 및 만덕산 백련사의 주지를 지냈다.

1293년에 천책이 본 『선문보장록』에다 서문을 붙이고, 이후 1307년 이혼(李混)이 발문을 붙여 간행하였다. 전체는 천책의 서문·본문 86단락·몽암 거사 이혼의 발문으로 구성돼 있다.

『선문보장록』에서 교학보다 선을 우위에 두고, 나아가서 선교 차별을 의도적으로 겨냥한 것은 신라 말기 본격적으로 선법이 수입되던 시기부터 나타난 특징이기도 하다. 이것은 당시에 조사선 위주의 선풍이 대세였던 것에서 나아가서 여래선보다 조사선이 우월하다고 여기던 풍조를 반영한 것이기도 하다. 조사라는 개념은 보리달마에서 연유하는 개념으로서 보리달마를 종조로 하는 선종의 자파의식의 발로이기도 하다. 이는 곧 한국에 수입된 초기 선법의 성격이 바로 조사선이었음을 잘 보여주고 있다.

따라서 『선문보장록』에서는 교외별전의 종지에 대해 심도 있는 설명을 가한다. 그 유래에 대해서도 어디에서도 찾아볼 수 없는 「진귀조사설(眞歸祖師說)」과 「무설토론(無舌土論)」을 비롯한 선법 우위의 내용을 선별해 놓은 것에서 한국선의 특징과 조사선풍의 전승에 대한 강한 자부심을 볼 수 있다.

『선문보장록』은 상·중·하 3권으로 구성되어 있다. 상권에는 '선교대변문(禪敎對辨門)'이라는 제목으로 25칙을 수록하였다. 이 대목에서는 선과 교학을 상대적인 것으로 간주하여 그 차이와 우월성에 대한 내용을 선별해 선문의 권위 및 우위를 강조하였다. 일례를 들면 다음과 같다.

　　노사나불이 보리수 아래서 비로소 정각을 성취했을 때 이심전심과 불립문자의 방식으로 모든 대중들로 하여금 돈증(頓證)하고 돈오(頓悟)케 하였다. 그런데 오직 가섭상좌만 그와 같은 비밀스럽고 생각하기 어려운 경지에 들어갔고, 나머지 문수와 보현 등 팔만의 보살 대중은 가섭이 들어간 경지를 알지도 못하였다.

　중권에서는 '제강귀복문(諸講歸伏門)'이라는 제목으로 25칙을 수록하여 교학자가 교학의 열등함을 알고서 선문으로 귀의하게 된 계기와 그 결과에 대해 기술하였다. 일례를 들면 다음과 같다.

　　인종 법사는 법성사에서 『열반경』을 강의하였다. 혜능 대사가 법성사의 행랑채에서 잠시 쉬어가던 참이었다. 밤이 되어 부는 바람에 깃발이 움직였다. 두 승이 논쟁하는 소리를 듣자니 한 승은 바람이 움직인다 하고 다른 한 승은 깃발이 움직인다 하였다. 논쟁이 오갔지만 도리에는 맞지 않았다. 혜능은 곧장 "바람과 깃발은 움직이는 것이 아니다. 움직이는 것은 실로 그대들의 마음뿐이다."라고 말했다. 우연히 그 말을 엿듣게 된 인종은 깜짝 놀라며 기이하게 간주하였다. 다음날 혜능을 조실로 맞아들여 바람과 깃발의 뜻을 물었다. 혜능이 그 이치를 설명하였다. 그러자 인종은 제자의 예를 취하여 선요를 청하였다.

하권에서는 '군신숭신문(君臣崇信門)'이라는 제목으로 36칙을 선별하여 재가인들 가운데서도 선문에 귀의하여 활동한 내용을 수록하였다. 일례를 들면 다음과 같다.

동광제가 흥화존장 선사에게 물었다. "과인이 중원에서 보배 하나를 얻었는데 값을 매기는 사람이 아무도 없습디다." 흥화가 말했다. "잠깐 폐하의 그 보배를 보여주십시오." 황제가 두 손으로 복두건의 끈을 잡아당겼다. 이에 흥화가 말했다. "군왕의 보배에다 누가 감히 값을 매기겠습니까?" 그러자 황제가 크게 기뻐하였다.

본문의 차례는 다음과 같다.
(1) 노사나불과 가섭, (2) 염화미소, (3) 삼매의 바다, (4) 전법의 상승, (5) 선법의 종류, (6) 교외별전-①, (7) 불법의 형식, (8) 교외별전-②, (9) 전등의 원류, (10) 직지인심, (11) 전등의 법맥, (12) 선법의 교화 방식, (13) 조사선의 가풍, (14) 최상승선, (15) 교외별전의 유래, (16) 달마와 교외별전, (17) 전법

의 정통, (18) 선의 종류, (19) 선의 입장, (20) 선교 차별 – ①, (21) 조사선풍의 특징, (22) 무설토론, (23) 선교 차별 – ②, (24) 진귀조사설, (25) 조사선의 원류, (26) 양좌주의 깨침, (27) 마곡과 양수좌주, (28) 태원부 좌주의 깨침, (29) 인종 법사의 깨침, (30) 무업의 깨침, (31) 홍주법달의 깨침, (32) 청량징관의 깨침, (33) 화엄원 계종 화상의 깨침, (34) 염관과 화엄학승, (35) 서촉의 수좌, (36) 홍인의 회심, (37) 강사의 질문과 답변, (38) 선법의 도리, (39) 공의 이해, (40) 즉심시불의 도리, (41) 제 눈에 안경, (42) 분별심의 생사, (43) 진여의 공성, (44) 덕산의 회심, (45) 앙산행위의 깨침, (46) 법수의 깨침, (47) 오중 교학자의 굴복, (48) 할과 선의 궁극적인 경지, (49) 난(鑾) 법사의 깨침, (50) 도의 선사의 선교 차별, (51) 이견왕의 귀의, (52) 위나라 효명제의 질문, (53) 무제와 달마의 만남, (54) 가승왕과 바사사다의 만남, (55) 헌종황제와 불성, (56) 선종황제와 남북돈점, (57) 동광제와 보배, (58) 송대 진종황제의 깨침, (59) 송대 인종황제의 선기, (60) 고종황제와 원오극근, (61) 효종황제와 혜원 선사, (62) 고려태조와 선법의 흥기, (63) 양현지와 보리달마, (64) 한유와 대전 화상, (65) 배휴와 고승의 초상화, (66) 낭주자사 이고와 약사유엄, (67) 왕상시와 목주도종, (68) 방 거사의 깨달음, (69) 장졸수재의 깨달음, (70) 범문수 거사의 깨달음, (71) 황정견과 회당조심, (72) 소식의 깨달음, (73) 장재각 무진 거사의 깨달음, (74) 좌승 범충의 깨달음, (75) 중승 노항의 깨달음, (76) 시랑 장구성의 깨달음, (77) 예부시랑 양걸의 깨침과 사세송, (78) 문공 양억의 깨달음, (79) 헌공 조변의 깨달음, (80) 구양수의 선법 이해, (81) 승상왕수의 임종게, (82) 학사증회의 깨달음, (83) 이자현 거사의 깨달음, (84) 무착 도인 묘총 비구니, (85) 적수도인 현군의 깨달음, (86) 유도파의 깨달음.

『선문보장록』의 구성의 특징 가운데 하나는 총 86칙에 대해 각각 그 전거를 밝히고 있다는 점이다. 이것은 전거가 지니고 있는 선문의 우위성을 암암리에 보여주고 있으며 더불어 이들 모든 내용은 선주교종(禪主敎從)의 입장에서 선과 교학의 일체와 합일 나아가서 선문의 우월성을 보여주는 것으로 귀일하고 있다.

전체 36종의 출전 문헌 가운데 현존하는 것은 15종이고, 일실된 것은 3종이며, 미상은 20종이다. 현존 목록은 다음과 같다.

1) 가태보등록, 2) 경덕전등록, 3) 달마비문, 4) 벽암록, 5) 봉암산흥법사진공대사충담탑비, 6) 선림승보전, 7) 선원제전집도서, 8) 송고승전, 9) 오등회원, 10) 인천안목, 11) 전등대주선사문답오칙, 12) 전법정종기, 13) 종문무고, 14) 청평산문수원기, 15) 해동무염국사무설토론.

|【 6 】|

종문원상집(宗門圓相集)

⋮

『종문원상집(宗門圓相集)』 1권은 선종에서 전승해 온 원상에 대한 기록들을 모은 것이다. 고려 중기 지겸(志謙, 1145~1229)이 기존의 선어록에서 온갖 부호·기호·상징·도상(圖像)과 관련된 법어를 간략하게 추려 엮은 것이다. 1219년에 청진몽여(淸眞夢如)가 쓴 발문에 의하면 원상 170칙을 선별하여 간략한 법어와 함께 기록한 것임을 알 수가 있다. 발문의 내용은 다음과 같다.

> 원상(圓相)이 만들어진 것은 처음에 남양혜충 국사로부터 비롯되었는데, 그것은 실로 불조의 명맥에서 연유한 것이다. 원상이 담고 있는 종지는 매우 그윽하고 대단히 미묘하여 분별사식으로 엿볼 수 있는 것이 아니다. 따라서 학자들은 모두 어렴풋하고 막연하게 그 주변만 살짝 맛볼 뿐이다. 하물며 그 깊은 의미를 발양할 수 있겠는가. 그러므로 남양과 위앙이 노래한 이후로 그것을 전승한 자가 극히 드물었다. 그러나 이제 왕사로서 화장사의 대선옹께서만 유독 그 원상의 도리를 설명하여 선성의 골수를 파헤쳤다. 선적(禪寂)의 경지마저 벗어난 뛰어난 안목을 구비하여 모든 가풍의 선록 가운데서 제작된 원상 170칙을 수집하여 그것을 판목에 새기고 출간해 무궁하게 전승하였다. 이에 우레와 같은 대법고로써 원상의 도리를 널리 펼쳤으니 그 어찌 대

법의 발흥이 아니겠는가. 이제 대법의 발흥을 기다릴 뿐이다. 남양과 화장사의 두 큰스님은 모두 국사이시다. 국사께서 원상을 제작하시고 국사께서 그것을 계승시켰으니 가히 희세의 사건이라 말하지 않을 수 있겠는가. 옛적의 작자를 알아 준 이가 어찌 화장 국사의 공로가 아니겠으며, 오늘에까지 그것을 전승시켜 준 이가 어찌 남양 국사의 공덕이 아니겠는가. 그렇지만 개중에 담겨 있는 도리는 모든 선지식들조차도 그려낼 수가 없구나. 그러니 화장 국사께서 섭수해 놓은 무진의 일원상에 대하여 형안을 구비한 납자라면 어디 한번 잘 살펴 분별해 보라.

원상의 원류(遠流)는 용수 대사가 허공에 올라가 원상을 보이고는 그 자취를 감추어 버렸다는 『전등록』에서 찾기도 한다. 어느 때 용수가 자리에 앉은 자세로 있으면서 월륜상(月輪相)을 보였다. 그러나 대중에게는 그 모습이 보이지 않은 채 설법하는 소리만 들렸다. 이에 대하여 그 제자 가나제바는 "이것이야말로 상서로운 일이다. 스승께서는 불성을 드러내고 설법을 하는 데 있어 소리와 형색을 초월해 있다."라고 말하였다.

그러나 원상의 전승에 대한 본격적인 계보에 대해서는 『조정사원』 권2, 『인천안목』 권4, 『오가정종찬』 권하 등의 자료에서 한결같이 원상을 처음으로 그려 보인 것은 남양혜충 국사이며, 그것을 혜충의 제자 탐원이 이었고, 탐원은 앙산에게 계승시켜 위앙종의 종풍이 되었다고 전한다.

가령 『조당집』 권3의 혜충 국사장에는 "어느 날 승이 오는 것을 보고 국사는 손으로 원상을 그리고는 그 속에 일(日) 자를 써 넣었다."라고 전한다. 이렇듯 혜충에게는 원상 96종이 전승되었는데 일찍이 40칙의 원상을 그려서 전승했다는 명주 오봉산의 양(良) 화상에 의하면 원상에는 다음과 같이 모두 여섯 가지의 명칭이 붙어 있다고 한다.

첫째, 원상(圓相)은 절대의 진실 곧 진실 그 자체로서 일원상을 가리킨다. 둘째, 의해(義海)는 모든 삼매의 뜻은 일원상에 포함되어 있다는 것을 가리킨다. 셋째, 암기(暗機)는 주객의 분별이 생겨나기 이전의 작용을 가리킨다. 넷째, 자학(字學) 혹은 다자학(多字學)은 일원상이 불변의 뜻을 나타내는 글자라는 것을 가리킨다. 다섯째, 의어(意語)는 일원상이 불변의 뜻을 나타내는 종의(宗意)라는 것을 가리킨다. 여섯째, 묵론(默論)은 일원상이 불변의 뜻을 나타내는 종의(宗意)에 부합돼 있다는 것을 가리킨다.

『종문현감도(宗門玄鑑圖)』에 수록되어 전하는 혜충의 96종 원상도는 세분화하면 120종이 되지만 내용으로 보면 그것은 다음과 같이 모두 19문으로 시설(施設)돼 있다.

① 수시삼매문(垂示三昧門), ② 문답호환문(問答互喚門), ③ 성기무작문(性起無作門), ④ 연기무애문(緣起無礙門), ⑤ 명기보호문(明機普互門), ⑥ 매합빈주문(昧合賓主門), ⑦ 삼생불격문(三生不隔門), ⑧ 즉환명진문(卽幻明眞門), ⑨ 용료생연문(用了生緣門), ⑩ 취생현법문(就生顯法門), ⑪ 명부생연문(冥府生緣門), ⑫ 삼경순진문(三境順眞門), ⑬ 수기식생문(隨機識生門), ⑭ 해인수생문(海印收生門), ⑮ 밀용영기문(密用靈機門), ⑯ 쇄탁동시문(碎啄同時門), ⑰ 수수수

방문(隨隨收放門), ⑱ 권서무주문(卷舒無住門), ⑲ 일다자재문(一多
自在門).

그러나 몽여의 말마따나 96종의 원상이 이들 19문의 어디에 해당
하는가에 대해서는 명쾌한 설명이 없기 때문에 그것을 이해하기 위해
서는 각자의 안목이 필요하다.

또한 순지의 원상 18종을 비롯하여 다양한 원상이 수록되어 전하
는 지겸의 『종문원상집』의 특징은 기관(機關)이 아니라 일종의 상황에
따라 연출되는 제스처라는 점이다. 이런 점에서 위앙종의 표상현법
을 방원묵계(方圓默契)라고 말한다. 여기에서 선법의 교의에 대해 수
행과 교화라는 일정한 주제로 정형화시킨 동산의 편정오위(偏正五位)
의 도상과는 차별된다.

|【 7 】|
남명전화상송증도가사실
(南明泉和尙頌證道歌事實)
⋮

당나라 조계혜능의 십대 제자 가운데 영가현각(永嘉玄覺, 665~713)
은 『증도가(證道歌)』라는 장문의 게송을 지었다. 이에 대하여 송나라
남명전 화상은 『영가대사증도가남명전선사계송(永嘉大師證道歌南明泉
禪師繼頌)』이라는 주석을 냈다. 남명전 화상은 불혜 선사(佛慧 禪師)로
서 휘는 법천(法泉)이고 성은 시(時) 씨로서 수현 지방 출신이다. 어려

서 유학을 공부하였는데 재주가 뛰어났다. 장성하여 용거산 지문원의 신기(信記) 선사에게 출가하였다. 이때 신기 선사는 마당에서 샘물이 솟아나는 꿈을 꾼 다음 날에 남명전 화상이 출가했다는 연유에서 법천이라는 이름을 지어 주었다. 후에 경전을 공부하고 운거산의 효순(曉瞬) 선사와 선문답을 거량한 인연으로 깨침을 터득하였다. 이후에 대명산·천경산·운거산·남명산·장산 등에 주석하였다.

남명전 화상의 『계송』에 대하여 다시 고려 제23대 고종 시대에 서룡연(瑞龍連) 선사가 주석을 붙인 것이 본 『남명전화상송증도가사실』이다. 사실(事實)은 곧 주석을 의미한다. 따라서 『남명전화상송증도가사실』은 영가현각의 『증도가』에 대한 일종의 복주(復注)인 셈이다. 서룡연 선사는 『증도가』의 원문보다는 주로 범천언기(梵天彦琪)의 『계송』에다 주석을 붙인 까닭에 『남명전화상송증도가사실』을 이해하려면 반드시 언기의 주석을 함께 의용해야 한다. 서룡연 선사는 『남명전화상송증도가사실』에서 『계송』에 대해 보다 구체적인 사항을 기술하고 새로운 기록을 첨부하는 데에 힘을 쏟았기 때문이다.

한편 본 『남명전화상송증도가사실』의 저자에 대해서 고익진(高翊晋) 교수는 『남명전화상송증도가사실』에 붙어 있는 전광재가 쓴 발문의 기록에 근거하여 서룡연 선사가 서룡선로 연공(瑞龍禪老 連公)임을 밝혀내었다.

『영가대사증도가남명전선사계송』이 우리나라에 전래된 것은 '고려 고종 26년'이라는 간기가 붙은 판본이 있는 것으로 보아 일찍부터였다. 또한 조선 시대에는 언해본으로도 발간되었다는 점으로 보아 널리 유통되었음을 알 수 있다.

『남명전화상송증도가사실』은 상·중·하의 3권으로 구성돼 있는데, 『증도가』의 본문에 대한 주석은 송나라 범천언기의 주석을 거의 그대로 인용하였으며, 그 밖의 부분에 대하여는 서룡연 선사가 독자적인 주석을 가하고 있다. 주석에서는 많은 경론과 어록, 전등사서 및 선시 내지 한시를 다양하게 인용하여 거의 모든 분야에 걸쳐 언구를 두루 섭렵하고 있다.

『남명전화상송증도가사실』은 총 332단락으로 구성돼 있다. 그 가운데 서룡연 선사가 붙인 사실(事實)은 상권에는 73곳에 주석을 붙였고, 중권에는 69곳에 주석을 붙였으며, 하권에는 49곳에 주석을 붙여 총 191곳에 주석을 가하였다. 반면 서룡연 선사가 그대로 인용한 범천언기의 주석은 상권에는 41곳, 중권에는 50곳, 하권은 50곳으로서 총 141곳에 해당한다. 언기의 주석과 서룡연 선사의 주석이 함께 수록된 부분은 한 곳도 없다.

3권의 구성은 『증도가』의 본문 총 267구 1858자를 기준으로 하면 다음과 같다. 상권은 "선정 지혜 나 혼자 통달한 것이 아니라/ 항하사의 부처님과 더불어 바탕이 같다〔非但我今獨達了 恒沙諸佛體皆同〕"는 대목까지이고, 중권은 "이 깨침은 긍정도 부정도 할 수가 없고/ 하늘조차도 역행도 순행도 하지 못한다〔或是或非人不識 逆行順行天莫測〕"는 대목까지이며, 하권은 "바늘구멍으로 푸른 하늘 보려하지 말라/ 못 깨친 자를 위해 영가가 결단해 준다〔莫將管見謗蒼蒼 未了吾今爲君決〕"는 대목으로서 마지막 부분까지이다.

본문의 전개를 보면 『증도가』 원문에 대한 남명전 화상의 계송을 기본적인 내용으로 삼고, 중간 생략을 포함하여 필요한 대목에 서룡연 자신의 사실(事實)을 붙이는 형식으로 이루어져 있다. 따라서 남명 전 화상의 행장과 영가현각의 행장을 비롯하여 남명전 화상이 붙인 서문에 대해서도 주석을 가하고 있다. 끝으로 남명전 화상의 후서(後 序) 부분까지 주석을 가하고 있다. 이『남명전화상송증도가사실』의 마지막 부분에는 경상 진안동도 안찰부사 도관랑중 전광재가 붙인 발 문이 수록돼 있다.

　『증도가』라는 제명에 대해서는 남명전 화상의 주석을 그대로 인용 하고 있다. 곧 인연을 따라서 깨치는 것을 증(證)이라 하고, 부처님이 걸어간 자취를 도(道)라 하며, 부처님의 자취를 시로 노래한 것을 가 (歌)라고 하였다. 그리고 깨침에 대한 인가와 증명이 부처님에게 있다 는 점을 여러 가지 경우를 들어 언급한다. 이와 같이 범천언기의 주 석을 통째로 인용한 것은 서룡연이『증도가』의 제명에서 증(證)과 도 (道)의 의미에 관심을 기울였다는 사실을 보여주는 것이기도 하다. 왜 냐하면 선의 목적이 깨침이라면 그것은 지혜의 터득을 의미하기 때문 에 그 지혜가 과연 올바른 것인가 하는 점은 반드시 명안종사(明眼宗 師)의 인가에 의해 결정되기 때문이다. 이로써 깨침은 반드시 인가로 이어진다. 따라서 인가를 받은 사람은 경우에 따라서 스승과 제자 사 이에 일대일로 전승되는 전법(傳法)의 인연을 거쳐 마침내 출세하여 교화의 길에 나선다.

　이후로『증도가』의 원문의 낱낱의 언구 내지 구절에 대해 언기의 주석을 인용하고 때때로『증도가』의 원문 및 언기의 주석에 대해 게 송 및 산문으로 구체적인 주석을 가하였다.

【8】

중편조동오위(重編曹洞五位)

:

조동오위(曹洞五位)란 조동종파에서 만들어지고 전승된 오위(五位)이다. 그래서 조동오위는 조동종의 가장 기본적이고 중요한 교의(教義) 가운데 하나로서 수행인이 닦아 가는 수행의 위상을 정(正)과 편(偏)을 가지고 다섯 측면으로 나타낸 것이다. 그래서 달리 정편오위(正偏五位) 혹은 편정오위(偏正五位)라고도 한다.

이 편정오위에는 현상과 본체, 그리고 현상과 본체의 자기와의 관계 등이 상징적으로 서술돼 있다. 오위의 상징적인 뜻을 이용하여 수행자들의 안목으로 삼으려는 것이 동산(洞山)의 「오위현결(五位顯訣)」 1편이었다. 「오위현결」은 214자(字)의 단편이지만 그것이 포함하고 있는 내용은 위에서 언급한 제 문제이므로 이후에 오위 연구는 성행하여 대단히 활발하였다. 심지어 임제종파에서까지도 유행하였다.

동산을 이은 조산본적(曹山本寂)은 「오위군신지결(五位君臣旨訣)」 1편·「오상게(五相偈)」 5수·「정편오위지결(正偏五位旨訣)」 1편·「해석동산오위현결(解釋洞山五位顯訣)」 1편·「축위송병별간(逐位頌并別揀)」 1편 등을 저술하여 동산 대사의 오위에 관한 주석을 대성시켰다. 이후 송대에는 안국(安國)의 「오위보협론(五位寶筐論)」 1편·명대 말기에는 영각원현(永覺元賢)의 『동상고철(洞上古轍)』 2권 등이 저술되어 오위 사상에 대한 관심이 계속 이어졌다. 여기에 그치지 않고 겸중도(兼中到)를 중심으로 하는 주장과 정중래(正中來)를 중심으로 하는 주장에 대해 논의가 제기되는 등 오위의 전승에 변화가 있었다. 이에 명대의 영각원현은 『동상고철(洞上古轍)』을 저술하여 오위에 관한 종래의 저술과 평가의 오류를 타파하고 그 올바른 뜻을 천명하기 위해 노력하였다.

한편 우리나라에서는 오위에 관한 저술이 고려 시대 회연 선사(晦然 禪師; 一然, 1206~1289)의 『중편조동오위(重編曹洞五位)』 3권 이외에는 아직 발견되지 않고 있다. 회연의 『중편조동오위』는 당시까지 유행하던 조동종의 오위 사상을 집대성한 것이다.

회연이 『중편조동오위』를 편찬한 이유는 그 서문에서 분명히 말하고 있다. 그 내용을 간추려 보면 첫째는 동산양개 시대에 큰 흐름을 이루던 가르침이 많은 세월이 흘러 자못 어지러워지고 그 가르침이 끊일 위기에 처하여 사람들이 미혹하니 진실로 그들을 올바르게 인도하기 위한 까닭이었다고 말하고 있다. 둘째의 이유를 살펴보면 처음 조산본적이 갖가지로 주석을 붙이고, 그의 제자인 조산혜하(曹山慧霞)가 그것을 편집하였으며, 다시 그 제자인 광휘(光輝)가 그것에 해석을 가하여 세상에 유통시켰다. 그러나 그 말이 난삽하여 쉽지 않아서 이에 보법 선사(普法 禪師) 노겸(老謙)이 당시에 유행하고 있던 송본을 얻어 중간(重刊)하고, 다시 거기에다 조동의 유문(遺文)과 소산(疎山)·말산(末山)의 어결(語訣)을 합하여 하편(下篇)으로 삼았다. 그러나 이것도 역시 오류가 많아서 크게 도움이 되지 못했다. 이에 조계의 소융 화상(小融 和尙)을 만나 뜻이 같음을 알고 그 오류를 바로 잡기로 마음먹었다.

이러한 이유로 다시 회연은 노겸본을 검열하여 거기에 배열상의 변경을 가하고 생략할 것은 생략하면서 새로이 후세의 오위설을 가미하게 되었다. 이와 같이 『중편조동오위』는 노겸과 회연의 손에 의해서 거의 그 편제가 완성되었다. 이 가운데 회연이 주장하고자 했던 것은 두 가지 점에서 주목된다. 그 하나는 오위의 각 명칭 가운데 정중래중심설(正中來中心說)의 주장인 제4위의 명칭이 겸중지(兼中至)라는 주장과 겸중도중심설(兼中到中心說)인 제4위의 명칭이 편중지(偏中至)라는 주장에 대한 회연의 입장이다. 또 하나는 「축위송(逐位頌)」의 작자에 대한 문제로서 동산양개의 작이라는 견해와 조산본적의 작이라는 견해에 대한 회연의 입장이다. 이에 대하여 회연은 「축위송」의 작자를 조산본적으로 확정하고, 오위의 제4위의 용어를 편중지로 확정하였다. 회연이 『중편조동오위』를 통해 두 가지의 입장을 내세우면서 조동오위 본래의 입장에 충실했다는 점이야말로 오위 사상의 전승에 공헌한 점이다. 회연이 편찬한 『중편조동오위』 3권의 구성은 다음과 같다.

· 회연의 「중편조동오위서」(1260)
· 혜하의 「중집동산편정오위조산간어병서」
· 광휘의 「동산오위현결병선조산간출어요서」
  권상
· 혜하의 간(揀), 광휘의 석(釋), 회연의 보(補)
· 「동산오위현결」, 「부육차」
  권중
· 굉지정각의 「천동사차송」
· 조산본적·혜하백미의 「선조산본적선사축위송병주별간」

· 분양선소의 「분양오위답문병송」

· 자명초원의 「자명화상송」

· 부용도해의 「대양해오위답문」

· 도오원지의 「도오진오위답문」

· 칙지의 「칙지선사오위송」

· 굉지정각의 「천동각오위송」

· 대혜종고의 「묘희시중」

· 원진의 「원진장로간오위」

· 안국 화상·서은자연의 「오위보협론」

  권하

· 보법노겸의 「동산삼구 부백장삼구」

· 동산양개의 「보경삼매현의」

· 분양선소의 「분양광지가」

· 심문분의 「심문분조동종파송」

· 한한 거사 조강문의 「한한거사조동찬」

· 조산본적의 「조산삼종타·사종이류」

|【 9 】|

불조직지심체요절(佛祖直指心體要節)

⋮

백운경한(白雲景閑, 1298~1374)은 전북 고부에서 출생하였다. 그의 어록에 이색(李穡)이 붙인 서문에 의하면 고려 조계종 대선사 경한의 호는 백운이다. 백운 자신의 말에 따르면 중국의 하무산 석옥청공(石屋淸珙)의 법을 이었다. 그는 나이 77세에 취암사(鷲嵒寺)에서 입적하였다.

백운경한은 10여 년 동안 중국에 머물면서 많은 선지식을 참문하였다. 특히 중국 임제종의 석옥청공에게서 법을 이은 후에 서천(西天)에서 온 지공(指空)에게서 생사일대사(生死一大事)를 해결하였다. 석옥은 임종하면서 그 전법게(傳法偈)를 제자 법안(法眼)을 통해 고려의 백운에게 전해줄 만큼 백운을 신임하였다.

백운경한의 선풍은 이름 그대로 성품이 천진스럽고 전혀 거짓이나 조작이 없고, 형상을 빌어서 이름을 팔지 않았으며, 백운은 참으로 속세를 여읜 진경(眞境)에서 노니는 사람이었다. 백운의 법어는 마치 어둠을 부수는 밝은 등불과 같고, 더위를 씻어 주는 청량한 바람과 같았다. 백운선은 임제선을 수용하면서도 무심(無心)과 무념(無念)을 강조하여 무심선(無心禪)이라 불렸다. 백운은 조주의 무자(無字)와 부모미생전 본래면목(父母未生前 本來面目)과 만법귀일(萬法歸一)을 강조하면서 화두를 무심(無心)으로 들도록 하였다.

백운경한은 태고보우(太古普愚)의 추천으로 공민왕의 부름을 받았으나 사양하였다. 다시 나옹혜근(懶翁惠勤)의 천거로 공민왕의 부름에 응하여 신광사(神光寺)에 주석하였다. 그 당시는 국내외적으로 어려웠던 터라 불교 종단 내부에서도 공부선(工夫選)의 제도와 같이 신돈을 중심으로 한 화엄종과 태고를 중심으로 한 선종의 힘겨루기에서 나옹과 백운이 등장하여 선종이 우위를 점령하기도 하였다. 『백운어록』

이외에 그의 저서로는 세계 최고(最古)의 금속활자본으로 유명한 『직지심체요절(直指心體要節)』 2권이 있다.

백운의 무심선풍은 자연과 인생에 대한 달관의 경지만을 의미하지 않았으며 선의 본래성으로 돌아가 당시 조사선의 가풍을 이어 온 간화선의 진작에 크게 기여하였다. 백운경한은 중국의 임제 계통인 석옥청공(石屋淸珙)과 평산처림(平山處林)의 법을 이었다. 임제 계통의 양기파의 정통을 이으면서 고려시대의 구산가풍을 임제종풍으로 통합하려 했다는 점에서 그 사상적인 특징을 찾을 수 있다. 한편 간화선을 수행의 정통으로 수입하여 펼치면서도 중국의 오가의 가풍을 두루 절충하여 임제종풍을 중심으로 한 제 종파의 섭수를 꿈꾸어 그것이 마침내는 조계종풍으로 표명되었다. 그러한 노력이 이후 『불조직지심체요절』이라는 전등사서의 편찬으로 회향되었다.

백운경한은 54세 때 석옥청공(石屋淸珙)으로부터 사법함과 더불어 『불조직지심체요절』 1권을 받았다. 이후 고려에 돌아온 백운이 75세 때 다시 『불조직지심체요절』을 증보하고 2권으로 나누어 나름대로 초록하여 전승한 것이 오늘날 전승되고 있는 『백운화상초록불조직지심체요절』 2권이다. 판본으로는 선광 8년 취암산유판본(국립도서관장본)과 선광 7년 청주목외흥덕주자본(파리도서관소장 영인본) 등이 전한다.

그 내용은 제목에 드러나 있듯이 역대 부처와 조사들이 이심전심의 방식으로 대대상전한 정법안장(正法眼藏)의 계보를 간략하게 설명한 것이다. 곧 과거칠불에서부터 인도의 28대 조사, 동토의 6대 조사를 비롯하여 무려 145명의 법어를 기록하고, 기타 몇 가지 경론에서 발췌한 내용과 선사들의 잡록을 수록하였다.

그 구성은 국립도서관장본의 경우 서문 없이 바로 본문으로 시작되어 『불조직지심체요절』 권상 및 권하, 백운경한 자신이 붙인 1372년의 발문으로 구성돼 있다. 그러나 장서각본에는 맨 앞에 국립도서관장본에는 없는 목은이색(牧隱李穡)의 1378년의 서문과 성사달 겸선(成士達 兼善)의 1377년의 서문이 붙어 있다.

목은이색의 서문은 백운경한의 입적 이후에 그의 문도였던 법린과 정혜가 김계생의 시주를 받아 목판으로 새겨 간행하면서 목은이색에게 서문을 부탁했던 것으로 보아 목판본에 붙은 서문임을 짐작할 수가 있다. 또한 성사달겸선의 서문은 석찬 선사가 1377년에 성사달겸선에게 부탁한 것으로 금속 활자본으로 간행하면서 붙인 서문이라고 짐작된다.

권상에는 과거칠불의 전법게(傳法偈)를 비롯하여 서천 28대 조사의 기연어구와 전법게, 그리고 동토 6대 조사 및 조계혜능의 5대 조사와 기타 숭산혜안에 이르기까지 그 법어를 기록하고 있다.

권하에는 이호대의의 『좌선명(坐禪銘)』에서 시작하여 몽산에 이르기까지 그 법어를 수록하고, 이어서 낙포원안의 『부구가(浮漚歌)』 등 몇 가지 가송, 그리고 몇 가지 경과 론에서 발췌한 수심의 원리, 나아가 동산양개 사친의 서(書)에서 송대 천복승고의 법어에 이르기까지를 수록하고 있다.

이처럼 『불조직지심체요절』은 전등사서를 비롯한 경전과 논서 및 각종 어록을 통해 전승된 다양한 법어와 가송·잡록·찬·명 등에서부터 정법안장의 요체를 보여준 법어, 수선의 방법과 그 마음가짐 등에 대해 수록한 선서(禪書)로서, 우리나라에서 편찬된 몇 안 되는 대표적인 전등사서이기도 하다.

【 10 】
태고어록(太古語錄)
⋮

고려 후기에 활약한 태고보우(太古普愚, 1301~1382)는 19세 때 만법귀일(萬法歸一)의 화두로 입참하여 수행을 하고 마침내 38세 때 크게 깨쳤다. 46세 때 원나라에 들어가 임제종 제19세인 석옥청공(石屋淸珙, 1272~1352)을 참문하고 인가를 받아 중국의 임제종맥을 이었다. 48세 때 귀국하여 공민왕의 왕사가 되었으나 신돈(辛頓)과의 불화가 있었다. 이것은 한편으로는 당시 신돈을 중심으로 하는 화엄 계통과 태고를 중심으로 하는 선종 간의 세력대결이기도 하면서, 다른 한편으로는 순수 불교의 전통을 이어가려는 세력과 정치를 배경으로 한 세력 간의 대결이기도 하였다.

시자 설서(雪栖)가 편찬한『태고화상어록』2권의 구성은『한국불교전서』제6권에 수록된 판본에 의하면, 1385년 7월에 이색(李穡)이 쓴 태고화상어록서, 1387년 7월 27일에 숭인(崇仁)이 쓴 태고어록서, 목록, 권상, 권하, 부록 등으로 되어 있다. 그리고 그 내용은 상당, 시중, 법어, 가, 송, 명, 음, 게송과 찬과 발, 그리고 부록에 수록된 석옥 화상의 글〔石屋和尙書〕, 석옥 화상에게 올리는 글〔上石屋和尙書〕, 석옥 화상의 답서〔石屋和尙答書〕, 대도의 제산의 장로들이 조정에 아뢰어 개당할 것을 청하는 글〔大都諸山長老告朝廷請開堂疏〕 등으로 채워져 있다.

『태고어록』에 드러난 가르침을 보면 자성미타의 염불선을 가르치는가 하면, 잡화삼매의 화엄선과 호법교화와 보은우세를 위한 원력에 이르기까지 내용이 다양하였다. 이것이 태고보우의 진면목이고 가치이며 선사상에 공헌한 의의를 지닌다. 그러나 『태고어록』은 무엇보다도 조사선의 가풍을 중심으로 한 간화선의 수행에 중점을 두고 있다. 이 가운데서도 구자무불성화(狗子無佛性話)를 내세워서 이를 위해 오매일여하고 성성력력하게 의단을 지닐 것을 강조하였다.

그러나 간화선을 강조하면서도 거기에 머무르지 않고 온갖 근기를 상대로 갖가지 수행법을 제시하였다. 특히 염불과 정토를 강조했는데, 그가 제시한 염불의 중심은 아미타불이었다. 이 말은 본래 생과 사가 없는 무량수(無量壽) 및 깨침의 모습을 나타낸 말로서 인간 모두에게 안락하고 자재한 본성이 구비돼 있다는 것이다. 그것이 바로 무량수인데 개개인이 그 아미타불을 지니고 있다는 뜻이다. 그것을 터득한 자가 불(佛)이고 그것에 대해 설한 것이 교(敎)이므로 자성의 미타를 깨치는 것은 오직 자심의 청정을 각성하는 것이라 하였다. 이로써 내내 아미타불을 염하는 마음이 화두를 참구할 때의 염념불매(念念不昧)이고 상상불매(常常不昧)였다.

태고 스님이 설법전에 들어와서 주장자를 한 번 내리치고 말했다. "이 한 번의 소리는 부처와 조사를 삶아 버리는 큰 용광로이고 풀무이며, 삶과 죽음을 단련시키는 수단이다. 그러니 마땅히 이 주장자 앞에 오는 자는 간담이 서늘하고 혼이 나가 버릴 것이다. 그러나 이 노승에게 인간적인 면목마저 없다고는 여기지 말라." 다시 한 번 주장자를 내리치고 말했다. "이 한 번의 소리에 백 천의 제불도 일시에 얼음이 녹고 기왓장이 무너져 내리듯 기도 펴지 못할 것이다." 다시 주장자를 한 번 내리쳤다가 치켜세우며 말했다. "바로 이 주장자여, 고래가 바닷물을 모두 마셔 버리니 산호가지가 줄줄이 드러났구나."[17]

참으로 주장자 소리 한 번에 온갖 번뇌와 사회구조적인 비합리성을 한꺼번에 녹여 버리는 그의 선풍이 잘 드러나 있다. 우리들이 부여받은 주체로서 이 몸뚱아리를 비롯하여 일체의 현상계는 과거도 없고 미래도 없다. 그러나 은근하게 과거와 현재와 미래에 두루 통하며, 가운데에도 없고 바깥에도 없으면서 시방세계에 고루 사무친다.

그 본래성은 정갈하고 청정하여 온갖 덕성을 머금었고, 고요하고 편안하여 모든 상서를 담고 있다. 그래서 자신의 이 몸과 마음은 치켜들면 하늘처럼 높아지고 땅처럼 두터워지며, 내려놓으면 바다같이 아득하고 강물처럼 맑다. 이 몸과 마음은 부처와 조사도 알지 못하고 귀신도 헤아리지 못한다. 하늘과 땅으로부터 생겨난 것도 아니고 자연적으로 얻어진 것도 아니다. 전생에 신라를 행각할 때에 전단원에 가서 그림자 없는 나무 아래서 마음을 잡으려 했을 때에도 그 실마리가

---

17)『태고화상어록(太古和尙語錄)』卷上(韓國佛敎全書 6, p.671上~中)

없었고 맥도 추지 못하였다. 그래서 만길 벼랑에 이르러서 온 몸을 통째로 내던져 완전히 죽었다가 홀연히 소생하여 가볍게 날아올랐다.

이처럼 태고보우는 그 주인공의 제일의제(第一義諦)야말로 곧 석가모니 이후와 미륵 이전에 현성해 있는 정법안장이고 열반묘심이라고 말한다. 그 주인공이 자신의 마음이고 자신의 몸이며 주장자이고 가사이며 자성미타이다. 그래서 마치 천상세계의 별들이 모두 북극성을 향해 있고 인간세계의 물들이 모두 동쪽 바다로 흘러가고 필경 바다를 향해 흘러가며 구름은 필시 산을 찾아 돌아가듯이 자성의 미타를 깨치는 것이 자신과 일체 중생에 대한 은혜를 갚는 것이라고 말한다.

그러기 위해서는 이 몸이 때로는 범천왕의 몸이 되기도 하고 때로는 제석천왕의 몸이 되기도 하여 보살행을 실천해야 한다고 말한다. 그것이야말로 태고보우가 평생 동안 내세웠던 자심(自心)의 자각이었고 사회의 개혁을 향한 제일구였다.

【 11 】

나옹어록(懶翁語錄)

⋮

나옹혜근(懶翁惠勤, 1320~1376)은 고려가 원나라의 지배하에 있었던 1320년 정월 보름에 태어났다. 속성은 아(牙) 씨로서 아버지는 아서구(牙瑞具)이고 어머니는 정(鄭) 씨이다. 휘는 혜근(惠勤)이고, 호는 나옹(懶翁)이며, 본래 이름은 원혜(元惠)이다. 20세 때 요연(了然) 스님에

게 출가하였으며 25세 때 양주 회암사에서 깨쳤다. 28세 때 원나라에
가서 지공 대사를 참문하고, 31세에 평산처림을 참문하여 깨침을 인
가받고 32세 때 하직하였다. 36세에 황제의 명을 받들어 대도(大都)의
광제사(廣濟寺)에 머물렀고, 37세에 개당 법회를 열었다. 39세에 귀국
하여 지공 대사의 영골을 회암사에 모셨다. 광명사에서 공부선(工夫
選)을 주관하고, 이후 왕사가 되어 수선사 및 회암사에 주석하였다.
1376년에 여주 신륵사에서 입적하였다. 『나옹화상어록』 및 『나옹화
상가송』 등이 전한다.

　　『나옹화상어록』은 나옹혜근의 법어로서 『한국불교전서』의 저본은
각련(覺璉)이 집록한 서울대학교소장본(홍무 10년)이고, 국립도서관소
장본과 호암미술관소장본 기타 몇 종류의 영인본이 전한다. 『한국불
교전서』에 수록된 서울대학교소장본의 경우 그 구성은 다음과 같다.
　　· 창룡(蒼龍) 기미년(1379) 8월 16일에 쓴 한산군(韓山君) 이색(李穡)
　　　의 서문
　　· 지정(至正) 23년(1363) 7월에 쓴 백문보 화부(白文寶 和父)의 서문
　　· 문인 각굉(覺宏)이 쓴 행장
　　· 이색이 찬술한 탑명
　　· 법어 및 기타
『나옹어록』에 수록된 글은 상당법어를 비롯하여 소참법어, 결제
및 해제법문, 보설, 삼구법문, 수어, 서간, 영가착어, 대어, 감변 등
다양하다.
　　법어 가운데 「입문삼구(入門三句)」에서는 다음과 같이 말한다.

입문삼구에 대해서는 분명히 말하였다. 그러면 당문삼구(當門三句)는 무엇인가? 또 문리삼구(門裏三句)는 무엇인가?

입문삼구는 이미 부모를 인연하여 세상에 태어났고, 스승을 의지하여 불문에 발을 들여놓았으며, 자신의 정진으로 깨침을 터득하기 위해 화두를 참구하고 있는 등 스스로에게 부여된 갖가지 상태를 자각하는 것이었다.

당문삼구(當門三句)는 이로부터 나아가 그러한 가르침을 터득해서 과연 무엇을 어떻게 실천해야 하는지 묻는 것이다.

문리삼구(文裏三句)는 순수한 제일구에 속하는 것들로서 불향상사(佛向上事)를 가리킨다. 가령 아직 본래지(本來地)에 도달하지 못하여 갖가지로 분별하는 모습, 이미 본래지에 도착하여 거기에 주착하는 모습, 본래지에 도달했지만 거기에 초연한 모습 등을 제시한 것이다.

또한 「삼전어(三轉語)」는 다음과 같다.

산은 끝없이 이어지다가 어째서 봉우리 끝에서 그치는가. 물은 가없이 흐르다가 어째서 개울이 되어 멈추는가. 밥은 어째서 흰쌀로 지어야 하는가.

제일전어의 산은 영원한 깨침의 속성을 뜻하는 것으로 법신을 가리키고, 제이전어의 물은 끝없는 생사의 윤회에서 벗어나는 지혜를 해명하는 반야이며, 제삼전어의 밥은 각자 생사를 초월하는 반야의 체험과 그 해탈을 말한다. 이 도리를 묻고 있는 나옹은 자신의 경지에 빗대어 일상의 납자를 제접한 것이다.

그러나 보다 구체적으로 공부선에서 시험 문제로 제시한 열 가지 항목은 「공부십절목(工夫十節目)」에 잘 드러나 있다. 「공부십절목」은 화두 공부에서 참구해야 할 대상을 선리를 동원해 제시한 것으로 나옹의 간화선적인 특징이 잘 나타나 있다. 참구하는 사람들은 「공부십절목」에 제시된 열 가지 화두를 반드시 해결해야 시험에 통과한다는 것이다. 그 열 가지는 다음과 같다.

첫째, 시방세계의 모든 사람들은 색을 보고도 색을 초월하지 못하고 소리를 들으면서도 소리를 초월하지 못하는데 그 도리를 알아차리라는 것이다.

둘째, 이미 색과 소리를 초월했다면 공능을 보여야 하는데 어떻게 공능을 보여야 하는가?

셋째, 이미 공능을 보였다면 공능에 익숙해야 하는데 어떻게 익숙해야 하는가?

넷째, 이미 공능에 익숙해졌다면 그 공능마저 잊어야 하는데 어떻게 공능을 잊어야 하는가?

다섯째, 이미 공능을 잊었다면 감정이 냉담하여 마치 목석과 같고 온전히 몰자미(沒滋味)하며 온전히 기력이 없어져서 분별의식이 미치지 못한다. 그리하여 심(心)·의(意)·식(識)이 작용하지 못하고 또한 허깨비의 몸으로 인간세계에 살고 있는 줄도 모르게 된다. 바로 이와 같은 경지에 도달하는 때는 과연 어떤 시절이던가?

여섯째, 이미 공부가 이러한 경지에 도달해서는 동정(動靜)에도 따로 분별이 없고 오매(寤寐)에도 늘 똑같으며 온갖 경계를 대하더라도 마음이 산란하지 않고 일체를 놓쳐 버려도 전혀 상실한 것이 없다. 그래서 마치 어리석은 강아지가 뜨거운 기름사탕을 함부로 집어삼킨 것처럼 핥아먹으려야 핥아먹을 수도 없고 또 내뱉으려야 내뱉을 수도 없다. 자, 이런 경우에는 과연 어떻게 해야 그 상황을 훌륭하게 마무리할 수 있겠는가?

일곱째, 그러다가 갑자기 자기의 온 몸뚱아리를 완전히 탈락(脫落)한 것처럼 졸지에 의단을 해결해 버렸을 경우에 어떤 것이 그대의 본래 자성인가?

여덟째, 이미 본래 자성을 깨우쳤다면 모름지기 자성의 본래 작용과 수연의 응연 작용을 알아차려야 한다. 그렇다면 어떤 것이 자성의 본래 작용이고 수연의 응연 작용인가?

아홉째, 이미 자성의 본래 작용과 수연의 응연 작용을 알아차렸다면 반드시 생사를 해탈해야 한다. 그러면 죽음에 이르러서 어떻게 생사를 해탈할 것인가?

열째, 이미 생사를 해탈했다면 모름지기 가는 곳을 알아야 한다. 그렇다면 몸뚱아리는 각자 흩어져서 어디로 간단 말인가?

|【 12 】|

선문강요집(禪門綱要集)

⋮

『선문강요집』은 누구의 손에 의해서 저술된 것인지 분명하지 않고, 저술 시기도 고려 시대쯤으로 추정될 뿐이었지만 최근에 그 저자가 진정천책임이 밝혀졌다. 『한국불교전서』 제6책에 수록된 판본은 현존하는 3종 판본 가운데 1531년 개판된 지리산 철굴사 판본이다. 「삼성장(三聖章)」·「이현화(二賢話)」·「제이편(第二篇)」·「일우설(一愚說)」·「산운편(山雲篇)」·「운문삼구(雲門三句)」 등으로 구성돼 있고, 말미에 발문의 성격을 지닌 글이 수록돼 있다.

본문의 「삼성장」·「이현화」·「제이편」은 청풍장로와 호월 상인의 대화로서 임제의 삼구에 대한 내용이고, 「일우설」은 우부(愚夫)라고 자칭하는 노숙에게 어떤 승이 질문하는 형식으로서 「제이편」과 마찬가지로 「삼성장」·「이현화」에서 말하는 임제의 가르침에 대한 비평이다. 나아가서 그 우부 노숙은 시자를 시켜서 「삼성장」·「이현화」·「제이편」의 내용을 기록하게도 하였다. 「산운편」과 「운문삼구」는 운문종의 교의에 대하여 논의한 것인데, 이 가운데 「산운편」은 청산을 아버지로 삼고 백운을 아들로 삼아서 「운문삼구」에 대해 논의한 것이다.

이와 같은 『선문강요집』은 일찍이 송대에 출현한 『인천안목』으로부터 영향을 받은 것으로 이후 조선 후기에 환성지안(喚惺志安)이 편찬한 『선문오종강요(禪門五宗綱要)』로 전승된다. 그러나 『선문강요집』은 각 선문의 강요에 대한 부분적인 기록으로서 실제로 그 내용을 보면 임제종의 교의와 운문종의 교의에 대해서만 기록돼 있다. 이 가운데서도 임제종의 교의에 대해서는 비교적 상세하게 설명되어 있다. 곧 임제에 대해서 불(佛)은 마음이 청정한 것이고, 법(法)은 마음의 지혜 광명심이며, 도(道)는 외부의 대상에 대해 걸림이 없는 광명이라고 말한다. 나아가서 이 셋은 곧 하나이고 그 성품은 공(空)이라고 말한다. 그렇기 때문에 만약 제일구에서 깨치면 부처님과 조사의 스승이 될 것이고, 제이구에서 깨치면 인간세계와 천상세계의 스승이 될 것이며, 제삼구에서 깨치면 자신의 구제도 이루지 못한다고 말한다. 그러나 이 삼구는 구체적으로 표현돼 있지 않다. 다만 설명된 내용을 통해 추론하면 제일구는 위음왕불 이전의 소식으로서 본래면목의 도리이고, 제이구는 언설을 초월한 이심전심의 도리이며, 제삼구는 언전을 통해 제시된 구체적인 가르침이다.

이와 같은 삼구의 전체적인 관계성에 대해서 임제는 "일구에는 반드시 삼현문(三玄門)을 갖추고, 일현문(一玄門)에는 반드시 삼요(三要)를 갖추어 권(權)이 있고 용(用)이 있다."고 말했었다. 이러한 임제의 견해에 대하여 임제종의 제5세인 수산성념(首山省念)은 임제의 삼구와 삼현과 삼요를 모두 동등한 개념으로 정리하는 것과는 그 궤를 달리하고 있다. 그러나 『선문강요집』에서는 수산성념에 대해 단지 일현만 터득하였지 삼구를 모두 터득한 것은 아니라고 평가한다. 왜냐하면 하나에 통했다고 한다면 모든 것에 통해야만 비로소 삼구를 터득했다고 할 수 있을 것이기 때문이다. 곧 부분에만 통하고 전체에 통하지 못하면 전혀 통하지 못하는 것이 되고 만다.

이에 대하여 중정법해(中精法海)는 온총삼구(蘊摠三句)를 들어 일구를 포함한 삼구의 사례를 설명하였고, 또 숭제혜 법사도 현과 요 이외에 따로 삼구를 송하고 있다는 견해를 피력하여 수산성념과 같은 맥락을 이루고 있다. 특히 호월 상인과 청풍장로의 문답 내용을 보면 세 가지 측면으로 전개돼 있다.

먼저 「삼성장」에서는 각범혜홍의 말을 인용하며 그에 대하여 풍법사(風 法師; 문답을 위해 가상적으로 등장시킨 인물로서 진정천책 자신이 투영돼 있다)는 임제의 삼구야말로 모든 미혹한 자의 번뇌를 단번에 쳐부수는 금강과 같은 무기라고 해석하고 있다. 다음으로 「이현화」에서는 삼구와 삼현과 삼요의 관계에 대하여 임제의 제일구는 사조용(四照用)과 삼요(三要) 각각의 관계에 대해 평가한 것으로 그것들이 각기 개별적인 것이면서 동시에 서로 총체적인 것이라고 말한다. 특히 숭제혜의 견해를 들어 임제의 삼구가 일구에 통하고 일구가 삼구에 통한다는 것을 말하면서 그것은 임제가 비유한 인(人)의 사상에 대한 근원적인 원리를 제시해 주고 있다고 말한다. 여기에서 인(人)이란 삼승인 내지 일승인이라는 구별이 없이 모두 보편적인 인(人)으로 간주하는 임제의 인간관의 특징을 나타내는 개념으로 사용되고 있다.

그 다음으로 「일우설」에서는 일우(一愚; 풍법사와 마찬가지로 진정천책 자신이 투영돼 있다)가 「삼성장」은 조리가 정연하고, 「이현화」는 분별이 상세하다고 비평한다. 그 가운데 제이구에 대해서 "묘희는 곧 지혜로서 실제다. 그러므로 이 가운데 어찌 무착의 물음을 용납하겠는가. 물음과 대답이 모두 잦아들었기 때문이다. 구화는 방편이며 권이다. 이때에 어찌 흐름을 끊는 기틀을 저버리겠는가. 기틀과 감응이 함께 있기 때문에 이 두 구절은 삼현을 밝힌 것이다."라고 설명한다. 이 말은 첫째로 일우가 제일구 자체를 완성체로 볼 것인가 하는 것을 말한 것이고, 둘째로 제일구·제이구·제삼구를 각각 다른 하나의 독립체로 볼 것인가 하는 점을 말한 것이다. 그러나 제일구는 그 자체로서 모든 것을 완전히 구비한 총체적인 것으로 간주하고, 제이구는 일구를 설명하는 방편의 시설이며, 제삼구는 삼구만으로 자체의 법을 형성하고 있다고 간주한다. 이렇게 볼 때『선문강요집』에서는 임제삼구의 입장에 대해 온총삼구의 입장을 취하고 있다.

〖 13 〗
금강반야바라밀경윤관
（金剛般若波羅蜜經綸貫）
⋮

함허득통(涵虛得通, 1376~1433)은 법명이 기화(己和)이고 법호는 득통(得通)이며 당호는 함허당(涵虛堂)이다. 속성은 유(劉) 씨로서 고려 우왕 2년(1376)에 중원에서 태어났다. 어릴 때부터 성균관에 들어가서 공부를 하였고, 21세(1396)에 학우의 죽음을 보고 무상을 느껴 출가하여 수도할 것을 결심하였다. 출가한 곳은 관악산 의상암이었고, 이듬해(1397)에 회암사로 가서 무학(無學, 1327~1405)을 친견하고 법요를 들었다. 여러 산문을 유행하다가 29세에 다시 회암사에 돌아와서 용맹 정진한 결과 깨친 바가 있었다.

31세 때는 공덕산 대승사로 가서 4년에 걸쳐『반야경』강설회를 세 번 열었다. 35세 때 천마산 관음굴에서 현풍을 크게 떨쳤으며, 이듬해 불희사(佛禧寺)로 가서 3년 결제를 하면서 가람을 키웠다. 39세 때는 자모산(慈母山) 인봉사(烟峰寺)에 작은 방을 정하고 이름을 함허당이라 하며 3년을 정진한 후에 이 절에서 2년에 걸쳐『금강경오가해

(金剛經五家解)』강석을 세 번 열었다.

56세 때 왕실에서 건립한 대자암(大慈庵)에 머물면서 왕비와 왕자의 천혼을 위한 영산 법회에서 설법을 여러 번 했다. 4년 동안 대자암에 주석하다가 글을 올려 사퇴하고 산으로 들어가서 다시 운수의 생애로 법을 폈다. 56세 되는 가을에 희양산 봉암사로 가서 퇴락한 절을 중수하였다. 사원의 중수를 마치고 58세 되는 해 4월 1일 입적하였다. 법랍 38세였다.

함허의 저술 및 어록 가운데 현존하는 것으로는『금강경오가해설의』2권·『금강반야바라밀경윤관』1권·『원각경해』3권·『영가집과주설의』2권·『현정론』1권·『함허당득통화상어록』1권 등이 있다.

『금강반야바라밀경윤관』은 함허득통이『금강경』에 대해 자신의 견해를 설명한 것으로 유명하다. 특히『금강경오가해』가 여러 선인들의 견해를 열거하고 배열한 것과는 달리 함허는 여기에서『금강경』의 분과를 형식상으로는 10문으로 나누고 내용상으로는 상근기·중근기·하근기에 따른 것으로 정리하여 전체적으로『금강경』의 구조와 내용을 이해하는 데 많은 도움을 주고 있다.

함허는『금강반야바라밀경윤관』에서 선수행의 수증관에 근거하여『금강경』의 구조 및 내용을 해석하고 있다. 그 내용을 보면 기존에 전승해 오던 무착의 18주(住) 분과 및 천친의 27단의(斷疑) 분과에 동의하면서, 형식으로는 독창적으로 3단 10문의 분과를 제시하고 있다. 3단 10문의 분과는 내용과 형식의 둘을 아울러 취급하여 3종근기 10문으로 분과하고 있다. 이 가운데서 함허는 차제개시(次第開示)와 누누이

법(果累而法)이라는 두 가지 형식을 3종근기에 대응시키고 있다.

이를테면 차제개시는 상근기를 위해 설한 것으로, 서분과 정종분과 유통분을 10문으로 차례에 따라 개시한 것이다. 제1문인 서분은 '여시아문'부터 '천이백오십인구'까지로 일반적으로 통서를 배대하였다. 그리고 제10문인 유통분은 '불설시경이'부터 '신수봉행'까지를 배대하였다. 그리고 제2문부터 제9문까지 8문은 모두 정종분에 해당하는 것으로 보았다. 여기에서 함허 분과의 독특한 점은 정종분의 전체를 다시 상근기를 위해 8문으로 배대하고, 다음 중근기를 위해 다시 8문을 배대하였으며, 그 다음 다시 하근기를 위해 8문을 배대했다는 점이다.

8문의 정종분 가운데서도 상근기를 위한 8문은 다음과 같다. 첫째는 의리기신문(依理起信門; 亦名開示悟入門), 둘째는 의오기수문(依悟起修門), 셋째는 성행취과문(成行就果門)이고, 넷째는 인과원융문(因果圓融門)이며, 다섯째는 법통미래문(法通未來門), 여섯째는 의리불적문(依理拂迹門), 일곱째는 현승권지문(現勝勸持門), 여덟째는 환시불적문(還示拂迹門)이다.

이처럼 정종분의 전체 가운데 8문의 차제에 따른 상근기를 위한 설법은 다음과 같이 상호 인과적인 관계에 놓여 있다.

모든 중생이 본디 반야를 구비하고 있으며 현재 제불의 과해(果海)에 있으면서도 제불을 알지 못하고 있다. 그러나 부처님의 개시를 만나면 활연히 깨칠 수 있을 것이므로 정종분의 첫째는 의리기신문이다. 그러나 돈오의 정편지각(正遍知覺)이 원래부터 구족돼 있어서 수행과 증득을 말미암지 않고 획득된다 할지라도 애(愛)·욕(欲)·에(恚)·

치(癡) 등으로 인하여 무명을 대치하는 방법을 모르고 수행을 연마하는 공능을 모른다면 무상과해(無上果海)에는 끝내 증입하지 못할 것이므로 다음으로 정종분의 둘째는 의오기수문이다. 또한 본디 부처님의 과해(果海)를 구비하고 있을지라도 수행이 없으면 오르지 못하니 육바라밀을 두루 수행한 연후에야 과위를 증득하므로 정종분의 셋째는 성행취과문이다. 또한 깨침과 수행과 증득의 문에는 인(因)과 과(果)가 분명하여 인은 과해(果海)를 갖추고 있고 과는 인원(因源)에 사무쳐 있어 전후의 차별이 없으므로 다음으로 정종분의 넷째는 인과원융문이다. 또한 원융한 설법은 현재뿐만 아니라 후세까지도 두루 이롭게 하므로 다음으로 정종분의 다섯째는 법통미래문이다. 또한 깨침과 수행과 증득과 인과와 미래까지 통하는 법문일지라도 그 자취를 여의지 못하면 소위 깨침[得]과 설법[說]의 경우에 그것은 잘못된 깨침[魔得]이고 잘못된 설법[魔說]일 뿐이다. 그러므로 무소득과 무소설을 터득한 연후에야 진실한 득과 설이 가능하므로 다음으로 정종분의 여섯째는 의리불적문이다. 또한 중생은 무득과 무설이라는 말을 듣고는 증득에 나아갈 마음을 없애 버리고, 무설이라는 말을 듣고는 가르침을 받들려는 마음을 놓아 버린다. 따라서 다음으로 정종분의 일곱째는 현승권지문이다. 또한 중생을 위한 교화 형식을 폐지해서도 안 되고, 자비의 교화 정신도 폐지해서는 안 된다. 따라서 다음으로 정종분의 여덟째는 환시불적문이다.

이처럼 함허는 정종분을 분과하여 상근기를 위한 8문으로 설명하였다. 그러나 상근기가 아닌 사람은 그것으로 충분하지 못하여 다시 설법하지 않으면 안 되기 때문에 누누이설(累累而說)이 등장한다. 이미 상근기를 위해 설법한 다음에 해당하므로 누누이설이라고 한다. 3종의 근기를 위한 대단락에서 처음의 "가사를 수하고 발우를"의 부분부터 "세계라 이름한다"까지는 상근기를 위해 개시한 것이고, "가히 32상을 통해서 여래를 볼 수 있겠느냐"는 부분부터 "곧 범부가 아니다"까지는 중근기를 위해 개시한 부분이며, "가히 32상을 통해서 여래를 볼 수가 있겠느냐"는 부분부터 "마땅히 이와 같이 관찰해야 한다"는 부분까지는 하근기를 위해 개시한 것이다. 이들 3종근기를 위한 설법은 그 속에 각각 깨침과 수행과 증득의 문 내지 집착하지 말 것[拂迹]과 집착하지 않는 수행을 권장하는 것[勸持] 등 5문을 구비하고 있다. 함허는 이것이 소위 누누이 설법한다는 본래의 의도라고 말한다.

여기에는 먼저 불법의 도리에 의해 신(信)을 일으키는 제1문으로부터 시작하여 기수문(起修門) - 취과문(就果門) - 인과원융(因果圓融) - 법통미래(法通未來) - 불적(拂迹) - 현승(現勝) - 환시불적(還示拂迹)에 이르는 수증의 차례가 잘 나타나 있다. 이것은 처음 발심부터 수행과 깨침과 증득[성불]이라는 수증의 차제와도 통한다. 그러나 함허는 이와 같은 과정에 대하여 근기의 차이 때문임을 분명히 인정하였다. 3종의 근기를 일깨우기 위한 이러한 분과는 대승 보살이 지녀야 할 마음으로 모든 중생을 차별 없이 대하는 광대심(廣大心), 중생을 영원상주한 열반계로 이끌어 가는 제일심(第一心), 중생을 동체대비심으로 대하는 상심(常心), 중생이라는 분별심이 없어 자기 속에서 따로 중생을 보지 않는 부전도심(不顚倒心) 등의 4종심과도 상통하는 것이라 할 수 있다.

【 14 】

조원통록촬요(祖源通錄撮要)

:

　벽송지엄(碧松智嚴, 1464~1534)은 『선원제전집도서(禪源諸詮集都序)』
와 『법집별행록절요(法集別行錄節要)』 등을 통해 교학을 다졌으며, 『서
장』과 『선요』 등을 통해 선법을 터득하였다. 지엄은 이 밖에도 11세
기 말엽 송대에 공진(拱辰)이 찬술한 『조원통록(祖源通錄)』 24권을 4권
으로 촬요하여 백운산 만수사에서 『조원통록촬요(祖源通錄撮要)』를 간
행하면서 그 발문을 붙였다. 이 『조원통록촬요』는 석가모니에서부터
중국과 신라와 고려에 이르는 조사들에 대한 기록으로 전등사서의 성
격을 갖추고 있다. 특히 마지막 부분에 해당하는 나옹혜근에 대해서
는 말법 시대에 불교의 정법안장을 부흥시킬 인물로서 석가모니의 후
신이라고까지 칭송하고 그 법계를 중요시하여, 또 한편으로는 법계
상의 문제를 제기하는 계기가 되기도 한다.

　지엄 당시에 전승되고 있던 선법의 부류는 크게 두 가지로 나누어
볼 수 있다. 하나는 신라 말기 선법이 처음 전래된 때부터 국내를 통
해 전승돼 온 법맥이고, 다른 하나는 원나라 시대에 중국을 통해 새
롭게 전래된 법맥이다. 이 가운데 전자는 소위 구산문 가운데 사굴산
문(闍崛山門)의 법맥과 가지산문(迦智山門)의 법맥이 뚜렷하였고, 후자
는 고려 말기 태고보우·백운경한·나옹혜근을 통한 선법의 전래를 말
한다. 이들을 단순히 당나라의 유학파와 국내파라고 도식적으로 구
분하기는 어렵겠지만 적어도 법맥의 전승이라는 면에서는 보다 분명

한 계보를 그릴 수 있다.

　『조원통록촬요』에서는 태고의 계통 이외에 나옹의 법맥을 중심으로 해동의 새로운 전등 계보를 확립하려는 노력의 흔적을 볼 수 있다. 여기의 서지학적인 추론에 대해서는 일찍이 고익진 선생이 주목하여 간략하게 발표한 적이 있는데 촬요의 발문을 붙인 인물이 지엄이라는 점에 주목하는 해동 법맥에 관한 그의 견해를 엿볼 수가 있다.

　보리달마를 비롯한 중국 선종의 역사는 소위 달마에서 혜능에 이르기까지의 초기 선종 시대 이후에 남·북종의 정통 문제를 거치면서 중당 이후부터는 남종 일색으로 법맥의 계보가 분명해진다. 이에 대한 전등사서의 계보는 지거의『보림전』(801) - 정·균의『조당집』(952) - 도원의『경덕전등록』(1004)을 위시하여 17세기까지도 지속적으로 이어진다.

　이들 가운데『조원통록』에 대한 촬요인『조원통록촬요』는 11세기에 중국에서 편찬되어 조선 시대 초기 해동에 전래된 것으로서 해동의 선법맥과 관하여 주목된다. 신라의 승려 34명과 고려 초기 영명연수 문하에서 수학한 고려의 승려 및 고려 말기의 나옹혜근에 대한 내용을 포함해 50여 명 이상의 이름이 기록돼 있기 때문이다.

　『조원통록촬요』에서 특히 나옹혜근을 석가여래의 후신으로 내세우고 있는 것은 지엄이 살던 당시의 불법에 대한 위기의식과 더불어 그 극복 방법으로서 전등 계보에 대한 확고한 의식이 작용하고 있었음을 짐작케 해 준다.

『조원통록촬요』는「종안품(宗眼品)」과「정전품(正傳品)」을 통해 인도와 중국의 33대 조사들의 전기를 소개하고,「호현품(互顯品)」에서는 우두종 및 북종을 비롯한 중국의 다양한 종파의 선사들에 대해 기록하고 있다. 나아가서「산성품(散聖品)」에서는 유마와 포대 화상을 비롯한 재가인 등을 소개하고,「유통품(流通品)」에서 전법의 중요성을 강조하면서 끝맺고 있다.

　『조원통록촬요』는 바로 그와 같이 전법의 중요성이라는 측면에서 등장한 것이었는데 이에 대한 지엄의 각성 또한 해동의 법맥을 확립하려는 것과 궤를 같이 하고 있다.『조원통록촬요』에 지엄이 붙인 발문의 내용은 그러한 점을 다음과 같이 분명하게 보여주고 있다.

　　큰스님들은 늘 게송을 통해 조사선의 가풍과 사상 및 그들의 전법에 대한 의식을 다짐하곤 했었다. 오도송과 전법게송 및 열반송은 그와 같은 모습으로 간주하기에 부족함이 없다. 또한 좌선하는 틈틈이 어록과 경전을 읽으면서 부처님의 뜻을 되새기고 중생 제도를 위한 보살도를 실천하였으며 스스로 정법안장의 계승을 위한 출가의 본분사를 잊지 않았다. 나아가서 미타불을 염하여 자성의 깨침을 겨냥하였고 정토를 희구하여 중생과 더불어 안락찰토에 나아갈 것을 기원하였다. 그러던 중에도 항상 불조의 혜명을 계승하기 위하여 서천의 역대 조사들과 동토의 제 조사 및 해동의 큰스님들을 위한 예배와 수참을 게을리 하지 않고 경론과 어록 및 경책에 관한 전적을 개판하는 일에 힘을 기울였다. 곧 세존행적(世尊行迹), 통록촬요(統錄撮要), 원인론(原人

論), 한산시(寒山詩), 재계문(齋戒文), 효순문(孝順文), 계살생문(誡
殺生文), 발원문(發願文), 염불작법(念佛作法), 미타십상찬(彌陀十相
讚), 투사례(投師禮), 십육관송(十六觀頌), 결의집(決疑集) 등 불법
의 전적에 대한 화주와 법연을 펼친 것은 그 좋은 예이다. 아울
러 석가모니로부터 계승되는 역대 조사의 가르침을 방편과 진
실 및 돈오와 점수 그리고 제자들의 접화를 위해 단출하게 제시
한 게송은 널리 불법을 전파하는 데 있어서 간략하면서도 훌륭
한 수단이었다. 그러나 이와 같은 불법의 홍포는 오백나한의 지
혜와 방편에 의거한 것이었지 나 스스로 아무렇게나 드러내고
설파한 것은 결코 아니었다. 그러니 옛 조사들이 제시해 준 바
른 도리와 성인들의 무위법은 감히 함부로 흉내 낼 수도 없는 귀
중한 가르침으로 믿고 받아들이고 이를 계승하기 위해 노력하
는 데 더욱더 매진해야 할 것이다.

이 발문은 지엄이 『조원통록촬요』의 의도와 가치에 대하여 얼마나
정녕하게 관심을 기울이고 있었는가를 보여주는 것이기도 하다. 그
러나 지엄은 억불과 법맥의 단절에 대해 단순히 관심을 갖는 데에 그
치지 않았다.

그는 벽계정심(碧溪淨心) 선사를 통하여 전등조사들의 의기를 전승
하였을 뿐만 아니라 일찍이 『도서』나 『법집별행록절요』를 통한 경안
(經眼)을 정립하던 즈음부터 『선요』와 『대혜어록』을 가까이 하였으며
무자화두를 통한 오도의 과정이나 초학자를 제접하는 방식에 있어서
도 보조지눌의 선사상을 바탕으로 하여 교학의 안목과 선법의 통찰을

제시하였다. 이 또한 전통 선법에 대한 그의 깊은 애정과 전통 선법
의 계승에 대한 강한 의욕을 보여준다.

【 15 】
십현담요해(十玄談要解)
：

조선조 중기의 김시습(金時習, 1435~1493)은 서울 성균관의 북쪽에
해당하는 반궁리에서 태어났다. 21세에 삼각산 중흥사에서 공부하고
있을 때 단종의 폐위 소식을 접하고는 출가하였다. 23세 무렵 경주
지방을 지나는 도중에 오도(悟道)하였다. 『법화경』의 역경에 동참하
고, 34세 이후 금오산에 6년 동안 기거한 인연으로 이후『금오신화』
라는 소설집을 엮었다. 이후 37세 무렵에는 수락산에서 10여 년 동안
은거하였다. 이후로『연경별찬(蓮經別讚)』,『화엄석제(華嚴釋題)』를 저
술하였으며, 41세 때『십현담요해(十玄談要解)』를, 42세 때『일승법계
도주병서(一乘法界圖註幷序)』를 저술하였다. 그는 57세 때 다시 삼각산
중흥사에 들어갔으며 이후 충청도 홍산 무량사에서 병석에 누워 59
세(1493) 봄날 입적하였다. 김시습은 스스로 설잠(雪岑)이라는 법명을
사용하였다. 그밖에는 매월당(梅月堂)·청한자(清寒子)·동봉(東峰)·벽
산청은(碧山淸隱)·췌세옹(贅世翁)으로 불렸다.
『연경별찬』의 서문에서 김시습은『법화경』의 글자상의 이해를 넘
어서 선적인 이해를 중시하였다. 특히 연년시호년(年年是好年) 일일시

호일(日日是好日)의 일상성을 강조한 조사선의 가풍을 노래하기도 하였다. 나아가서『화엄경』에 대한 안목으로는『화엄일승법계도주(華嚴一乘法界圖註)』와『화엄석제(華嚴釋題)』를 통해 의상 화엄의 전통을 선적인 입장에서 승화시켜 구현하였다. 낙산사에서『화엄경』에 대한 강의를 들은 이후부터 심정을 시로 토로하면서『화엄경』을 제일의 가르침이라고 찬탄하기도 하였다.

그러나 김시습의 불교 사상에서 특히 빠뜨릴 수 없는 것은 선의 조동종 가풍을 유려한 시풍으로 풀어낸『십현담요해』다.『십현담요해』는 동안상찰(同安常察)의『십현담(十玄談)』에 대한 일종의 주석서 성격을 지니고 있다. 동안상찰의 법계는 육조혜능의 제자인 청원행사 – 석두희천 – 약산유엄 – 도오원지 – 석상경제 – 구봉도건 – 동안상찰로 이어진다. 동안상찰 선사는 많은 신라 승들과 깊이 교류했던 인물로서 소위 조동 가풍의 종지에 대해 7언율시의 형태로 종문의 종지와 수행납자의 실천 강령을 드러냈는데 그것이 곧『십현담』이다. 김시습의『십현담요해』는『십현담주』라고도 불리는데『십현담가명법어』,『십현담불능어』,『십현담주석』,『십현담접취』등 역대의 주석서 가운데서도 가장 유명하다.

『십현담』에서는 조동종의 개조인 동산양개의 동산오위(洞山五位)에 드러난 다섯 가지의 조항을 실천적인 측면에서 율시의 형태로 확대 해석한 것을 엿볼 수가 있다. 곧 심인(心印)·조의(祖意)·현기(玄機)·진이(塵異)·불교(佛敎)·환향곡(還鄕曲)·파환향곡(破還鄕曲)·회기(回機)·전위(轉位)·정위전(正位前)을 말한다. 이 가운데 앞의 5항목이 조동종문의 종지를 현창한 것이라면, 뒤의 5항목은 수행납자들이 주의해야 할 실천 덕목에 대한 것이다. 이에 대해 오대 시대에 법안문익(法眼文益, 885~958)이 주석을 가하여『십현담청량화상주(十玄談淸凉和尚註)』를 찬술하였다. 이것이 해동에 전래되어 설잠에 의해 다시『십현담요해』로 찬술된 것은 1475년 그가 41세 때이다. 설잠은 용어에 약간의 변형을 가하여 논하였다. 곧 심인(心印)·조의(祖意)·현기(玄機)·진이(塵異)·연교(演敎)·달본(達本)·환원(還源)·회기(廻機)·전위(轉位)·일색(一色) 등의 내용이다.『십현담요해』의 구성은 다음과 같다.

· 십현담요해서(十玄談要解序): 1475년에 설잠이 폭천산에서 주를 붙임.

· 오파원류도(五派源流圖): 오가의 종파는 모두 방편이라 함.

· 십현담요해(十玄談要解): 청량문익이 동안상찰의『십현담』에 붙인 주에 설잠이 다시 조목조목 해석을 가함.

· 부록으로『조주삼문(趙州三門)』인「문수면목(文殊面目)」·「관음묘창(觀音妙昌)」·「보현묘용(普賢妙用)」과 기타「십현담음의(十玄談音義)」를 수록함.

십현(十玄)에서 현(玄)이란 그 뜻이 현오(玄奧)하고 현미(玄微)하며 현묘(玄妙)하다는 뜻이다. 또한 십은 열 개의 계송으로써 그 뜻을 나타냈기 때문에 십(十)이라 한 것이다. 십현이란 화엄종에서 자세하게 설하고 있는 것으로 이른바 십현연기 모두 무애자재하고 일다즉입하여 영원히 삼승의 영역을 초월한 일승의 구덕을 나타낸 것으로 이제 그 십현연기의 십현이라는 용어를 취하여 오위(五位)의 종취를 표현하고자 한 것이다. 일반적으로 어떤 한 용어는 어느 하나의 의미만을 고집하지 않는다. 그것은 삼승(三乘)이든 일승(一乘)이든 무승(無乘)이든 간에 구분이 없이 평등하기 때문이다.

설잠의 『십현담요해』는 동산오위에 근거한 동안상찰의 『십현담』이 지니고 있는 오위의 사상을 이어받아 전했다는 것에서 그 첫째 의의를 찾을 수 있다. 아울러 자신의 입장을 통해 기존의 『오위송(五位頌)』을 하나로 엮어 거기에 주석을 가하고 『조동오위군신도(曹洞五位君臣圖)』처럼 도해를 곁들였다는 점에서 그가 당시의 조동선법을 명확하게 이해하고 있었다는 것과 오위의 실천적인 측면을 긍정하여 파악하고자 했다는 사실을 엿볼 수가 있다. 조동선법 특히 오위 사상에 대한 설잠의 이러한 노력은 자칫 논리적·철학적인 입장에만 치우치기 쉬운, 동산과 조산으로 대표되는 조동교의의 몇 가지 기관(機關)에 대해서 실천적인 선수행의 역동성을 모색하는 데 일조했다.

|【 16 】|

선가귀감(禪家龜鑑)

⋮

『선가귀감』은 『선가구감』이라고도 발음한다. 그 제목처럼 선가(禪家) 나아가서 불가(佛家) 전체의 승려들과 초심자들이 일상생활에서 반드시 이해하고 지켜야 할 생활의 지침서라 할 수 있다. 청허휴정(淸虛休靜, 1520~1604)이 40대 중반에 『선가귀감』을 저술한 근본적인 목적은 그가 쓴 서문에 나타나 있다. 곧 불법을 공부하는 자들이 근본을 망각하고 세간법에 빠져 있음을 한탄하여 그 폐해에서 구제하려는 것이 목적이었다. 이에 방대한 경전 가운데 중요하고 필요한 수백 마디를 간추려서 짧은 종이에 기록하였으므로 『선가귀감』이라는 제목을 붙였다. 글은 간략하지만 뜻은 깊기 때문에 그것을 스승으로 삼아서 깊이 궁구하여 묘용을 터득하면 좋은 결과를 얻을 수 있다는 것이다.

곧 『선가귀감』은 출가한 남자가 지녀야 하는 본분 및 수행에 어떻게 임해야 하는가를 말한 지침서이고 강요서이며 개론서이다. 따라서 그 형태는 각종 경론과 어록에서 특별히 마음에 새기고 힘써야 할 내용을 발췌하여 엮은 내용을 청허휴정 자신이 개인적으로 해설하고 게송의 형태를 빌려 평석을 가한 것이다. 그런 만큼 본문에서는 자상하게 타이르면서도 동시에 투철한 각오를 지닐 것 또한 부탁하고 있다.

전체의 내용을 대략 분류하면 9가지 주제 가운데 첫째는 본분(本分)과 신훈(新熏)이다. 본분은 선천적으로 갖추어져 있는 입장이라면 신훈은 후천적으로 성취되는 결과를 말한다. 본분에 대해서는 "여기에 있는 일물(一物) 곧 깨침이나 진여나 열반과 같이 언설과 개념을 초월한 그것은 본래부터 뚜렷하고 신령스러운데도 불구하고 일찍이 생겨난 적도 없고 소멸한 적도 없으며 이름 붙일 수도 없고 모양으로 그릴 수도 없다."고 말한다. 그렇지만 일상의 중생의 입장에서 보면 숱한 번뇌를 안고 살아가고 있으므로 부득불 그 번뇌를 제거하는 방편이 필요한데 그것이 신훈에 해당한다.

둘째는 선교의 차별이다. 선은 부처님의 마음이고 교학은 부처님의 말씀으로서 서로 보완하는 관계에 있기 때문에 참선자는 교학을 익혀야 하고 교학자는 부처님의 가르침을 바탕으로 하여 마음을 닦아야 한다고 말한다.

셋째는 화두를 참구하는 방법에 대한 것이다. 불교의 선수행 가운데 12세기 송나라 시대에 출현한 소위 간화선(看話禪)이란 화두를 통해 깨침에 이르는 방식이다. 그 수행 방법을 곧 '화두를 참구한다' 내지 '화두를 든다'고 말한다. 이리하여 '화두를 어떤 자세로 들어야 하는가', '무슨 화두를 들어야 하는가', '화두를 무엇으로 간주해야 하는가' 등에 대해 설명한다.

넷째는 수행하는 신해(信解)의 자세에 대하여 설명한다. 스승을 찾아서 가르침을 받고 망념과 욕심을 버리며 집착을 하지 말라고 말한다.

다섯째는 수행과 깨침(修證)의 방법에 대하여 설명한다. 곧 계율을 잘 지키고, 선정삼매에 들어야 할 것을 말한다. 따라서 그는 "음란한 마음을 지니고 있으면서 참선하는 것은 마치 모래를 쪄서 밥을 짓는 것과 같고, 살생의 마음을 지니고 참선하는 것은 귀를 막고 소리를 높이는 것과 같으며, 도둑질하는 마음을 지니고 참선하는 것은 깨진 그릇에 물을 가득 채우려는 것과 같고, 속이는 마음을 지니고 참선하는 것은 똥으로 향을 만들려는 것과 같다. 이런즉 설령 지혜가 많더라도 그것은 모두 장애만 될 뿐이다."라고 말한다.

여섯째는 갖가지 수행의 방편에 대하여 설명한다. 선수행 이외에도 직접적으로 남에게 재물과 가르침을 베푸는 보시, 마음속에서 일어나는 화를 다스리는 인욕, 주문을 암송하여 지혜를 터득하는 주력수행, 절수행을 통해 겸손과 공경의 정신을 배우는 예배수행, 부처님에 대한 끝없는 존경과 경의를 표하면서 정토에 왕생하고자 하는 염불수행, 온갖 지혜를 터득하도록 해 주는 경전에 대한 공부 등을 곁들여야 한다고 설명한다.

일곱째는 출가의 정신에 대하여 설명한다. 출가자의 본분으로서 "출가 정신은 일신의 안일을 추구하는 것도 아니고, 등 따뜻하고 배부른 것을 추구하는 것도 아니며, 이익과 명예를 추구하는 것도 아니다. 오로지 생사(生死) 곧 윤회로부터 벗어나고, 번뇌를 제거하며, 부처님의 가르침과 중생 제도의 정신을 잇고, 스스로 중생이 깃들어 살고 있는 욕계·색계·무색계의 삼계를 벗어나서 삼계에 빠져 있는 일체의 중생을 제도하려는 것이다."라고 말한다.

여덟째는 출가자의 신분이라면 최소한 선의 역사에 대한 안목을 구비해야 할 것이라고 하면서 선종의 오가에 대하여 설명한다. 선종의 오가는 당나라 시대에 형성된 선종의 대표적인 다섯 분파 곧 임제종·위앙종·조동종·운문종·법안종 등을 말한다. 이 가운데 청허휴정의 법맥은 임제종에 속한다.

아홉째는 선수행의 기본적인 가르침인 무집착(無執着)과 무분별(無分別)에 대하여 설명한다. 자신과 자신이 추구하고 있는 목표에 대해서도 집착을 버리고 이것저것을 따지는 분별심을 내지 말라고 말한다.

이런 점에서 『선가귀감』은 특별히 참구에 힘쓰는 납자들에게는 물론이고 불교에 관심이 있는 일반 독자들에게도 불교 특히 선법을 이해하기 위한 좋은 길잡이의 역할을 하고 있다. 후반부에 나오는 선종 오가에 대한 교의 및 법맥의 이해 부분은 조선 중기 당시의 법계의식을 엿볼 수 있는 단서이기도 하다. 이것은 또한 임제종의 정통을 계승해 온 자부심과 함께 교학에 대한 일종의 선법 우월의식을 살펴볼 수 있는 대목이기도 하다.

｜【 17 】｜
선문오종강요(禪門五宗綱要)
：

환성지안(喚醒志安, 1644~1729)은 설암추붕과 더불어 월담설재의 사법제자였다. 곧 환성지안은 청허휴정 - 편양언기(鞭羊彦機) - 풍담의심(楓潭義諶) - 월담설재(月潭雪霽)의 법맥을 이어받았다. 환성지안의 속성은 정(鄭) 씨이고, 춘천 사람이다. 15세에 미지산 용문사에서 낙발하고 상봉정원(霜峯淨源)에게서 구족계를 받았다. 17세에 월담설재에게 참하였다.

27세에 벽암각성의 제자인 모운진언(慕雲震言)의 화엄 법회에서 법좌에 올라 명성을 크게 떨쳤다. 대둔산에서 공양을 베풀 때 허공에서 세 번 그의 이름을 부르는 소리가 울리자 세 번 답변을 하였다. 그래서 자를 삼락(三諾)이라 하고, 호를 환성(喚醒)이라 하였다. 후에 지리산, 금강산 등 여러 곳을 유행하며 신통을 드러냈고, 금산사에서 화엄 법회를 크게 열기도 하였다. 후에 무고를 당하여 제주도로 유배되어 그곳에서 입적하였다. 함월이 쓴 「환성화상행장」에 의하면 법을 이은 제자들만 해도 19명이었다. 저술로는 자신이 직접 여러 전적에서 선종의 다섯 종파에 대한 요의를 발췌하여 지은 『선문오종강요』가 있다.

『선문오종강요』는 임제종에 대해서는 기(機)와 용(用)을 해명한 것이라 하고, 운문종에 대해서는 절단(截斷)을 해명한 것이라 하며, 조동종에 대해서는 향상(向上)을 해명한 것이라 하고, 위앙종에 대해서는 체(體)와 용(用)을 해명한 것이라 하며, 법안종에 대해서는 유심(唯心)을 해명한 것이라 하여 각 종파의 교의를 간략하게 발췌하였다. 그리고 제자인 성눌(聖訥)이 환성지안이 쓴 144편의 시문을 편록한 『환성집』의 마지막 부분에는 「환성화상행장」이 수록돼 있다.

『선문오종강요』의 구성은 다음과 같다.

선문오종강요 서(禪門五宗綱要 序): 북해함월 서(北海涵月 序)				
임제종	운문종	조동종	위앙종	법안종
명기용(明機用)	명절단(明截斷)	명향상(明向上)	명체용(明體用)	명유심(明唯心)
종풍(宗風)의 성격				
삼구 (三句) 삼현 (三玄) 삼요 (三要) 사요간 (四料揀) 사빈주 (四賓主) 사조용 (四照用) 사대식 (四大式) 팔봉 (八捧)	삼구 (三句) 추고 (抽顧) 일자관 (一字關) 파릉삼구 (巴陵三句)	편정오위 (偏正五位) 공훈오위 (功勳五位) 군신오위 (君臣五位) 조산삼타대양명 (曹山三墮大陽明) 안화상석 (安和尚釋) 동산삼종삼루 (洞山三種滲漏) 동산창도삼강요 (洞山唱導三綱要)	삼종생 (三種生)	육상 (六相) 소국사사요간 (韶國師四料揀)
잡록 (雜錄)	원오오가종요(圓悟五家宗要), 삼종사자어(三種師子語), 분양삼구(汾陽三句), 암두사장봉(巖頭四藏鋒), 육조문답(六祖問答), 십무문답(十無問答), 사이류(四異類), 조주삼문(趙州三門)			
간기(刊記)				

(오가교의(五家教義))

조선 시대 선법의 경우 대부분 새로운 선법의 교의 내지 선리를 출현시키지 못하는 한편 기존 선법의 교의 및 선리에 대한 재해석이 이루어졌다. 이런 맥락에서 『선문오종강요』는 당시 불교가 처해 있던 시대적인 한계성 내지는 불교 내부의 시대 인식을 반영한 것이기도 하다. 가령 일찍이 중국에서 찬술된 회암지소의 『인천안목』 6권(1188)을 비롯하여 희수소담이 찬술한 『오가정종찬』 4권(1254), 어풍원신 및 곽응지가 편찬한 『오가어록』 5권(1630), 삼산등래가 찬술하고 성통(性統)이 편집한 『오가종지찬요』 3권(1703), 동령원자가 편찬한 『오가참상요로문』 5권(1788) 등에 나타난 내용은 한편으로는 각각 편찬자들의 견해이기도 하지만 다른 한편으로는 당나라 시대에 형성·전승된 오가의 틀에서 벗어나지 못하고 이전의 것을 답습하는 시대적인 한계점을 노출하고 있다. 곧 환성의 『선문오종강요』는 당시까지 전승돼 오던 소위 선종오가의 교의에 대한 재해석을 반영하고 있다. 특히 그 순서를 임제종 – 운문종 – 조동종 – 위앙종 – 법안종으로 배열하고 있는 것은 이전의 『선문강요집』이 임제종과 운문종에 대해서만 기록했던 것을 그대로 반영한 것으로 보인다.

『선문오종강요』는 이전의 『선문강요집』을 계승한 것으로 보인다. 1689년의 『선문강요집』 판본이 풍 법사 곧 청풍장로와 호월상인을 그대로 등장시켜 논의한 점이 그렇다. 내용으로 보아 5개 종파에 걸쳐 29개 항목을 통해 이 논의의 논지를 계승하고 있기 때문이기도 하다. 이런 점으로 보아 편찬자는 단순히 편집만을 의도했을 뿐이라는 비판을 면할 수 없을 것이다. 나아가서 『인천안목』의 내용을 선별적으로 그대로 수록한 점도 부정할 수 없다. 그럼에도 불구하고 『선문오종강요』가 지니고 있는 몇 가지 특징을 언급하자면 다음과 같다.

첫째는 조선 시대에 등장한 선종오가에 대한 전적 가운데 종합적인 강요서로서는 거의 유일한 것이라는 점이며, 둘째는 이전의 선종오가와 관련한 전적에서는 볼 수 없는 몇 가지 교의가 본서에서만 발견된다는 점이고, 셋째는 서문에서 북해함월이 지적하고 있는 바처럼 운문삼구에 대해서는 청산유(靑山臾)의 해석을 인용하고, 조동오위에 대해서는 형계(荊溪) 스님의 주석을 인용하여 그 뜻을 통하게 하고 요점을 드러냈다는 점이며, 넷째는 임제의 삼구와 삼현과 삼요에 대해 나름대로의 구체적인 설명을 붙이고 있다는 점이다.

조선 시대 후기에 불교의 열악한 풍토에서 선의 종합적인 교의를 집대성한다는 것은 결코 쉬운 일이 아니었다. 그럼에도 불구하고 환성지안에 의해 선종 오가에 대한 종합적인 저술이 찬술 가능했던 것은 임제종과 운문종의 종지에 대해서만 언급했던 것으로서 불완전하나마 이전의 『선문강요집』과 같은 강요서가 있었기 때문일 것이다. 그것을 바탕으로 임제종지의 경우 삼구와 삼현과 삼요의 상호 관계, 그리고 운문종의 삼구 및 조동종의 오위 사상 등이 보다 폭넓게 주해될 수 있었다. 나아가서 『선문오종강요』는 위로는 『선문강요집』을 잇고 아래로는 조선 후기에 오랫동안 제기됐던 선 논쟁의 징검다리와 같은 역할을 할 수가 있었다.

【 18 】

무경실중어록(無竟室中語錄)

:

무경자수(無竟子秀, 1664~1737)는 전주 출신으로 성은 홍(洪) 씨이고 호는 무경(無竟)이며 자는 고송(孤松)이다. 12세 때 문식(文式)에게 출가하였고, 추계유문(秋溪有文)의 법을 이었다. 저술로는 『무경집(無竟集)』 3권, 『무경실중어록(無竟室中語錄)』 2권, 『불조진심선격초(佛祖眞心禪格抄)』 등이 있다.

『무경실중어록』 2권은 1738년 임실 신흥사 개판본이 전한다. 제1권에는 시문으로서 게시(揭詩)·고시(古詩)·절구(絕句)·율시(律詩)·게찬(偈贊)·고사(古詞)·고어(古語) 등 226수가 수록돼 있다. 제2권에는 8편의 문(文)과 3편의 「선가일용」, 부록으로 선교대변(禪敎代辨)이 수록되어 있다.

특히 제2권은 무경자수가 이해한 선법 및 그 요의에 대한 내용으로 이루어져 있다. 학인들에게 제시해 준 횡수법(橫豎法) 대목에서는 다음과 같이 말한다.

최초의 일심에는 두 가지 횡수(橫豎)가 있다. 먼저 생멸문의 횡수는 교언(敎言)에 의거한 것으로 때와 장소[時·處]의 횡수이다. 말하자면 때와 장소에 걸림이 없는 것으로 이것이야말로 원융문(圓融門)이다. 이것은 곧 불혜(佛慧)로서 조(照)·적(寂)을 쌍차(雙遮)하는 것이다.

다음 진여문의 횡수는 법언(法言)에 의거한 것으로 이것과 저것[彼·此]의 횡수이다. 말하자면 피차가 상망(相望)하는 것은 수(豎)이고 피차가 불상망(不相望)하는 것은 횡(橫)으로서 이것이야말로 항포문(行布門)이다. 곧 이것은 조의(祖意)로서 조(照)·적(寂)을 쌍조(雙照)하는 것이다.

이처럼 불(佛)·조(祖)가 융통하고 부정(遮)·긍정(照)이 불이한 도리야말로 곧 일심에 즉한 것이다. 이에 그 일심이라는 이름(名迹)을 내세우는 것은 여래선이고, 일심의 흔적(痕朕)마저 초월한 것은 조사선이다. 만약 이것을 일상생활에 비유하면 여래선은 한낮의 달에 해당하고, 조사선은 한낮의 태양에 해당하며, 이 둘을 융통시킨 선법은 한밤중의 삼경에 해당한다. 그러므로 무릇 일심의 두 가지 횡수법을 이해하지 않으면 안 된다.

다음으로 천태 원돈의 관심법 대목에서는 삼제원융이 곧 일심을 바탕으로 성취돼 있음을 설명한다. 이어서 격외참선의 대목에서는 다음과 같이 말한다. 참선은 곧 고인의 조정(祖庭)으로서 참선납자로 하여금 곧바로 격외도리로 나아가게 해 주는 것이다. 그러므로 만약 격외도리에 나아가지 않고 조금이라도 꼼지락거린다면 의리(義理)의 구렁텅이에 빠져 버리고 만다. 그런 상황에서는 모종의 선교 방편이 필요한데 그것이 곧 몰자미(沒滋味)한 화두를 참구하는 것이다. 이런 상황에서는 납자의 면전에 대고서 곧바로 화두를 참구토록 해주기 때문에 다음과 같이 말한다.

시방의 사람들이 한곳에 모여
모두 다 무위법을 배우고 있네
이곳은 부처 뽑는 시험장으로
마음 비워야 급제할 수 있다네

이것은 곧 제 조사들의 경우 간화에서 의심을 일으켜서 언하에 돈오무생하지 않음이 없음을 말해 주는 것이다. 무릇 납자라면 일상생활에서 분명하고 확실하게 공안을 제기하여 그것을 참구하는데 마음이 가라앉아서도 안 되고 들떠서도 안 되게 해야 한다. 마치 맑은 밤에 보름달이 물에 어려 비치듯이 하고, 악기의 줄에 대해 완급을 적절하게 조절하며, 고양이가 쥐를 잡을 때처럼 어린아이가 엄마를 찾듯이 아주 간절하게 응한다면 어느 찰나에 허공이 무너지고 붉은 태양이 동산에 떠오르는 것을 경험하게 될 것이다. 그러므로 선문에 들어와 수행하는 납자들이라면 모두가 부지런히 힘쓰라고 말한다.

한편 선가의 정편설(正偏說)의 대목에서는 본래부터 사람들 모두에게 원만하게 구비돼 있는 성품에 대하여 설한다. 곧 무극(無極)의 성품을 지니고 있는 하늘은 그대로 원원적적(圓圓寂寂)하여 애초부터 현현하고 묘명하다. 처음에 정(正)과 편(偏)이 회호(回互)하여 선도의 시적이었고, 홀정(忽正)·홀편(忽偏)으로서 정편을 헤아릴 수가 없는 것이 선도의 작용이었으며, 능정(能正)·능편(能偏)으로서 편정이 끝이 없는 것이 선도의 바탕이었고, 바탕(體)과 작용(用)이 일리(一理)라는 자취를 남겨 놓은 것이 곧 선도의 종지였다. 그 선조의 종지야말로 삼세제불이 출현해도 설할 수 없고, 십지보살의 지위에 오르더라도 도저히 헤아릴 수가 없으며, 분별로도 알 수가 없고 무분별로도 알 수가 없으며, 관찰할 수도 없고 그대로 내버려둘 수도 없으며, 외외하고 탕탕하여 천고에 미치고 만세에 전승되면서 분명하게 홀로 우뚝 드러나 있다. 그러므로 일체의 진찰에 편만하는 무량한 불조와 팔만의 법장과 천 칠백 가지의 공안이 까마득한 세월에 걸쳐서 모든 천지·일월·산하·사시·오행·만물의 총총·림림·형형·색색 그리고 온갖 유정과 무정이 이 선도의 종지 아님이 없다. 그러므로 이 종지를 터득하는 자는 부처이고, 이 종지를 실천하는 자는 조사이며, 이 종지에 미혹한 자는 범부이고, 이 종지를 훼손하는 자는 마구니이다. 비록 이처럼 불·조·범·마가 다를지라도 종지는 동일하다. 따라서 그 종지의 일(一)·이(異)를 초월하고 그 초월까지도 초월하면 그대로 반야가 현전한다. 이에 물(物)·아(我)가 동일한 근원이고 두두물물이 심체(心體)이고 묘용이다. 그래서 그 종지에 대하여 침묵하면 곧 공왕의 증명이 되고 설법하면 노사나의 법륜이 되며, 바탕이 없는 바탕으로서 십허(十虛)를 두루 덮고 작용이 없는 작용으로서 십계에 널리 미친다. 그러나 그 종지는 소리도 없고 냄새도 없어 탁 트인 허공처럼 현성해 있어서 시방과 고금의 분별을 깡그리 쓸어 버리고, 방편을 시설하지 않으면서도 어떤 방편에도 장애가 없고, 풍류가 없는 곳에서도 모든 풍류를 누린다. 이처럼 정편이 분명하니 물(物)·아(我)가 모두 평등하여 부처는 부처이고 조사는 조사이며, 하늘은 하늘이고 땅은 땅이며 해는 해이고 달은 달이며 산은 산이고 물은 물이며 범부는 범부이고 성인은 성인이며 남자는 남자이고 여자는 여자이며 승려는 승려이고 재가인은 재가인이며 유정과 무정 및 초개와 꿈틀거리는 일체의 낱낱이 본래의 자리에 안립하고 있어 어느 것 하나도 요동하는 법이 없다. 납승이라면 그 뱃속이 마치 드넓은 바다와 같고 금강의 안목을 갖추었으며 하나의 불덩어리와 같은 정진으로 그 정편의 도리에 도달해야만 비로소 선가의 참학사(參學事)를 마쳤다고 말할 수가 있다. 만약 그렇지 못한다면 설령 팔만대장경을 바다가 뒤집힐 때까지 암송하고 대법을 설하여 자연물이 성불한다 할지라도 자신의 본분사와는 아무런 상관도 없다.

기타 삼왕(三王)·삼주(三珠)·삼신(三臣)의 호·융(互·融)에 대하여 각각 세 수의 게송으로 도합 아홉 게송을 설하는 삼위호응호조(三位互應互照), 이회(里會)융통·도회(圖會)융통·총회(總會)융통의 삼위융통(三位融通), 순당(純堂)·향벽(向壁)·문답결의(問答決疑)의 선가일용(禪家日用)에 대하여 설명한다. 부록으로는 선교대변(禪敎大辨)을 수록하여 선교에 대한 무경자수의 입장을 피력하고 있다.

|【 19 】|

선교대변문(禪敎代辨門)

⋮

선교의 일치 내지 선교 차별의 문제는 한국의 선법에 두드러지게 나타난 특수성 중 하나이다. 선교 일치의 관점은 일찍이 규봉종밀이 『도서』에서 선과 교가 일체되어야 하는 당위를 10가지 항목으로 주장한 이래 적어도 형식적으로는 한국선의 역사를 통해 면면히 계승돼 왔다. 그러나 그 내용을 들여다보면 딱히 그렇지만은 않다.

신라 말기의 교학적인 풍토에 새롭게 수입된 선법의 정체성 가운데 하나는 무엇보다도 선법이 교학과는 다르다는 점을 부각시키고자 했던 것에서 찾아볼 수 있다. 교학적인 분위기가 다져져 있던 신라의 불교에 선법이 수용돼 뿌리를 내리기 위해서는 교학과는 다른 무엇인가가 요구되었기 때문이다.

이에 선법의 수입자들은 의도적으로 선과 교의 차별을 주장하였다. 가령 무염 국사는 「무설토론(無舌土論)」에서 유설(有舌)과 무설(無舌)을 설정하여 무설의 뛰어남을 말하였고, 범일 국사는 「진귀조사설(眞歸祖師說)」에서 조사선과 여래선을 설정하고 여래선을 교학에 빗대어 은근히 조사선의 우위를 강조하였다. 이와 같은 초기 한국 선법의 전통은 고려 무신 정권의 지배를 거치면서 고려 후기로 가면 변조 대사 신돈과 태고보우 국사로 대변되듯 화엄 위주의 교학과 선이 주도권을 다투는 모습으로 나타났다. 이러한 모습은 조선 시대 중기 청허휴정의 『선교석(禪敎釋)』과 『선교결(禪敎訣)』의 선주교종(禪主敎從)의 입장에서 다시 찾아볼 수 있다. 『선가귀감(禪家龜鑑)』도 예외는 아니다.

조선 시대 후기에는 이와 같은 선교 차별의 모습을 통해 고금의 제가에서 전해 오는 별록을 끌어모아 선·교를 배우는 자들의 미혹을 깨워 주려고 하였는데 이것이 곧 『선교대변문(禪敎對辨門)』이다. 무경자수(無竟子秀)는 우선 『선교대변문』에서 오늘날 선과 교를 배우는 자들은 선과 교를 제대로 알지도 못하면서 미혹된 앎으로 선과 교를 간주한다면서 "실교에 대해서는 소위 곧은 소나무와 굽은 가시나무와 긴 다리의 학과 짧은 다리의 물오리가 실상 아님이 없다고 하여, 소위 삼계는 유심이고 만법은 유식이라는 식이다. 그리고 선에 대해서는 소위 초목에 부는 바람과 물가에 비친 달이 모두 진심을 드러내고, 노란 꽃과 푸른 대나무가 분명하게 반야를 설명한다고 말한다."고 하였다. 또한 나아가서 "어떤 경우에는 원돈 가운데서 해인의 지혜와 바탕이 인을 벗어나 있고 과를 벗어나 있으므로 선의 심인으로 간주하고, 어떤 경우에는 돈교 가운데서 일체법이 연(緣)을 벗어나 있고 상(相)을 벗어나 있으며 능(能)을 벗어나 있고 소(所)를 벗어나 있으며 낱낱이 무잡하고 오직 여여하고 청정한 해탈이므로 선의 본래해탈로 간주한다."고 말한다.

그러면서 이와 같이 잘못 이해하는 것이야말로 좌선도 해 보지 않고 선교의 도리도 모르면서 선교를 말하는 것이라며 질책한다. 이에 무경자수는 선교의 차별에 대하여 『선가금설록(禪家金屑祿)』을 근거로 선·교가 "그 언구는 비록 비슷할지라도 그 지취(旨趣)는 하늘과 땅만큼 아득히 차이가 있으며, 선록을 살펴보면 원돈의 해인(海印)과 선의 심인(心印)은 비록 비슷할지라도 비슷하지가 않다. 왜냐하면 원돈의 입장인 해인의 경우 처음에는 인과의 도리가 있다고 설하지만 나중에는 인과가 없는 경지로 돌아가기 때문이다. 그러나 선의 입장인 심인은 그와는 달리 인과가 없을 뿐만 아니라 인과가 없다는 흔적마저 남기지 않는다."고 진단한다.

또한 『진각대사망정록』을 근거로 하여 다음과 같이 말한다.

식정을 잊고 도리에 계합하는 것에 두 가지가 있다. 첫째는 소위 보살의 경우이다. 부처님이 설한 대승은 대승에 머물러 있지 않고, 부처님이 설한 소승도 소승에 머물러 있지 않으며, 부처님이 설한 이(理)·사(事)도 이·사에 머물러 있지 않고, 부처님이 설한 색·공도 색·공에 머물러 있지 않다. 그래서 낱낱의 글자와 낱낱의 구절은 사라지지 않는 가명(假名)으로서 원융하게 그것을 회통시켜 주고 있다. 둘째는 소위 조사의 경우이다. 부처님이 설한 대승에 본래 대승이 없고 부처님이 설한 소승에도 본래 소승이 없으며, 부처님이 설한 이·사에도 본래 이·사가 없고, 부처님이 설한 색·공에도 본래 색·공이 없다. 그래서 대승과 소승과 이·사와 색·공의 제법은 낱낱이 마치 새가 허공을 날아가는 것과 같으니 어찌 규봉이 말한 원돈교에 달리 일법인들 남아 있겠는가.18)

이를 바탕으로 하여 무경자수는 또한 "대승원교·대승돈교·대승시교의 삼교에서 말한 바도 역시 선에는 미치지 못한다는 것을 알 수가 있다."고 말한다. 기타 『불조진심선격초(佛祖眞心禪格抄)』와 『순정록』의 말을 통하여 교가의 걸림 없는 법은 바야흐로 일미로 돌아가지만 그 일미의 흔적마저 불식시키는 것이 곧 선가에서 일심을 관찰토록 하는 것이라고 말한다. 그러면서 교가의 병통과 선가의 병통에 대해서도 다음과 같이 지적한다.

쓸데없이 말하고 듣는 지혜를 가지고 함부로 남에게 자기 자랑을 하지만 발로는 실제(實際)를 밟지 못하여 이해와 행위가 어긋나서 물을 건너고 산을 찾느라고 죽과 밥만 축내며 교망(教網)에 막혀 있어 일생을 속이면서 지내는 것은 교자(教者)의 병통이다. 또한 한가로이 본성이 구비돼 있다는 것만 익히느라고 흑산의

18) 『무경실중어록(無竟室中語錄)』卷2(韓國佛教全書 9, p.441中)

귀신굴에서 쓸데없이 앉아 졸고만 있으면서 일체사 및 일체반연에서 벗어나지 못하는 것은 선자의 병통이다.19)

따라서 노끈은 움직이지도 않았는데 뱀인 줄 알아 의심하고, 방은 본래 텅 비어 있는데 귀신이 있는 줄 알고 두려워하며, 마음에는 진·망의 분별 견해가 남아 있고, 성품에는 범·성의 분별이 남아 있으며, 누에처럼 실을 뽑아서 스스로 자기의 몸을 옭아매는 것은 삼승인의 병통이다. 이에 무릇 선·교를 배우는 자라면 선·교의 잘못에 대하여 자세하게 알아서 직접 터득해야 할 것을 강조한다.

‖【 20 】‖
천경집(天鏡集)

⋮

『천경집』은 천경 대사(天鏡 大師, 1691~1770)의 글을 모아서 문하인 취운성안(翠雲聖岸)이 3권으로 편록한 것이다. 상권에는 201편의 시가 수록돼 있고, 중권에는 문(文) 24편이 수록돼 있으며, 하권에는 문(文) 20편과 행적(行蹟)과 진찬(眞贊)과 24명의 문인의 이름 등이 기록돼 있다. 성안이 쓴 그 행적(行蹟)에 의하면 천경 대사는 휘가 해원(海源)이고, 호는 함월(涵月)이며, 자가 천경(天鏡)이다. 법계로는 청허휴정의

---

19) 『무경실중어록(無竟室中語錄)』 卷2(韓國佛教全書 9, p.442上)

현손에 해당된다. 3세 때 어머니를 잃고 14세 때 도창사(道昌寺)에서 석단(釋丹) 스님에게 출가하였으며, 능허영지(凌虛英智)에게 구족계를 받았다. 이후 여러 선지식을 참하고 환성지안(喚惺志安)에게 6년 동안 삼장(三藏)을 두루 배웠는데『화엄경』의 교의 및『염송』의 염롱(拈弄)에 정통하였다. 31세 때부터 75세까지 45년 이상을 남북으로 두루 다니면서 제자들에게 성실하게 가르침을 베풀었다. 보살행에 힘써 병자들은 간병하고, 죽은 자를 보면 극락왕생을 빌어 주며, 가난한 자를 만나면 자신이 가진 것을 아낌없이 베풀어 주었으므로 사람들은 그를 불심(佛心)이라 부르기도 하였다. 세수 80세에 입적하였다.

해월천경은『천경집』에서 기존부터 총림에서 전승되었던 조사선과 여래선을 격외선에 배대하고 원돈문의 가르침을 의리선에 배대하는 선의 두 가지 갈래에 대해 비판하면서 자신만의 독특한 입장을 피력한다. 곧 해월천경이 말하는 선은 네 가지 갈래로 분류된다.

따라서 격외선과 의리선의 두 가지로 분류하는 방식에 대해서 그는 "이와 같은 분류는 비록 근거가 있기는 하지만 뜻으로 보자면 합당하지가 않다. 왜냐하면 주지하다시피 선의 명칭에 4종이 있는 것처럼 선의 체성에도 또한 반드시 4종이 있어야 하기 때문이다. 이렇게 보면 의리선과 격외선의 체성은 본디 있기 때문에 가히 알 수가 있겠지만, 여래선과 조사선의 경우는 무엇으로 그 체성을 삼을 것인가? 아둔한 산승이 헤아려 본 바로는 전혀 그렇지가 않다."고 말한다. 이에 여래선은 법을 설하는 주체적인 측면에서 말한 것으로 능설의 입장이고, 조사선은 설해진 법의 객체적인 측면에서 말하는 소설의 입장이라고 간주하였다. 곧 격외선과 의리선의 두 가지를 격외선과 의리선과 여래선과 조사선의 네 가지로 독립시킨 것이다. 이로써 새롭게 의리선과 격외선을 정의하여 다음과 같이 말한다.

여래가 이 세상에 출현한 뜻은 다만 진여를 드러내기 위한 것으로서 일심의 근본으로 뭇 중생들을 가르쳐서 저 하나의 비로자나의 본래면목을 드러내는 것이 곧 원돈문의 의리선이다. 또한 달마 조사가 인도에서 중국으로 와서 활인검으로 비로자나라는 집착의 소굴을 타파하고 중생 개개인의 본지풍광을 드러내 보이려고 하였는데, 이것이 소위 '법이 법위(法位)에 머물러 세간상이 그대로 상주도리이다'라는 것으로 격외선이다.

이에 대한 근거로서 하택종의 조사들과 홍주종의 조사들 백여 명의 설법이 모두 원돈문의 요의를 근본으로 삼은 것과, 규봉종밀이 『선원제전집도서(禪源諸詮集都序)』와 『법집별행록(法集別行錄)』을 찬술하여 격외선에 상대해 의리선이라는 명칭을 처음으로 내세운 것을 제시한다. 더욱이 여래선과 조사선을 격외선으로 통칭한 것을 비판하면서 다음과 같이 말한다.

사체(事體)로 보면 선과 교가 별개인데 이것은 마치 얼음과 숯처럼 같지가 않고, 법체(法體)로 보면 선과 교가 동일한데 이것은 마치 물과 파도처럼 다름이 없다. 따라서 청량징관이 선과 교의 법체가 동일하다는 입장에 근거해서, 달마가 선지를 전한 이심전심의 소식조차도 원교에서 말하는 증입생(證入生)의 도리를 벗어나지 않는 것이라고 통합적으로 설명했던 것은 원교의 학자들이 허영과 교만의 병통에 빠져 선과 교의 고하를 모르고서 한 말이다. 따라서 목우자 지눌은 원교에서 말하는 증입생의 도리를 '어로(語路)와 의로(義路)의 흔적을 면하지 못한 짓거리다'라고 타파하여 격외경절문의 도리를 드러냈다. 이로써 격외선에는 여래선이 들어 있지 않음을 알 수가 있다.[20]

그래서 기존의 총림에서 "옛날 선종의 제2조 혜가는 달마에게 참하여 인연의 문답으로 여래선을 깨쳤고, 법인의 문답으로 조사선을 깨쳤다. 또한 방온 거사는 석두의 휘하에서 여래선을 깨쳤고, 마조의 휘하에서 조사선의 도리를 깨쳤다."고 말한 예를 비판하였다. 그들이 처음 선지식을 참하여 깨친 것을 여래선의 획득으로 치부해 버린 것은 처음에 깨친 도리에 대하여 말후뇌관(末後牢關)을 투득하지 못하고 의로의 흔적에 머물러 있는 것이라 하여 여래선으로 폄하해서 평가한 것이라고 비판한 것이다. 곧 혜가의 스승인 보리달마와 방온 거사의 스승인 석두희천이 격외선을 드날리면서 도리어 그들 제자에게 여래선을 지시한 적이 없으며 또한 격외선 가운데 조사선이 있다고 하는데 조사선이 어찌 격외선일 수가 있느냐는 것이다. 이렇게들 평가하는 것은 모두 능설과 소설이 다르다는 것조차 모르는 소치라고 비판한다.

또한 체중현을 의리선에 배대하고, 구중현과 현중현을 여래선에 배대하며, 별도로 일구를 두어 조사선에 배대하기도 하는 점에 대해

---

20) 『천경집(天鏡集)』 卷下, 「이선경위록(二禪涇渭錄)」(韓國佛教全書 9, p.625中)

서는 "도대체 어떤 근거로 이런 말을 하는지 모르겠다. 체중현을 의리선에 배대하는 것은 그런대로 가능할 수도 있다. 그렇지만 구중현을 경절 언구에 배대하고, 현중현을 양구와 방과 할 등에 배대하는 것은 이해가 되지 않는다. 도대체 여래선의 어떤 도리에 정전백수자 등의 언구가 있고, 양구(良久)와 방(棒)과 할(喝)의 작용이 있단 말인가? 참으로 황당무계한 말로서 감히 들어줄 수가 없다."고 비판한다. 그 까닭은 삼현 및 별도의 일구는 조사선의 경절문에서 병통을 없애 주려는 방편의 말이기 때문에 그것을 가지고 여래선에 배대할 수는 없다는 것이다.

설법의 주체적인 측면에서 말한 것은 여래선이고, 설법의 객체적인 측면에서 말한 것은 조사선이며, 여래가 보편적인 본분진여를 드러내 보이려는 것은 여래선이고, 달마 조사가 개개인의 본지풍광을 드러내 보이려는 것은 격외선이다. 이렇게 선의 네 가지 명칭에 대해 명실상부하게 선의 네 가지 체성으로 각각 의미를 부여하여 파악한 점이 선의 갈래에 대한 해월천경의 안목이었다.

〖 21 〗
선문수경(禪文手鏡)

⋮

조선 후기 백파긍선(白坡亘璇, 1767~1852)은 전북 고창군 무장현에서 출생하였다. 시헌 장로를 은사로 출가하였고, 선·교·율을 겸비한 설파상언(雪坡尙彦)을 참문하였으며, 설봉거일(雪峰巨日)에게서 사법하였다. 영구산 구암사에서 설봉의 법을 이어받고 백파당이라는 당호를 받았다. 정읍의 용문동에 들어가 8년 동안 습정(習定)·균혜(均慧)하였다.

50세에 충청도 운문사에 법당을 건립하고 임제의 선지를 진작하였으며 56세에 운문암에 돌아와 여러 도반과 함께 수선을 위한 결사체를 조직하는 수선 결사를 하였다. 백파는 50대에는『수선결사문』·『선문염송집사기』·『선문오종강요사기』·『대승기신론필삭기』 8권을, 60대에는『선문수경』·『금강팔해경』·『작법귀감』을, 70대에는『고봉화상선요사기』·『육조대사법보단경요해』를, 80대에는『해동초조고려국사태고화상태고암가입과』·『식지변설』등을 남겼다. 법계는 서산휴정 – 편양언기 – 풍담의심 – 월담설제 – 환성지안 – 호암체정 – 설파상언 – 퇴암태관 – 설봉거일 – 백파긍선이다.

『선문수경』 1권은 일반적으로 조선 후기에 초의의순(草衣意恂)과 펼친 선 논쟁의 발단이 된 선적이라고 알려져 있다. 그러나 전체적으로는 선리 논쟁 이외에도 다른 내용이 많이 수록되어 전한다. 본문은 총 23개의 과목으로 나뉘어 있다.

(1) 임제삼구도설(臨濟三句圖說)은 임제의 삼구법문을 통하여 깨칠 것을 강조하고 문자에만 집착하지 말 것을 설한다.

(2) 향상본분진여(向上本分眞如)는 진불(眞佛)과 진법(眞法)과 진도(眞道)를 각각 대기(大機)와 대용(大用)과 기용제시(機用齊施)로 설명하였다.

(3) 향하신훈삼선(向下新熏三禪)은 제일구에서 깨치면 불조의 스승이라는 조사선과, 제이구에서 깨치면 인천의 스승이라는 여래선과, 제삼구에서 깨치면 자기 구제도 못하는 의리선 등 삼종선을 설명하였다.

(4) 의리선삼구송(義理禪三句頌)은 제일구는 주(主)·빈(賓)이 나뉘지기 이전에 해당하고, 제이구는 무착의 물음조차 용납하지 않는 것이며, 제삼구는 일체의 조작을 타파하는 것이라고 설명하였다.

(5) 삼구도시(三句圖示)는『선문강요집』의 일우설(一愚說)을 참조하여 임제의 삼구에 대한 이론을 전개하고 주석을 붙여서 설명하였다.

(6) 의리선·격외선변(義理禪·格外禪辨)은 의리선의 경우 의리 분별에 얽매이는 것으로, 격외선은 상근기의 조사선과 중근기의 여래선과 하근기의 의리선으로 설명하였다.

(7) 말후구·최초구변(末後句·最初句辨)은 말후구의 경우 교화방편을 통하여 진여를 드러내는 구이고, 최초구는 곧바로 진여를 드러내는 구임을 설명하였다. 그러나 결국에는 구곡각운의 말을 통해 말후구와 최초구가 다르지 않음을 피력하였다.

(8) 신훈·본분변(新熏·本分辨)은 의리선은 오랜 수행을 통해서 성불하는 것으로 진여자성을 밝히지 못하면 부처의 서자가 되는 것으로 신훈이라 말하고, 여래선과 조사선의 경우 향하삼요로써 신훈을 삼고 향상진여로써 본분진여에 나아가 수연과 불변이 원만하고 진공과 묘유를 깨쳐서 부처의 적자가 된다고 설명하였다.

(9) 살·활변(殺·活辨)은 삼처전심의 일화를 언급하여 다자탑전분반좌(多子塔前分半座)는 살인도에 해당하고, 영산회상염화미소(靈山會上拈花微笑)는 활인검에 해당한다고 설명하였다.

(10) 원상설(圓相說)은 의리선과 여래선과 조사선의 도리를 일곱 가지의 형상을 통하여 설명하였다.

(11) 삼성설(三性說)은 일곱 가지의 원상을 통하여, 의리선의 경우는 분별과 집착으로 잘못된 성정을 지니는 것이고, 여래선의 경우는 본분향상의 입장이지만 존귀한 것만 귀하게 간주하며, 조사선의 경우는 삼요로써 진(眞)·망(妄)을 화합하고 미세한 망념까지 제거한다고 설명하였다.

(12) 일촉파삼관유오중(一鏃破三關有五重)은 화살 하나로 세 관문을 타파하는데 회광반조하는 것이 하나의 화살이고 삼제(三諦)를 관찰하는 것이 세 관문이라고 설명하였다.

(13) 배금강사구게(配金剛四句偈)는 『금강경』의 사구게를 각각 삼종선에 배대하여 설명하였다.

(14) 배삼신유삼중(配三身有三重)은 보신과 화신은 삼요에 해당하고, 법신은 향상일규에 해당한다고 설명하였다.

(15) 배오분법신(配五分法身)은 법신을 다섯 가지로 나누어 설명하였다. 곧 계향은 계향법신으로서 자기의 마음에 본래 악이 없는 것으로 기(機)이고, 혜향은 혜향법신으로서 자성을 벗어나지 않고 밖으로 모든 수행을 닦는 것으로 용(用)이며, 정향은 정향법신으로서 모든 선·악의 경계를 보고도 자기의 마음이 산란하지 않은 것으로 중(中)이다. 정향과 혜향의 순서가 바뀐

것은 삼요의 차제에 따른 것이다. 해탈향의 해탈향법신은 자성의 해탈을 반연하여 불사선하고 불사악한 것으로서 향상의 진공이고, 해탈지견향의 해탈지견향법신은 널리 배우고 많이 들어서 자리이타하는 것으로서 진공에 본래 묘용이 갖추어져 있는 것이다. 앞의 세 가지는 달마가 말한 직지인심에 해당하고, 넷째는 견성에 해당하며, 다섯째는 성불에 해당한다고 설명하였다.

(16) 배사홍원(配四弘願)은 『단경』의 설명을 빌려서 사홍서원을 삼종선으로 간주한 것이다. 곧 중생을 제도하겠다는 원력은 악을 생각하지 않는 것이고, 번뇌를 끊겠다는 원력은 선을 생각하지 않는 것이며, 불법을 깨닫겠다는 원력은 본성을 현현하겠다는 것이고, 불도를 이루겠다는 원력은 성불을 기원하는 것이라고 설명하였다.

(17) 배좌선선정사자(配坐禪禪定四字)도 『단경』의 설명을 빌려서 좌선과 선정의 네 글자를 분석한 것이다. 곧 좌는 진공이고 선은 묘유이며, 선은 묘유이고 정은 진공이다. 따라서 좌선은 진공에서 시작하여 묘유를 얻고, 선정은 묘유에서 시작하여 진공을 드러내는 것으로 좌선과 선정이 둘이 아니라고 설명하였다.

(18) 달마불립문자직지인심견성성불(達磨不立文字直指人心見性成佛)은 불립문자는 바깥 경계에 현혹되지 않는 것이고, 직지인심은 사람의 참된 마음을 지시하는 것이며, 견성은 진공을 향하고, 성불은 묘유를 향한 것이라고 설명하였다.

(19) 달마삼처전심(達磨三處傳心)은 세존과 가섭의 삼처전심을 모방

하여 달마와 혜가 사이에 발생한 사실을 통해 달마가 묻고 혜가가 답변하는 형식으로 설명하였다.

(20) 선실삼배설(禪室三拜說)은 나무시방상주불은 대기(大機)에 귀의하고, 나무시방상주법은 대용(大用)에 귀의하며, 나무시방상주승은 대기(大機)·대용(大用)에 귀의하는 것이라고 설명하였다.

(21) 간당십통설(看堂十統說)은 십통(十統)으로서 십악(十惡)을 타파하는 것이다. 입선(入禪)에 대하여 우선 초삼통은 의리선의 유·무·중을 기준으로 한 삼구이고, 가운데 일통은 여래선의 본분일구이며, 후삼통은 조사선의 향하삼요이고, 이후 방선(放禪)의 삼통은 향하의 묘유로서 선가의 묵언작법인 일행삼매에 해당한다고 하였다.

(22) 무자간병론과해(無字揀病論科解)는 조주종심의 무자공안에 대한 것으로 고려시대 진각혜심의 구자무불성화간병론(狗子無佛性話揀病論)에 대하여 백파가 나름대로 과해를 붙여서 주해를 가한 것이다.

(23) 선교대지불출진공묘유대기대용(禪敎大旨不出眞空妙有大機大用)은 사람의 마음을 불변과 수연으로 나누어 불변은 진공자리이고 수연은 묘유자리라고 배대하였다. 결국 선에서 가르치는 것은 진공과 묘유로서 대기와 대용에서 벗어나지 않는다고 설명하였다.

|【 22 】|

선문사변만어(禪門四辨漫語)

⋮

『선문사변만어』를 저술한 초의의순(草衣意恂, 1786~1866)의 속성은 장(張) 씨이고 자는 중부(中孚)이며, 법명은 의순(意恂)이다. 호는 초의 외에도 해옹, 해사 등 10여 가지가 있다. 전라도 나주 삼향 출신으로 15세 때 나주 운흥사의 벽봉민성(碧峰敏性) 화상에게 출가했으며, 이 후 해남 대둔산 대흥사의 완호윤우(玩虎倫佑)에게 구족계를 받은 뒤 초의라는 법호를 받았다.

이후 연담(蓮潭)의 제자 금담(金潭) 선사에게서 선지를 배웠다. 24세 에 강진에서 유배 생활 중이던 다산 정약용을 찾아가 처음 만났고 그 로부터 유학과 시문을 익혔다. 이후 초의는 유학과 선리에 두루 능통 하게 되면서 시와 서화에도 조예가 깊어졌다. 30세 때는 추사 김정희 등과 친분을 맺었다. 45세 때『만보전서(萬寶全書)』에서 요점을 뽑아 『다신전(茶神傳)』을 저술했다. 52세 때는 홍현주(洪顯周, 1793~1865)의 요청을 받고 게송 형식으로 된『동다송(東茶頌)』을 저술하였다.

55세 때 헌종으로부터 '대각등계보제존자초의대종사'라는 시호를 받았다. 두륜산 일지암을 중창하고 40여 년간 이곳에서 정진하다가, 1866년 고종 3년 세수 81세 법랍 65세로 입적하였다. 초의의 기타 저 술로는『일지암시고(一枝庵詩藁)』,『일지암문집(一枝庵文集)』,『진묵조 사유적고(震默祖師遺蹟考)』,『초의선과(草衣禪課)』 등이 있다.

저술 가운데『초의선과』,『선문사변만어(禪門四辨漫語)』를 통하여 그의 선사상을 엿볼 수가 있다. 『초의선과』는 초의가 자신과 후학의 선수행을 위한 교안으로 삼고자 저술한 것으로, 원제목은 『선문염송선요소(禪門拈頌選要疏)』이며 40여 년 동안 머물렀던 일지암에서 집필한 것이다. 이 책은 간기가 없는 필사본으로만 전해 오는데, 석용운이 편집한 『초의선사전집』에 수록돼 있다.

『선문사변만어』는 백파의 『선문수경(禪文手鏡)』에서 주장하는 선리에 대한 일종의 반박과 함께 초의 자신의 견해를 주장한 것이다. 사변(四辨)이란 네 가지의 주제에 대해 초의 자신의 견해를 내세운 것으로서 결국 백파의 견해에 대한 반박이기도 하다. 그 첫째는 삼종선에 대한 이종선의 주장이다. 곧 백파가 조사선(祖師禪)·여래선(如來禪)·의리선(義理禪)의 삼종선(三種禪)을 주장한 데 대응하여 초의는 삼종선의 차제적인 분류를 부정한다. 곧 삼종선의 우열 차별을 인정하지 않고 각각 방법의 차이일 뿐이라는 전통적인 해석에 근거하여 조사선 곧 격외선과 의리선 곧 여래선의 이종선(二種禪)으로 분류하는 방식을 주장하였다.

둘째는 인(人)을 기준으로 한 의리(義理)와 법(法)을 기준으로 한 격외(格外)에 대한 주장이다. 곧 백파는 여래선과 조사선을 격외선으로 간주하는 바탕에서 중생이 수행하고 깨우쳐 성불하기 위해서는 부득불 의리선이 필요하다고 주장하였다. 반면에 초의는 인(人)과 법(法)의 구분을 기준으로 하여 인(人)의 입장에서는 격외선을 내세우고 법(法)의 입장에서는 의리선을 내세웠다.

셋째는 일심에 대한 진공과 묘유에 관한 주장이다. 백파는 제법을 분별하여 묘유의 삼구를 설명하였고, 필경공을 설하여 진공일구를 보여주었다. 그래서 선에서 가르치는 대의는 진공묘유와 대기대용을 벗어나지 않는다고 보고, 진공과 묘유를 설명하는 데 있어서 묘유는 인연을 따르는 수연으로, 진공은 절대 진리의 공한 인연법인 불변으로 간주하였다. 반면에 초의는 진공은 유에 즉한 공이어야 하고, 묘유는 공에 즉한 유이어야 한다는 입장이다. 여기에서 초의는 진여의 입장을 바탕으로 진공과 묘유를 전개하고 있다.

넷째는 살인도(殺人刀)와 활인검(活人劍)의 적용에 대한 주장이다. 백파는 살·활에 대한 변론을 삼처전심(三處傳心)으로 배대한다. 제일처인 분반좌는 살인도만 있고 활인검은 없지만 제이처인 염화미소는 활인검과 동시에 살인도가 있다는 것이다. 그러나 초의는 이와 같은 백파의 주장에 대하여 삼처전심의 선리를 모두 격외선지인 조사선으로 간주하기 때문에 살인도와 활인검을 분별할 수 없으므로 모두 긍정 혹은 모두 부정하여야 한다고 주장한다.

결국 임제삼구로부터 촉발된 선리 논쟁에 대하여 백파와 초의의 사상 차이는 관점의 차이에서 찾아볼 수가 있다. 임제삼구를 향상문의 향상일규(向上一竅)를 추구하는 것으로 간주하느냐, 혹은 향하문의 신훈삼구(新熏三句)를 제시하는 것으로 간주하느냐의 차이이다. 곧 백파는 철저히 임제종지를 우위에 두고서 납자의 입장에서 진여 본분을 터득하려는 것으로 임제의 삼구를 차제적인 계위에 맞추어 끌어내렸다. 반면에 초의는 선법의 원론적인 입장에서 선지식이 납자를 상대하는 향하의 신훈은 방편이라는 데에 중점을 두고 주장한 것이다. 이로써 백파가 『선문수경』에서 내세운 주장은 대용·수연·의리·활인검·묘유를 강조한 입장이라면 초의가 『선문사변만어』에서 내세운 주장은 대기·불변·격외·살인도·진공을 강조한 입장이다.

임제삼구에 대한 이러한 백파와 초의의 견해 대립은 이후로도 지속되었다. 곧 백파긍선의 『선문수경』의 주장에 대하여 초의가 『선문사변만어』를 통해 반박한 내용에 대해서 백파의 제자인 한성침명은 백파의 입장을 옹호하였다. 그러나 한성침명의 제자인 우담홍기는 『소쇄선정록(掃灑先庭錄; 禪門證正錄)』을 통해 초의의 입장을 옹호하였다. 다시 설두유형은 『선원소류(禪源遡流)』를 통해 『선문사변만어』와 『소쇄선정록』에 대항하여 백파의 입장을 지지하였다. 이후 설두유형에게서 공부했던 축원진하는 『선문재정록(禪門再正錄)』을 통해 이와 같은 선리의 논쟁이 선의 본래적인 입장을 벗어났다고 간주하여 조사선과 여래선에 대한 축원 자신의 입장에서 나름대로 피력하였다.

|【 23 】|

운봉선사심성론(雲峰禪師心性論)

⋮

『운봉선사심성론』은 조명기(趙明基) 박사에 의하여 『불교학보』 제7집에 소개된 이후로 『한국불교전서』 제9책에 국립도서관소장본(강희25년; 1686)이 수록되었다. 그 밖에 고려대학교 소장본이 전한다. 운봉의 전기에 대해서는 전해지는 바가 없다. 그 법계가 사암채영의 『서역중화해동불조원류(西域中華海東佛祖源流)』에 의하면 청허휴정 – 편

양언기(鞭羊彦機) - 풍담의심(楓潭義諶) - 운봉대지(雲峰大智)로 알려져
있을 뿐이다. 그러나 『운봉선사심성론』의 본문에 의하면 서문과 부
록으로 수록된 대목에 '운봉의 제자 대지'라는 표현이 있어서 운봉과
대지가 동일인이 아니라 사제지간이라고 여겨지기도 한다. 어쨌든
운봉은 청허의 제4세로서 풍담의 문하인데, 『운봉선사심성론』의 부
록 부분에는 운봉을 청허의 후예인 우화설청의 상족이라고 기록하고
있어서 우화설청의 법을 이은 것으로도 간주된다.

　국립도서관소장본에 의하면 『운봉선사심성론』 전체의 구성은 다
음과 같다.
　　· 자장(自章)의 심성론서(心性論序)(1686)
　　· 대지(大智)의 심성론의 대의
　　· 운봉(雲峯)의 『심성론』 본문
　　· 심성후발(心性後跋)
　　· 부록
　　- 간병후서(揀病後序)
　　- 갑계동참발원문(甲契同參發願文)
　　- 경책문인(驚策門人)
　　- 기타 시문
　이 가운데 본문은 대지 선사가 『심성론』의 대목을 들어 조목조목
해설을 가한 것으로, 대의를 해석하고 그에 해당하는 경론의 증거를
내세워 『심성론』의 주장을 옹호 내지 수용한 것이다. 후발 부분은 일
심법(一心法)을 내세워 제법에 대한 의심을 없애 주고, 불성교(佛性敎)

를 인용하여 그 도리에 대한 논의를 증명한 것이다.

대지 선사는 우선 정갈하게 세수대야에다 손을 씻고 향을 사루고서 삼가 운봉 선사의 『심성론』에 대해 경의를 보이는 서문을 지었다. 서문에서 대지는 심(心)·성(性)에 대하여 각각 심은 보고 듣는 감각을 초월하여 태허를 포함하는 공적한 심체(心體)로 간주하였고, 성은 방·소를 초월하여 법계에 편만하는 광대한 영통의 성용(性用)으로 간주하였다. 그 심체는 법체의 중생심으로 항사와 같은 묘용을 머금고, 성용은 일상생활을 벗어나지 않고 늘 우리네 삶 속에서 여법하게 작용하는 모습으로서 여래장에 비유하였다.

이하 대지 선사는 운봉의 『심성론』의 본문에 대하여 심·성을 해석한다. 먼저 주역의 도리를 언급한 후에 심·성의 도리를 논의하는데, 심은 『화엄경』의 공적진심(空寂眞心)이며 『능엄경』의 보각진심(寶覺眞心)으로서 영명하고 청정한 일법계심이라는 규봉의 말을 수용한다. 이러한 진심에는 증감이 없다는 것을 설명하기 위하여 『대승기신론』의 교의를 인용하여 본래성불의 근거를 언급함으로써 부처와 중생이 동일한 법성임을 말한다. 그 법성은 대영각(大靈覺)으로서 그것을 구족하고 있는 중생 그대로가 무량수불이므로 신통과 묘용은 일상에서 물 긷고 나무 하는 그대로임을 말한다. 그것이 혜능에게는 일물로 나타나고, 대혜에게는 파도와 물의 관계임을 말한다. 그러므로 도가 사람을 멀리하는 것이 아니라 사람이 스스로 도를 멀리할 뿐이라는 것을 자각해야 한다고 요구한다. 이러한 점에서 중생 자체와 불성과 심의 자성이 다르지 않다는 화엄의 도리를 증거로 내세운다.

또한 오행의 사상은 태극을 근본으로 삼고 있지만, 불교에서 말하는 심과 경의 일체 만법은 무극을 근본으로 삼고 있다는 점에서 다르다고 말한다. 이처럼 심·성에 대하여 유교와 불교의 도리가 다르다는 것을 규봉의 "원·형·이·정은 하늘의 덕성으로서 일기로부터 시작되지만, 상·락·아·정은 부처의 덕성으로서 일심을 근본으로 한다."는 말을 인용하여 주장한다.

그러나 보다 치밀한 심의 구조에 대해서는 『대승기신론』의 교의를 수용하여 심체인 일심을 근본진여와 수연진여로 분별하고, 『원각경』 및 『능엄경』의 경우처럼 부처님은 다시는 미혹하지 않는다는 도리까지도 말한다.

이와 같이 "심(心)은 영명(靈明)하고 청정(淸淨)한 일법계심(一法界心)이고, 성(性)은 성각(性覺)과 보광(寶光)이 원만한 성이다."라는 심·성에 대한 구체적인 논의를 제시한다. 곧 마명의 출전위(出纏位)와 재전위(在纏位)의 여래장 및 현수의 오법을 경중으로 내세우고, 나아가서 종밀의 본각진성 및 만법과 미오와 행덕의 근원에 대해 설명하며, 또한 문수가 본래부터 문수였듯이 무착 자신도 본래부터 무착이었음을 말한다.

그러나 이와 같은 근원적인 심·성은 반드시 체험으로 승화되지 않으면 안 된다고 말한다. 이하에서는 문답을 설정하여 보다 구체적인 사실에 대해 해명한다. 문답에서는 재전위와 출전위의 여래장, 각과 불각의 성격, 색신과 법신의 관계를 논한다. 이를 다시 『대승기신론』의 제명(題名)을 통하여 대승과 기신으로 나눠 대승은 본각이고 기신은 시각이라고 설명한다. 대승은 믿음의 대상으로서 본각진성이고, 기신은 믿음의 주체로서 마음이라고 말하며 나아가서 무명 번뇌와 반야의 속성에 대해 선어록을 언급하면서 문답으로 설명한다.

대지는 결론적으로 심성후발(心性後跋)을 통해서, 일심의 법과 불성의 가르침을 바탕으로 심이 거울의 몸체라면 성은 거울의 빛이라고 하여 각각 심은 일심(一心)이고 대도(大道)이며, 성은 공적진심(空寂眞心)으로서 달마가 전승한 것도 바로 이것을 벗어나지 않는다고 말한다.

|【 24 】|

선학입문(禪學入門)

⋮

저자 김대현(金大鉉)은 『선학입문』의 서문에서 일찍이 전승돼 오던 천태 대사의 『석선바라밀차제선문(釋禪波羅蜜次第禪門)』의 전체 분량을 삼분의 일로 줄이고, 구성의 체제에도 약간의 변형을 가하여 일반인들이 쉽게 읽을 수 있도록 꾸몄다고 한다. 저자 김대현에 대한 자세한 전기는 전하지 않는다. 다만 그 서문을 통해 보면 19세기를 살았던 인물로 간주된다.

『한국불교전서』 제10책에 수록된 『선학입문』의 구성은 2권본 4문으로서 다음과 같다.

　· 선학입문서: 1855년 8월에 찬술하면서 김대현이 붙임.

　· 범례

　　선학입문 권상

- 제일 입식문(入式門)
- 제이 식문(息門)

　선학입문 권하

- 제삼 색문(色門)
- 제사 방편문(方便門)
- 발문: 우산사문 정호 박한영이 1918년 5월 상순에 붙인 발문
- 발문: 학인 오철호가 1918년 5월 하순에 붙인 발문
- 발문: 육당 최남선이 1918년 5월에 붙인 발문

『선학입문』 중 수행에 입문하는 제일의 입식문(入式門)에서는 먼저 선바라밀의 뜻을 해석한다. 다음으로 선을 닦아가는 네 가지로서 세간선·역세간역출세간선·출세간선·비세간비출세간선에 대하여 설명한다. 이어서 세 가지 선수행의 방식에 대하여 설명한다. 곧 호흡 수행에 대한 아나파나문(阿那波那門), 신체 수행에 대한 부정관문(不淨觀門), 마음 수행에 대한 삼매의 심문(心門) 등이다.

이어서 세 가지 선수행을 여법하게 성취하기 위한 내·외의 방편문에 대하여 설명한다. 외방편은 계율을 수지하고 의식(衣食)을 조절하며 조용한 곳을 선택하고 반연을 벗어나며 선지식을 참문하는 다섯 가지 예비 조건, 색·성·향·미·촉의 다섯 가지 감각을 제어하는 것, 탐욕·성냄·수면·산란·의심의 다섯 가지 번뇌에서 벗어나는 것, 음식·수면·몸·호흡·마음의 다섯 가지 조화, 발원·정진·정념·선교방편·일심의 다섯 가지 수행으로 모두 25가지 방편이다. 내방편으로는 마음을 한 가지 대상에 두는 계연지(繫緣止)·마음을 조절하는 제심지(制心止)·마음을 체득하는 체진지(體眞止) 등 세 가지 지문(止門)과, 선

근을 증장하고 악근을 대치하는 선악의 두 가지 증험, 편의·대치·성향·차제·제일의 등을 따르는 다섯 가지 안심법, 갖가지 치병법, 번뇌마(煩惱魔)·음입계마(陰入界魔)·사마(死魔)·욕계천자마(欲界天子魔) 등 다섯 가지 마사를 알아차리는 것이 있다.

호흡을 다스리는 제이의 식문(息門)으로는 먼저 수식(數息)·수식(隨息)·관식(觀息)이 있고, 다음으로 욕계정·초선·제이선·제삼선·제사선·사무량심·공무변처정·식무변처정·무소유처정·비상비비상처정의 선정이 있으며, 그 다음으로 호흡을 헤아리는 수(數)·호흡을 따르는 수(隨)·번뇌의 마음을 제어하는 세 가지 지(止)·사제와 십이연기와 구상(九想)과 팔배사(八背捨)를 닦아가는 혜행관(慧行觀)과 득해관(得解觀) 및 관식(觀息)의 실관 등 세 가지 관(觀)·수수지관(數隨止觀)하는 마음을 돌이켜 보는 환(還)·방편 수행의 완성인 정(淨) 등의 육묘문(六妙門)이 있다. 그밖에 호흡과 몸과 마음을 개별적으로 닦아 가는 십육특승(十六特勝)과 전체적으로 닦아 가는 통명관(通明觀) 등이 있다.

제삼의 색문(色門)은 부정관문을 중심으로 이루어져 있다. 시체가 부풀어 오르는 창상(脹想)·시체가 파괴되는 괴상(壞相)·시체에 피가 온통 엉겨 붙는 혈도상(血塗想)·시체가 곪아 터지는 농란상(濃爛想)·시체의 색깔이 검푸르게 변하는 청어상(靑淤想)·시체가 동물들에게 뜯어 먹히는 담상(噉想)·시체의 살이 헤쳐지고 흩어지는 산상(散想)·해골만 남은 골상(骨想)·불에 태워지거나 매장되는 소상(燒想)의 구상(九想), 염불(念佛)·염법(念法)·염승(念僧)·염계(念戒)·염사(念捨)·염천(念天)·염입출식(念入出息)·염사(念死)의 팔념, 무상상(無常想)·고상(苦想)·무아상(無我想)·식부정상(食不淨想)·일체세간불가락상(一切世間不

可樂想)·사상(死想)·부정상(不淨想)·단상(斷想)·이상(異想)의 십상, 팔
배사(八背捨), 팔승처(八勝處), 십변처(十遍處), 구차제정(九次第定), 사
자분신삼매(師子奮迅三昧), 초월삼매(超越三昧) 등이 있다.

제사의 방편문(方便門)은 제일 입식문에서 언급한 내방편과 외방편
을 자세하게 설명한 대목이다.

이와 같이 『선학입문』은 천태 대사의 『석선바라밀차제선문』 중 필
요한 대목을 요약하고 발췌하고 있어 선수행에 입문하는 초보자를 위
한 지침서의 성격을 지닌다. 그러나 여기에 수록된 내용은 전문가를
위한 것 못지않게 그 내용이 광범위하기 때문에 초보자의 경우에 그
전체를 다 수용하기는 어렵다. 다만 선수행에서 가장 기본적인 몸과
마음의 준비에 대해 일러주고, 실제 수행에서 차제·갈래·방편·증
과·증험 등을 올바르게 이해하고 그것을 바탕으로 올바르게 수행하
며 점검하는 데 활용할 수 있도록 지침을 제시했다는 점에서 그 의의
를 찾을 수 있다.

I【 25 】I

선문촬요(禪門撮要)

⋮

조선 시대 후기 경허성우(鏡虛惺牛, 1849~1912)에 의해 범어사에서
1908년에 편찬된 『선문촬요』는 상·하 2권으로 구성돼 있다. 수록된

내용을 보면『소실육문집』에 수록되어 달마의 어록으로 간주돼 오던
『혈맥론』·『관심론』·『사행론』·『반야심경』·『오성론』을 비롯하여 홍
인의『최상승론』, 황벽희운의『완릉록』·『전심법요』, 몽산덕이의
『법어』, 박산무이의『참선경어』, 보조지눌의『수심결』·『진심직설』·
『정혜결사문』·『원돈성불론』·『간화결의론』, 진정천책의『선문보장
록』, 저자 불명의『선문강요집』, 청허휴정의『선교석』·『선가귀감』
속에 수록돼 있는『오가종풍』과 함께 부록으로 감지승찬의『신심명』
과 영가현각의『증도가』등이 있다. 이후에 출간된 판본에는『좌선
의』와『십우도』등이 부록으로 수록되기도 하였다.

　『혈맥론(血脈論)』은 문답의 형식으로 구성돼 있다. 그 내용 가운데
는 반드시 선지식을 참문하여 심법이 중생이나 부처에 동일하게 구비
되어 있음을 자각하고, 달마의 정법안장이 견성성불에 들어 있음을
피력해야 한다고 말한 대목이 있다. 이것은 깨침의 중요성과 더불어
깨침의 인가와 전법의 중요성을 보여준 것이다.
　『관심론(觀心論)』의 경우 실제로는 북종의 대통신수의 저술이라고
간주되는『파상론(破相論)』인데, 여기에는 참회와 예배 및 삼보에 대
한 예경 등 하심을 위한 가르침이 잘 나타나 있다.
　『사행론(四行論)』은 이입(理入)과 행입(行入)이라는 깨침의 두 가지
양상을 비롯하여 '논주의락차별문', '일상평등무별문', 기타 '수심제
법유무문' 등 44가지 주제에 대해 설명한다.
　『반야심경』은 게송의 형식으로서 현장이 번역한『반야심경』에다
달마가 주석을 붙인 것으로 되어 있다. 이것은 명백하게 날조의 모습

이 엿보인다.

『오성론(悟性論)』은 성품을 깨치는 것이 주가 돼 있다. 곧 본래의 성품이란 분별 망상을 초월해 있는 것이기 때문에 이분법적으로 보아서는 안 된다는 것을 14회에 걸쳐 경전을 인용해 설명하고 있다.

『최상승론(最上乘論)』은 모두 14단락의 주제로 나뉘어 수심(修心)의 도리로서 본래심을 수심(守心)할 것에 대해 문답한다.

『완릉록(宛陵錄)』과 『전심법요(傳心法要)』는 모두 황벽의 어록이다. 『완릉록』의 원래 제목은 『황벽단제선사완릉록』으로 완릉 지방에서 행한 법어이고, 『전심법요』의 본래 제목은 『황벽산단제선사전심법요』로서 심법의 요체에 대한, 무심과 심즉불(心卽佛) 사상에 기초한 법어이다.

몽산의 『법어(法語)』는 제자들에게 들려준, 납자들이 준거해야 할 법어로서, 「무자십절목(無字十節目)」과 「휴휴암좌선문(休休庵坐禪文)」도 여기에 포함돼 있다.

박산무이의 『참선경어(參禪警語)』는 특히 화두를 통해 참선하는 사람들에게 주는 경책의 성격이 강하다.

보조지눌의 『수심결(修心訣)』·『진심직설(眞心直說)』·『정혜결사문(定慧結社文)』·『원돈성불론(圓頓成佛論)』·『간화결의론(看話決疑論)』은 모두 순수 어록이라기보다는 저술의 성격이 짙다. 『수심결』과 『진심직설』은 수행납자가 본래의 마음을 파악하고 부처를 추구하는 데 있어 자신의 본래심에 근거해야 한다는 점에 가장 역점을 두었다. 『정혜결사문』은 최초의 수선을 위한 결사문으로서 당시에 피폐해져 가던 고려 불교의 정화 운동의 이념을 잘 구현하고 있는 글이다. 『원돈성불론』은 원돈의 교리에 의거한 성불론인데 선과 화엄의 갈등관계를 회통하는 방식으로 드러냈다. 『간화결의론』은 한국 최초의 간화선에 관한 논서로서 '간화(看話)와 결의(決疑)에 관한 논의', 혹은 '간화에 의한 의심의 결단에 관한 논의'라는 의미이다. 간화는 화두의 참구이고, 결의는 화두를 참구하는 구체적인 작업으로서 의심을 통해 해결한다는 뜻이다.

『선문보장록(禪門寶藏錄)』은 선·교의 차별적인 입장에서 선의 우월성을 강조한 글이다. 『선문강요집(禪門綱要集)』은 임제종의 종지 가운데 특히 임제삼구에 대한 논의를 삼성장·이현화·일우설·산운편의 네 그룹으로 분류하고, 운문종의 종지에 관한 운문의 법어 및 기타 몇몇 운문종 관련 법어를 설명한 것이다. 청허휴정의 『선교석(禪敎釋)』은 청허휴정의 다른 저술인 『선교결』과 마찬가지로 선과 교학의 대별을 주제로 선교 차별에 대해 논의한다.

『오가종풍(五家宗風)』은 『선가귀감』의 부록에 해당하는 부분으로서 임제종·위앙종·조동종·운문종·법안종의 선종오가의 대의와 법맥 및 간략한 교의의 대강을 들어서 언급해 두었다. 특히 임제종만이 정통이고 기타 네 종파는 모두 방계에 속하며, 또한 조동종을 제외한 네 종파가 모두 마조도일의 법계에 속한다고 일관하고 있다.

『선문촬요』에 수록된 이들 내용은 예로부터 선문에서 많이 읽혀 왔던 것으로서 선별된 데에 특별한 기준은 없다. 여기에 수록된 선전(禪典) 가운데 특히 달마의 어록은 서지학적인 입장에서 많은 문제점을 노출하고 있다. 하지만, 대체적으로 오늘날 선종의 초조로 간주되고 있는 보리달마에 대한 무조건적인 숭배가 만들어 낸, 전설적인 내용이라는 점을 감안해야 한다. 또한 임제종지의 근원이라는 점에서 강조됐던 황벽희운의 어록, 해동선법의 근간으로 간주되고 있는 보조지눌의 저술 등 개인적인 선전에 속하는 것들과, 기타 선리(禪理)의 집대성으로 간주되고 있는 저술들과 선교 차별의 입장에서 저술됐던 내용 등으로 구성되어 있다.

『선문촬요』라는 말이 보여주듯이 여기에 수록된 내용은 기존의 선전 가운데 몇몇을 선별한 것으로서, 중국 찬술과 한국 찬술에 상관없이 불특정의 선방에서 손이 닿는 대로 끌어다 모은 것이다. 따라서 선문에서 중요시해 온 문헌 중 반드시 필요한 전등사서와 같은 문헌도 보이지 않는다. 또한 『선문촬요』는 『참선경어』와 『선문보장록』을 제외하면 선종오가 이후에 저술된 것으로는 주로 남악과 마조의 법맥으로 계승된 임제종 계통과 관련 깊은 책들로 구성돼 있다.

|【 26 】|

경허집(鏡虛集)

⋮

경허성우(鏡虛惺牛, 1846~1912)는 한국의 근대 선승으로서 나라가 안팎으로 어지럽고 불교계 내에서도 조선 시대 불교 배척의 역사를 고스란히 감당해야 했던 암울한 시기를 살았다. 경허는 우리나라 역사에 인연 깊이 아로새겨진 찬란한 불연국토에 아직은 불교 중흥이

멀게만 느껴지던 때에 정(定)·혜(慧)를 함께 닦아 성불하려는 결사를 하였다. 이를 통해 다시 한 번 불음(佛音)의 용트림을 준비하여 한국 근대 불교의 터를 닦았다는 점에서 한국의 달마라는 평을 붙여 주어도 좋을 터이다.

1846년 8월 24일 전주 자동리에서 태어나, 9세의 나이에 청계사에서 계허(桂虛)를 은사로 출가하였다. 이후 동학사의 만화 화상을 참문하고 10여 년 동안 경(經)·론(論)·소(疏)를 공부하였으며 23세 때 동학사에서 개강하였다. 34세 때는 "여사미거 마사도래(驢事未去 馬事到來)"라는 화두를 참구하여 "소가 되어도 콧구멍 뚫을 곳이 없다."라는 기연에 깨침을 얻었다. 35세 때 오도송을 읊었다.

사방을 둘러봐도 사람 없으니	四顧無人
의발을 누구에게 전해 받으랴	衣鉢誰傳
의발을 누구에게 전해 주리오	衣鉢誰傳
사방을 둘러봐도 사람이 없네	四顧無人
봄 산에 꽃이 피고 새가 울며	春山花笑鳥歌
가을 밤 달 밝고 바람은 맑네	秋夜月白風淸
곧바로 이와 같은 시절일진댄	正恁麼時
무생가를 몇 차례나 읊었던가	幾唱無生一曲歌

그는 67세 때인 1912년 4월 25일 그 마을에서 열반송(涅槃頌)을 남기고 입적하였다.

『경허집』은 경허의 법어와 시문 등을 엮은 것이다. 1931년 처음 방한암의 필사본이 간행된 이후의 것으로, 이전의 필사본과는 분량 및 수록 내용에 차이가 있는 1943년 선학원 간행본, 기타 20세기 말의 간행본 등이 있다. 이에 드러난 경허성우의 선에서는 첫째는 조선 불교 속에서 선풍의 중흥과 발전으로서 그것이 선교(禪敎)의 일치로 승화되었고, 둘째는 경허선풍이 지니고 있는 조사선의 일상화 내지 대중화로서 그것이 결사의 조직과 전개로 나타났으며, 셋째는 전통적인 수행법이었던 간화선풍의 진작으로서 특히 시삼마(是甚麽)화두를 강조한 점을 들 수가 있다.

이러한 경허의 선사상은 화두일념과 관법을 통한 내면적인 안심과 그것의 외적인 표출인 보살행의 실천으로 결부된다. 경허의 내면적인 안심은 곧 그의 수행과 깨침으로서 그 결택(決擇)은 동학사(東鶴寺)에 있을 때 깨달음의 기연이 된 "소가 되어도 콧구멍 뚫을 데가 없다."는 것에 있다. 곧 그의 오도송(悟道頌)은 그간의 심정을 잘 보여준다. 경허는 자신의 오도송에서 당시의 암울한 시절과 불교의 폐허를 노래한 것이 아니다. 의발을 전할 사람이 없고 전해 받을 사람이 없는 절망이 아니다. 이것은 희망의 메시지였고 확신에 가득 찬 큰 깨어남이었다.

경허의 깨침이 외적으로 표출된 것이 그의 일상생활 바로 그것이었다. 그것은 무애행(無碍行)을 통한 중생과의 동고(同苦)·동락(同樂)이기도 하다. 또한 참선하는 마음의 자세에서 가장 중요한 것은 일체사(一切事)에 무심(無心)하고 일체심(一切心)에 무사(無事)한 것으로 이로써 곧 심지(心智)가 자연히 맑고 깨끗해진다고 말한다. 일체사(一切事)

에 무심(無心)하라는 것은 내면에 대한 집착을 철저히 탈락(脫落)시키라는 것으로서 경허의 수많은 시(詩)와 가(歌)에는 그것이 겁외(劫外)의 종풍으로 나타나 있다.

경허는 항상 수행의 요체를 반조하라고 강조하였는데, 마음이 생생하고 세밀하여 쉼 없이 그것을 참구해야 한다고 하였다. 그리고 화두를 참구하는 방식에 대해서는 무엇보다 일심불란(一心不亂)의 상태를 유지하라고 말한다. 이러한 상태에서 항상 성성적적(惺惺寂寂)하고 균등하게 유지하는 마음으로 조상의 공안을 참구한다면 견성을 하지 못할 사람이 없다고 하였다.

한편 자신의 스승에 대한 중요성, 그리고 그 가르침의 수용에 있어서 무엇보다도 인연의 소중함을 깊이 강조하였다. 경허는 계허 노사와 인연이 있었다. 이를 비롯하여 일체중생이 모두 자신의 선지식임을 바로 알아차리기만 하면 일체의 유정과 무정을 부처님의 설법을 해 주는 선지식으로 간주하였다. 무심한 일체의 장(牆)·벽(壁)·와(瓦)·력(礫)이 불향상(佛向上)의 안목으로 보면 모두 고불심(古佛心)으로서 만물에 법신이 나타나지 않는 것이 없기 때문이다. 그리하여 경허가 화광(和光)·동진(同塵)하면서 마주치는 일체의 사물과 중생은 끊임없이 경허에게 무정설법(無情說法)과 현신설법(現身說法)을 하는 선지식의 현성이었다.

이리하여 참선의 세계라는 것은 곧 아무 것도 걸림이 없는 임운무작(任運無作)의 대자유인으로서 가히 깨칠 것이 달리 없어 본래 갖추고 있는 본유(本有)의 사(事)를 누리는 것이라고 말한다. 경허에게 있어서 그 임운무작의 경계가 걸림 없는 무애행으로 나타났는가 하면 또한 일체 중생을 상대하는 보살행으로 승화되기도 하였다.

선종사의 몇 가지 논쟁

선은 불교의 발생과 더불어 발생하였다. 이후로 수행과 깨침의 문제로서 원시불교와 아비달마불교 시대를 거치면서 선법에 대한 다양하고 정치한 논의가 이루어졌으며, 실제로 다양한 선수행법이 도출되었다. 특히 사선팔정(四禪八定) 및 구차제정(九次第定)의 정립과 삼삼매(三三昧)·사념처(四念處)·오정심관(五停心觀)·팔해탈(八解脫)·십변처(十遍處)·십육특승(十六特勝) 기타 삼십칠조도품(三十七助道品)의 정립 등 교의와 유가 수행의 전개는 장족의 발전을 이루었다.

불교가 발생한 이후 오백여 년 만에 중국에 전래되어 중국불교사에서는 소위 번역 시대를 거쳐 연구 시대에 이르면서 전역된 경론을 바탕으로 출현한 다양한 선수행법이 활용되었다. 가령 『선비요법경(禪秘要法經)』·『좌선삼매경(坐禪三昧經)』·『안반수의경(安般守意經)』 등에 근거하여 주로 관법 위주의 수행이 실수되고 체험되면서 선법이 널리 보편화되었다. 그러나 6세기 초 보리달마의 중국 도래에 의해 그가 전승한 선법을 바탕으로 하여 선법이 본격적으로 전개되었는데 중국에서 실수되고 있던 기존의 선법과 차별화된 모습을 보였다. 곧 달마의 후손들은 중국에서 전승돼 오던 기존의 선수행법, 가령 습선자(習禪者)들의 사념처 수행법을 소승선법이라고 폄하하고 자파의 선법을 대승선법 내지 최상승선법으로 간주하였다. 특히『반야경』·『유마경』·『능가경』·『화엄경』·『법화경』·『열반경』 등의 대승경전의 사상에 근거한 대승선법의 가르침이야말로 여래청정선으로서 달마를 위시한 조사선법의 근간이라고 간주하였다.

불교가 중국에 전래된 지 200여 년 이후에는 조사선법의 본격적인 발전과 전개를 통해 소위 남종과 북종이라는 정통의 주도권 논쟁이 전개되었다. 가령 본래성불 사상에 근거하여 8세기 중반에 치열하게 벌어졌던, 무념(無念)의 돈오견성(頓悟見性)을 강조한 남종선과 이념(離念)의 주심간정(住心看靜)으로 평가되었던 북종선의 논쟁이 그것이다. 수백 년 동안 계속됐던 돈오견성에 근거한 평상심과 즉심시불 사상의 전개가 송대 중엽에 수행 방식에서 각각 차이를 보이는 간화선(看話禪)과 묵조선(默照禪)으로 드러났다. 화두를 참구하여 깨침을 추구하는 방식과 철저한 묵조좌선을 통해 본래불을 자각하는 방식의 차이에 의한 것이었다.

나아가서 법통의 논쟁에 대해서 살펴보면 선종오가의 법맥에 관한 논쟁이 있었다. 특히『인천안목』에 수록된「용담고(龍潭考)」는 명대 말에서 청대 초까지 진행됐던 전등 법맥에 대한 논쟁에서 천황도오의 정통성을 뒷받침하는 중요한 자료라고 평가되었다. 여기에서 말하는 소위 전등 법맥에 대한 논쟁이란 마조도일 문하의 천왕도오와 석두희천 문하의 천황도오라는 인물을 둘러싼 논쟁을 가리킨다. 곧 천황도오와 천왕도오라는 인물을 두고 동일인인가 혹은 각각 다른 인물인가를 논하는 논쟁, 나아가서 동일인물이라면 천황도오가 맞는가 혹은 천왕도오가 맞는가 하는 논쟁이었다.

석두희천의 문하에서 배출된 천황도오를 인정하면 그 법맥에서 등장한 운문종과 법안종은 그대로 청원행사 계통에 속한다. 그러나 마조도일의 문하에서 배출된 천왕도오를 인정하면 그 천왕도오는 다름 아니라 천황도오와 동일 인물이라는 주장 아래 임제종과 위앙종은 물론이고 운문종과 법안종이 모두 마조도일의 계통에 속하게 된다.

후자의 주장은 일찍이 인도의 제27대 조사 반야다라의 예언의 실현을 염두에 두고 제기된 것이다. 곧 반야다라는 보리달마에게 전법하면서 "그대의 법맥으로부터 망아지 한 마리가 출현하여 천하를 짓밟아 버릴 것이다."라고 예언을 하였다는 것이다. 그 망아지는 다름 아니라 마조도일을 말하는데, 반야다라의 말대로 마조의 문하에서 소위 선종오가가 모두 출현해야 한다는 뜻으로 이는 억지로 운문종과 법안종까지도 마도의 법맥 아래에 두기 위해 주장한 것이다.

그것이 곧 반야다라의 예언을 현실화하기 위해서 천왕도오를 날조한 사건이었다. 곧 천왕도오가 다름 아니라 천황도오이기 때문에 실제로 천황도오 밑에서 출현한 운문종과 법안종은 당연히 마조의 법맥에서 출현한 것이라고 주장해야 한다는 것이다. 이후에 일본의 호관사련(虎關師鍊)은 『오가변(五家辨)』에서 조동종마저도 마조도일의 법맥에서 출현했다고 하여 선종오가가 모두 마조의 법맥이라고 주장하였다. 이와 같은 주장은 조선 시대 청허휴정의 『선가귀감』에도 그대로 수용되었고, 이후 환성지안의 『선문오종강요』의 서문에도 고스란히 수용되었다.

그러나 청대의 백암정부(白巖淨符)는 『법문서귀(法門鋤宄)』를 저술하여 기존의 여러 가지 비명과 전등 사실을 통해 천왕도오를 내세운 주장은 완전히 날조된 것이라고 주장하였다. 『법문서귀』의 그와 같은 주장을 뒷받침하는 자료 가운데 하나가 「용담고」이다. 결국 백암정부는 천왕도오의 존재를 부정하고 석두희천의 법사인 천황도오의 존재를 확정하여 청원행사 밑에 속하는 조동종·운문종·법안종과 남악회양 밑에 속하는 임제종·위앙종이라는 오늘날과 같은 선종오가의 법맥을 밝혀냈다.

또한 다른 한편 종의(宗義)에 대한 논쟁이 동시에 전개되었다. 동산양개 및 조산본적에서 본격적으로 시작되어 정중편·편중정·정중래·편중지·겸중도의 구조로 드러난 조동종풍의 오위 사상에 대한 것을 예로 들 수 있다. 곧 조동종 자파에서 주장하는 정중편·편중정·정중래·편중지·겸중도라는 겸중도 중심설과 임제종 계통에서 주장하는 정중편·편중정·정중래·겸중지·겸중도라는 정중래 중심설이 그것이다. 이 문제는 결국 고려 시대 가지산파의 일연 선사에 의하여 겸중도를 중심으로 하는 조동종의 정통교의로 마무리되었다.

한편 임제의현의 삼구법문에 대한 전승에 관하여 보면 12세기 후반의 『인천안목』, 고려 중기의 『선문강요집』, 조선 후기의 『선문오종강요』 및 『선문수경』을 비롯한 임제삼구의 전통적인 해석과 관련하여 삼종선이 조선 시대 후기까지 지속적으로 주장되었다. 이에 대한 반박으로 초의의순은『선문사변만어(禪門四辨漫語)』를 저술하여 조사선과 여래선의 이선래의변(二禪來義辨), 격외선과 의리선의 격외·의리변(格外·義理辨), 살인도와 활인검의 살·활변(殺·活辨), 진공과 묘유의 진공변(眞空辨) 등 네 가지 주제에 의거하여 백파긍선 임제삼구의 문제에 대해 자신의 입장을 정리하였다.

선의 어록

초판 1쇄 인쇄 ㅣ 2014년 9월 17일
초판 1쇄 발행 ㅣ 2014년 9월 25일

지은이 ㅣ 김호귀
펴낸이 ㅣ 윤재승
펴낸곳 ㅣ 민족사

주간 ㅣ 사기순
기획편집팀 ㅣ 사기순, 허연정
영업관리팀 ㅣ 이승순, 공진희

출판등록 ㅣ 1980년 5월 9일 제1-149호
주소 ㅣ 서울 종로구 삼봉로 81 두산위브파빌리온 1131호
전화 ㅣ 02)732-2403, 2404   팩스 ㅣ 02)739-7565
홈페이지 ㅣ www.minjoksa.org
페이스북 ㅣ www.facebook.com/minjoksa
이메일 ㅣ minjoksabook@naver.com

ⓒ김호귀, 2014
ISBN 978-89-98742-30-0 93220